(Sāntiniketaner Tagebuch 1980–1981)

Meinen lieben Eltern - zu Hause

ISBN 3 87065 2780

Einbandgestaltung: Paul König, Hildesheim.
Fotos: Gaston Roberge, Chitrabani, Calcutta.
Herstellung: ENKA-Druck GmbH, Berlin.
Umschlagfoto: Bevor der Regen beginnt,
pflügt der Bauer das trockene Feld.

MARTIN
KÄMPCHEN

LEBEN OHNE ÜBERFLUSS

INDISCHE
ERFAHRUNGEN

Bernward

Inhalt

1. Nach Indien zurück

Abschied (Oktober)

Letzte Eindrücke in Deutschland: Ich erhalte einen Brief von meinem bengalischen Freund Lokshmikonto, einem Jungen aus dem Dorf. Er hat sich mit Intelligenz und Hartnäckigkeit von einem Stipendium zum anderen gearbeitet und sah schließlich seinen Wunschtraum erfüllt. Als er von der Yale University ein Forschungsstipendium bekam, ging er nach Amerika. Der Brief, zwei Wochen nach seiner Ankunft in Amerika geschrieben, zeigt die kindliche Weichheit des Dorfjungen, der sich vom Heimatboden weggerissen fühlt. Er schreibt: „Mein Heimweh ist gar zu heftig. Hier ist die Welt sehr schnell und grausam. Die Leute sind sehr reich, und hier sind die armen Leute noch reicher als unsere reichen Leute in Indien. Es gibt kein Leben. Die Menschen sind so oberflächlich. Sie wissen nicht, wofür sie leben. Sie denken nicht an ihre Mitmenschen. Manchmal tauschen sie nur ein „Hallo“ aus. Wenn ich mir etwas wünschen könnte, dann: die USA so rasch wie möglich zu verlassen. ... Tag und Nacht träume ich von meiner Mutter, meinen Brüdern und meinen Freunden in Indien. Du wirst erstaunt sein, daß ich in den letzten zwei Tagen weine wie eine Witwe, deren Ehemann vor kurzem gestorben ist und die süßen Erfahrungen so vieler Jahre zurückläßt. Meine süßen Erfahrungen sind in Indien geblieben.“

Und ein zweiter Brief von Joykrishna, der ängstlich an meine Eltern schreibt, weil er zwei Monate lang keinen Brief von mir bekommen hat: „Mein lieber Vater, liebe, süße Mutter! Euer unsichtbarer Sohn bietet Euch seine Liebe und seine respektvollen Grüße zu Beginn dieses Briefes an . . .“ Seine Mutter habe nach Martin gefragt, als er sie im Dorf besuchte, und er habe ihr keine befriedigende Auskunft geben können. Und er beendet seinen Brief mit: „Ein Bruder von Martin-da.“

Frankfurter Flughafen. Wiedersehensfreude und der Abschiedsschmerz der Menschen.

Bombay

Die indischen Schwierigkeiten beginnen, als ich ein Taxi zu meinem Freund in Kalina, unweit des Flughafens, suche. Die Fahrer warten auf längere Strecken und winken ab. Bis ich schließlich beginne, zu gestikulieren und mit erhobener Stimme auf Bengali zu schimpfen. Was ich sage, hat niemand verstanden, wohl aber, daß ich eine indische Sprache spreche. Da kümmert man sich um mich.

Frühstück bei Chotu und Paula und ihrem kleinen Sohn Ruru. Die Mutter steckt dem Kind mit ihrer Hand vom eigenen Teller Reis und Fischbrocken in den Mund. Lange Zeit liebt und umsorgt die indische Mutter ihr Kind, als sei es noch Teil ihres Leibes.

Calcutta

Wieder Schwierigkeiten, vom Flugplatz in die Stadt zu kommen. Die Taxifahrer drängen sich auf, sobald man das Flugzeug verlassen hat. Sie überwinden jede Absperrung und wollen uns mit sich reißen, noch bevor wir die Koffer bekommen haben. Mit einem jungen Mann werde ich handelseinig, daß ich strikt den Taxameterpreis bezahle, keinen Aufpreis. Er bringt meinen Koffer zu seinem Auto, das gar kein Taxi ist, also auch keinen Taxameter hat. Gewiß ist der junge Mann der Fahrer eines Geschäftsmannes und verdient sich nach Arbeitsschluß heimlich eine Handvoll Rupien mit dem Auto seines Brotherrn. Er läßt mich vor dem Auto stehen und läuft, um weitere Kundschaft zu fischen. Ich nehme ein anderes Auto. Der Fahrer aus dem Panjab spricht fließend-fröhlich Bengali, obwohl er erst seit drei Jahren in Calcutta arbeitet. Im Stadtteil Alipore angekommen, stellt sich heraus, daß er die Preisliste vergessen hat, auf der die erhöhten Fahrpreise, die der Taxameter noch nicht anzeigt, verzeichnet sind. Er sagt rundheraus, ich solle ihm dreißig Rupien geben. Ich weigere mich und schicke ihn davon, damit er bei anderen Taxifahrern die Preisliste borgt. Er findet keine. Ich biete ihm fünfundzwanzig Rupien an, wir einigen uns bei achtundzwanzig. Boudi sagt später, daß dieser Panjabī-Fahrer „ein sehr guter Mann" sei, denn Freunde – nicht Ausländer, sondern Bengalen – hätten für eine nächtliche Fahrt vom Flughafen bis zu achtzig Rupien herblättern müssen.

In der Nacht ruft Arup-da an und erkundigt sich, ob ich angekommen sei. Wir machen einen Treffpunkt für den nächsten Tag aus, denn, so sagt er, er wolle mich wenigstens einmal kurz anblicken – „to catch a glimpse of you". Einen geliebten Menschen nur sehen, schon das ist Trost und Freude. Jeder Mensch besitzt eine geistige Gegenwart, die ausstrahlt wie eine Energie auf jeden, der ihn sieht. So kann man durch bloßes Schauen und Dabeisein am Wesen eines Menschen teilnehmen, sich mit seinem Wesen füllen. Worte – intellektuelle Verständigung und Neuigkeiten – sind nur zweitwichtig. Schüler besuchen ihren Guru oft nur, um seinen *dorson* (seinen Anblick) zu bekommen und einen *pronam* zu geben (seine Füße zu berühren als Ausdruck des Respekts).

Am nächsten Morgen durch die von Menschenmengen aufgewühlten Straßen Calcuttas hinaus zum Āshram der Rāmakrishna Mission in Narendrapur. Der Direktor, ein Swāmī, hatte mich gebeten, ein Radio und Tonbandgerät mitzubringen, und mir fiel es schwer, den Wunsch abzuschlagen. Ich fühlte mich der indischen Sitte verpflichtet, nach der man einem Mönch nichts verweigern soll. Der Inder ehrt im Mönch die Weltentsagung. Doch diese Ehre ist die schwerste Versuchung für einen Mönch, in der Entsagung oberflächlich zu werden.

In Narendrapur sehe ich zuerst Bimol, den Koch des Direktors. Da Arup-da bei mir ist, ein Unbekannter, hält sich Bimol scheu zurück, bietet mir keine Umarmung zur Begrüßung an. Schließlich hat er eine niedrige Stellung; auch unsere lange Bekanntschaft berechtigt ihn, wegen dieses gesellschaftlichen Unterschieds, nicht zu offen gezeigter Vertraulichkeit. So begrüßen wir uns nur mit den Augen. Auch als ich mit dem Swāmī spreche und Asish kommt hinzu, begrüßt er mich nur mit einem Blick, obwohl er nur kommt, um mich wiederzusehen. Der Swāmī ist die Respektsperson im Zimmer und auf ihn soll sich alle Aufmerksamkeit richten.

Nach Sāntiniketan

Nachmittags mit dem Zug von Calcutta zurück nach Sāntiniketan. Vier Stunden Fahrt. Auf dem Bahnsteig in Burdwan, einem

Bahnhof auf dem Weg, ein Mann, der mit eifrigen Bewegungen eine Handvoll Reiskörner zusammenscharrt, die aus seinem Sack geronnen waren; er bindet den Sack auf und schüttet die Körner sorgfältig zurück.

Reispflanzen stehen noch frischgrün und unreif. Die niedergehende Sonne senkt eine leuchtende Intensität in das Grün der Felder. Sie scheinen zu lodern, und dann, als die Sonne ausgekämpft hat, zusammenzufallen wie Asche. Wir fahren durch schwere Nacht, halten an Bahnhöfen, die kein Licht haben, im Abteil nur funzelige Beleuchtung, kaum Gespräche, nur müdes Sitzen oder Liegen. Man könnte es mit der Angst zu tun bekommen.

In Sāntiniketan warten Freunde auf mich. Ronjit beugt sich nieder und berührt meine Füße, bevor ich ihn daran hindern kann. Da die Aufregung ihm den Mund verschließt, ist es gut, daß er der Wiedersehensfreude in einer Geste des Respekts Ausdruck geben kann. Mit seiner Riksha fährt der Junge mich zu meinem Zimmer, zu diesem Gartenhäuschen mit Holzbett und Bücherbrett und einigen Kisten, eng und trüb anzuschauen am Abend – während ich in meinem Innern noch in dem hell erleuchteten, mit einem Teppich ausgelegten, mit Tisch und Stühlen möblierten Zimmer meiner Geburtsstadt am Rhein lebe. Ronjit bringt das Essen aus seiner Hütte, und bevor ich den Deckel des Kanisters öffne, sagt er: Zwei, drei Tage werde mir dieses Essen nicht schmecken. – Warum? – Nachdem ich so gute Sachen zu Hause gegessen hätte.

Als erstes habe ich am nächsten Morgen meinen Professor besucht, meinen „Guru" in Sāntiniketan. So gehört es sich. Kalidas Bhattacharya sitzt mit nacktem Oberkörper, nur mit einem dünnen, weißen Dhōti um die Hüften geschlungen, auf dem Holzbett und verbessert ein Manuskript auf den übereinandergeschlagenen Beinen. Es ist heiß im Zimmer, der Schweiß glänzt auf seiner Stirn, doch er merkt es nicht. Erst als ich eintrete, stellt er den Ventilator an. An den Wänden hängen ein paar staubige Drucke mythologischer Szenen, zwei oder drei von Girlanden umwunden, sonst sind die Wände kahl, ohne Farbe. Auf dem Schreibtisch Stapel von Büchern und Papieren, zerfleddert, manchmal mit einer groben Schnur gebündelt. Keine Bemühung um eine geschmackvolle Umgebung, die die eigenen Gedanken unterstützt oder sie gar ausdrückt, den Gästen, die tagein tagaus in dieses Zimmer strömen, „Willkommen“ sagt. Hausbesitz bedeutet wesentlich, ein Dach über dem Kopf haben, einen Ort zum Schlafen, zum Kochen, Schutz vor Sonne und Regen. Das ist eine Mentalität, die von der armen Bevölkerung ausgeht und sich bis in begüterte und gebildete Familien fortsetzt, die selten ihren Lebensraum schöpferisch gestalten. Ein Beispiel, daß die Armut ihren Schatten auch auf Menschen wirft, die sicher vor ihr sein können.

Mittags esse ich in Ronjits Hütte, die fünf Fußminuten entfernt liegt. Der Eingang der Lehmhütte ist so niedrig, daß man sich tief bücken muß. Im Innern nur ein Wasserkrug mit Kochgeschirr, eine Stahlkiste mit Kleidern und einigen Wertsachen, eine Schnur von einer Wand zur andern, über die Kleider unordentlich geworfen werden, dann ein kleines Bord an der Wand mit Krimskrams, alten Flaschen und Büchsen, einer Kerosinlampe und ein paar Spielsachen. Ronjit gibt eine Tasche zurück, die ich vor drei Monaten, als ich wegfuhr, zurückgelassen hatte. Sie ist rettungslos verdorben: verschmutzt, von Insekten angefressen, verrottet. Ronjit entschuldigt sich, das werde aus guten Dingen, wenn sie in einer Lehmhütte verwahrt werden. Mag sein. Doch ein anderer Grund ist, daß viele arme Menschen ihre Dinge, auch Wertgegenstände, selten zu pflegen wissen; sie stellen sie in eine Ecke und sehen zu, wie sie verkommen. So mehren sie ihre Armut.

Abends kommt Ronjit zu mir. Er ist müde vom Rikshafahren und streckt sich auf dem Fußboden aus. Während ich einen Brief schreibe, schläft er ein und bleibt die Nacht über dort, wo er sich hingelegt hat, liegen und schläft. Die Armen brauchen kein Bett mit Bezügen und Kopfkissen; eine Matte genügt, und wo diese liegt, ist der richtige Platz für ihre Müdigkeit.

Der Āshram

Rabindranāth Tagore, der bedeutende bengalische Dichter, ist nicht nur der Schöpfer von Lyrik, Liedern, Romanen, Erzählungen und Dramen, er hat auch diesen Fleck Erde – Sāntiniketan – geschaffen. Sein Vater wählte den Ort, um Abgeschiedenheit für sein kontemplatives Leben zu finden, erwarb ein großes Stück Land, gab ihm seinen Namen und baute das erste Haus. Als Kind besuchte Rabindranāth an der Hand seines Vaters Sāntiniketan zum ersten Mal. Das Stadtkind schmeckte Landluft und verliebte sich sofort in dieses baum- und strauchlose, karstige Land, zerfressen von Rinnen und Klüften, das keinen Trost anbot, als seine rötliche, trockene Erde.

Im Jahr 1901, als Rabindranāth vierzig Jahre alt war, ist er auf diesen Familienbesitz gezogen, um eine experimentelle Schule zu gründen. Er begann mit fünf Schülern und ebenso vielen Lehrern. Er nannte seine Schule einen *brahmacārya āshram,* nach dem Vorbild einer altindischen erzieherischen Einrichtung. Damals wohnten junge, unverheiratete Schüler (*brahmacāris*) im Haushalt ihres Guru; jener lehrte sie die Heiligen Schriften, die Feier der Riten, die praktischen Fähigkeiten, die ein Junge braucht. Die Schüler erwiesen sich dankbar, indem sie die Kühe des Guru hüteten, Holz für das Feuer sammelten und an den Pflichten des Haushalts teilnahmen, was wiederum seine pädagogische Absicht hatte. Erziehung war keine Angelegenheit von Klassenzimmern, Schulfächern und Lektionen, sie war Lebensvollzug. Die Āhrams der Gurus lagen abgelegen in den Wäldern, so daß die Schüler sich zum einen auf die Formung ihres Wesens sammeln konnten, zum anderen von Natur und Tierwelt, welche sie umgab, ebensoviel lernen konnten, wie von der Gemeinschaft mit dem Guru und seiner Familie.

Abgestoßen von dem schematischen, seelenlosen Schulbetrieb, den die britischen Kolonialherren in Gang gesetzt hatten, suchte Rabindranāth Erfüllung in diesem alten Erziehungsideal. Er selbst unterrichtete die Kinder, die im Schatten eines Baums auf dem Boden saßen. Der Baum und sein Schatten, zwischen seinen Wurzeln der Lehrer und seine Schüler . . . ein uraltes indisches Bild.

Natur, die friedvolle Atmosphäre, das Leben der Bauern und Handwerker in den Dörfern ringsum sollten zur Erziehung ebenso beitragen wie Geschichte und Rechnen. Rabindranāth suchte den Kontakt mit der Dorfbevölkerung und war bemüht, ihr Leben zu verbessern. Erziehung bedeutete für den Dichter die Entfaltung der ganzen Persönlichkeit, aller versteckten Begabungen und Fähigkeiten eines Kindes. Es sollte lernen, sich auszudrücken, sich mitzuteilen durch Gedichte und Lieder, durch Tanz und Kunst und Kunsthandwerk, durch Spiel und durch die Arbeit mit den Bauern.

Dieses Ideal ist, so friedlich und harmonisch es klingt, dennoch revolutionär in Indien. Wenn der Rückgriff auf ein sehr frühes Stadium der Kultur revolutionär ist, zeigt das, wie weit sich Indien von seinen Ursprüngen entfernt hat.

Heute, vierzig Jahre nach dem Tod des Dichters, ist von diesem Ideal wenig mehr übrig als einige ritualisierte Gewohnheiten. Welcher Lehrer liebt und bemüht sich um seine Schüler wie ein Guru? Welcher Schüler will schon Hand in Hand mit dem Bauern arbeiten, Rang- und Kastenunterschiede verachtend? Wer liebt die Natur genug, um sie zu verstehen und ihre Lehre weiterzuschenken? Wo sind die Menschen, frage ich mich, die Einfachheit suchen, die bewußt verzichten, weil Verzicht Befreiung bedeutet, die selbstlos das Herz junger Menschen gewinnen wollen, um darin die ersten und entscheidenden Bilder einzuprägen?

1931 entstand Visva-Bhāratī, die Universität von Santiniketan, die als eine Ausweitung des Erziehungsideals der Schule auf globale Dimension erträumt wurde. Rabindranāth hatte den Nobelpreis für Literatur empfangen und wurde als „Weltdichter" gefeiert. Visva-Bhāratī sollte sein lebendiges Geschenk an die Welt werden. Gelehrte aus mehreren Kontinenten wohnten zusammen, lehrten und lernten. Die Künste, die Geistes- und Naturwissenschaften sollten integriert gelehrt und in ihren Beziehungen und Abhängigkeiten verstanden werden. Ein Weltbild sollte vermittelt werden, eine Erfahrung, nicht nur Fachwissen.

Die Universität liegt auch heute noch inmitten einer dörflich-einfachen Umgebung; das ist das Besondere und Schöne an Sāntiniketan. Der Ochsenkarren der Bauern rollt knarrend an der Bibliothek und an den administrativen Gebäuden entlang. Die Lehm- und Strohhütten beginnen sogleich hinter dem Postamt und dem Naturwissenschaftlichen Institut. Der Reis wächst neben den Studentenwohnheimen und den Quartieren der Professoren.

Aus dem baum- und strauchlosen Brachland ist innerhalb eines Jahrhunderts ein Paradies von Blüten- und Fruchtbäumen, Büschen, Hecken, Feldern und Wiesen geworden. Nur wer Sāntiniketan in Richtung Syāmbāti verläßt, den Kanal überquert, hat plötzlich die weite karstige Landschaft vor Augen, die sich früher hier ausgedehnt hat.

Viele Künstler, Schriftsteller haben sich in Sāntiniketan angesiedelt und bekennen, daß diese ungezwungene und natürliche Atmosphäre ihre schöpferischen Kräfte befreit. Die Freiheit von vielen Sachzwängen, Ablenkungen und störenden Einflüssen, denen man in einer Großstadt wie Calcutta ausgeliefert ist, macht das Leben in Sāntiniketan begehrenswert.

Bōlpur

ist die nächste kleine Stadt, kaum drei Kilometer von Sāntiniketan entfernt. Die Hauptstraße: auf ihr kommen mit Millimeterarbeit zwei Autos aneinander vorbei. Sie reicht vom Bahnhof der Stadt bis nach Sāntiniketan. Von der Hauptstraße zweigen drei oder vier Straßen zu anderen kleinen Städten ab. Neben dem Bahnhof halten auch die Busse nach Calcutta und Durgapur und Suri. Hinter dem Bahnhof liegt, unordentlich auf Gassen und Fußwege verteilt, der Markt, auf dem an jedem frühen Morgen frischer Fisch, frisches Obst und Gemüse angeboten werden.

Es gibt allerdings kaum Autos, die auf den Straßen Millimeterarbeit leisten müßten. Selbst von den Professoren in Sāntiniketan können sich nur wenige ein Auto leisten. Auf den Straßen verkehren Rikshas, Fahrräder, Ochsenkarren; auf den Straßen gehen und versammeln sich, schwatzen und lachen Menschen. Die Straßen dienen nicht nur der Fortbewegung und dem Transport, sie sind auch Versammlungsort; auf ihnen wird gelebt wie in Wohnzimmern, Hinterhöfen, Markthallen und auf Fußballplätzen. Hart an der Straße beginnen die Buden, in denen Tee, Zigaretten, Kautabak, Betelnüsse, Brot und sonstwas erhandelt werden. Da stehen auch die Rikshas in dichten Reihen, die Fahrer liegen meist quer über die Bank gestreckt, dösend oder schlafend oder mit wortreichen Argumenten beschäftigt. Oder sie sitzen hinter ihren Rikshas auf der Erde und spielen Karten, bis jemand ruft: „Riksha! Ooohh Riksha!“ und einer widerwillig aufsteht.

Der Schuhflicker hat sich unter einem Baum eine Bude gezimmert.

Die Rikshafahrer gebrauchen ihre durchdringenden Hupen, die Radfahrer ihre Klingeln mit orientalischer Lust am Krach. Fußgänger und Fahrer mißachten den Krach mit ebenso orientalischer Gleichgültigkeit. Sagen wir, ein Radfahrer entdeckt einen Freund auf der Straße; er wird absteigen, rufen, der Freund mit breitem Lachen zu ihm herantreten, und beide beginnen, mitten auf der Straße stehend, alles um sich vergessend, ein begeistertes Gespräch. Rikshas hupen, Radfahrer klingeln oder schreien – und die Begeisterung des Gesprächs wächst.

Warum dürfen Fußgänger die Straßenmitte nicht ebenso benutzen wie Rad- und Rikshafahrer und Ochsenkarren? Bin ich weniger als die? Und wenn ich Freunde bei mir habe, drei oder vier, dann gehen wir natürlich in einer Reihe die Straße entlang, damit wir uns vergnügt unterhalten können!

Sie schlendern über die Straße, überqueren sie mit einer Unbekümmertheit, als machten sie einen Spaziergang durch einen Park. Der Rikshafahrer hupt, der Radfahrer klingelt, und beide müssen schließlich doch nach rechts oder links ausweichen. Überholen und ausweichen darf man übrigens auf der rechten und auf der linken Seite, wo gerade Platz ist. Man darf sogar auf der „falschen" Straßenseite weiterfahren, weil falsch und richtig schließlich relative Worte sind; zumindest wundert sich niemand darüber. Wichtig ist nur, daß wir gelassen unsere eigenen Wege wählen können.

Kommt ein Bus oder Lastwagen, ändern sich die Spielregeln. Dann heißt es: Die großen Fische fressen die kleinen Fische. Dann gelten die Hupe, die breite Karosserie, die Geschwindigkeit und der Staub, der hochwirbelt. Riksha und Fahrrad schießen zur Seite, so weit es „Seite" gibt. Fußgänger fühlen sich nicht mehr auf der Straßenmitte wohl. Bus- und Lastwagenfahrer wissen, daß vor ihnen alles rennt und stiebt, und rasen mit gelassener Sicherheit über die engen Straßen.

Bei Nacht brennen zwar einige Straßenlampen, doch was ist das gegen so viel Dunkelheit! Lampen an den Fahrrädern und Rikshas sind selten. Warum Lampen? Wir haben unsere Augen! Und die anderen doch auch! Einige halten eine Taschenlampe in der Hand und lassen von Zeit zu Zeit Licht aufblitzen, um das Gelände zu sondieren. Fällt der Strom aus, was häufig geschieht, taucht der ganze Verkehr in ein hilfloses Dunkel. Doch alle fahren weiter, sich mutig auf ihr „Gefühl“ und auf Klingelzeichen verlassend. Eine geisterhafte Situation. Da fahren drei Jungen fröhlich schwatzend in tiefer Finsternis des Wegs, der eine auf dem Sattel sitzend, der andere auf dem Gepäckträger, der dritte auf der Stange vorn. Es ist wie beim Blindflug, doch ohne Radar. Wie sie den entgegenkommenden Radfahrern, die plötzlich aus der Dunkelheit auftauchen, ausweichen, und den Fußgängern und Rikshas, habe ich nie verstehen können.

Der Hausherr

In Sāntiniketan ein Haus zu besitzen ist eine Prestigeangelegenheit. Rabindranāth Tagore ist aufs Land gezogen, um mit der Natur vereint zu sein, mit den Dorfbewohnern und Santhal-Stammesangehörigen, denn ihre Einfachheit ist erfrischend und lehrreich. Seine Nachfolger und Nachfahren haben diese elementare Geste nicht mehr verstanden. Sie halten sich an dieser Scholle fest, um ein Erbe zu pflegen, eine Tradition zu erhalten. Eine Tradition läßt sich nur erhalten, wenn sie schöpferisch fortgesetzt wird. In Sāntiniketan ist die Tradition starr und versteinert. Eine nach allen Seiten hin offene, atmende Einfachheit ist der verbunkerten Exklusivität gewichen.

Außer Künstlern und Schriftstellern haben sich auch Ärzte, Ingenieure, Diplomaten, hohe Staatsbeamte ihr Haus in Sāntiniketan gebaut, um die Atmosphäre des Dichters zu atmen und auf den Briefkopf diesen berühmten Ortsnamen schreiben zu können. Die längste Zeit des Jahres verbringen sie in Calcutta, um ihr Brot zu verdienen; nach der Pensionierung ziehen sie nach Sāntiniketan, dem „Ort des Friedens“.

Mein Hausherr lebt allein in seinem zweistöckigen Haus. Am Ende seines großen Gartens steht ein kleines Gartenhaus - ein Zimmer mit Toilette - das früher sein Diener bewohnte. Dort bin ich eingezogen. Eine Handvoll Bücherkisten an den Wänden entlang, ein Bücherbrett, ein Holzbett - mehr ist nicht darin. Ich schreibe auf dem Boden sitzend an einem niedrigen, zusammenklappbaren Tisch, worauf gerade die Schreibmaschine und ein

Buch passen. Am Brunnen bade ich. Von dort trage ich auch Wasser ins Zimmer für den Hausgebrauch.

Herr M. war Diplomat. Er ist einer der wohlhabenden Männer in Sāntiniketan und bekommt Kummerfalten, weil es nicht jeder weiß oder respektiert. Eine beliebte Methode, zu zeigen und selbst zu fühlen, daß man ein *boro lōk* ist - ein „großer Herr“ -, war immer schon, seine Untergebenen mit entschlossener Herablassung zu behandeln. Das entspricht dem dreimal verwünschten indischen Feudalgeist, der so tief im Fleisch steckt, daß ihn Universitätsausbildung, jahrelange Aufenthalte im Westen, akademische Berufstätigkeit und noch so viele „aufgeklärte“ Ideen nicht herausreißen. Feudal über andere hinwegzublicken ist eine bequeme Sache; ihre Bedürfnisse und Ansprüche darf der Herr selbst bestimmen; zuhören, bedenken, auf den anderen eingehen, diese schwierigen menschlichen Tugenden gibt es nicht. Feudalgeist befriedigt das eingeborene Machtbedürfnis auf gerade, unsublimierte Weise. Und es befriedigt leider auch das Bedürfnis der „Armen“, „Niedrigen“, den Kopf zu beugen und die Hände zu falten, blind und sorglos auszuführen, was der *babu*, „der Herr“, gesagt hat. Doch, auch das ist ein Bedürfnis.

Ich kenne nur eine Handvoll Inder, alles junge Männer, die vom Feudalgeist frei sind, die über die Unterschiede der Kaste, des gesellschaftlichen und beruflichen Standes, der Schulbildung und der Finanzkraft hinweg den anderen Menschen mit ungezwungener Würde ebenbürtig behandeln. Unter den „Armen“ kenne ich keinen, der mit ebensolcher Ungezwungenheit seine menschliche Ebenbürtigkeit vertritt; dieses unfreie Gehorchenwollen, das wortlose Akzeptieren, diese gewisse Sklavenmentalität gehört zur Situation der Armut.

„Die wissen gute Behandlung nicht zu schätzen“, sagt Herr M. „Gibt man ihnen einen Finger, nehmen sie die ganze Hand.“ Und weiter: „Du machst sie nur rebellisch mit dem Respekt, den du ihnen gibst. Sie verlieren den Gehorsam und damit ihre Brauchbarkeit.“ Und: „Sie ziehen ein weißes Hemd an, betrachten sich im Spiegel und fühlen sich wie die Herren. Am Ende mußt *du sie* bedienen.“ Und so weiter.

Beide müssen lernen, der Herr und sein Diener. Herr M. kennt jedenfalls seinen Platz; er glaubt, er habe ausgelernt. Sein Koch bleibt in seiner Gegenwart stehen, und muß er lange warten, darf er auf dem Boden sitzen. Der Ton seiner Stimme – spricht Herr M. mit dem Koch oder dem Hausmädchen, mit Milchmann oder Früchtejungen – wird herrisch und rauh. Er spricht mit ihnen, ohne sie anzublicken. Der Wäscher bringt ihm die gebügelten Hemden, doch muß er zehn Minuten vor der Tür warten, bis der Herr bereit ist, mit ihm zu sprechen. Oder der Herr sagt: Komm morgen wieder. Holt der Herr Geld aus seinem Schrank (oder von woher?), befiehlt er dem unschuldigen Mann, vor die Tür zu gehen, denn „es gibt kaum einen ehrlichen Menschen unter diesen Leuten". Für die Herren sind alle Nicht-Herren potentielle Diebe und Betrüger.

Auf dem Postamt stellt sich Herr M. nicht vor dem Schalter an. Er geht durch die Nebentür in den Büroraum hinter den Schalter, geradewegs zum Postamtmeister, der sich beeilt, Herrn M's Wünsche an die Angestellten weiterzureichen, andere Kunden, die in der Schlange stehen, müssen dafür länger warten. Herr M. sitzt währenddessen mit der Zigarre im Mund in angeregter Unterhaltung beim Postamtmeister und beklagt sich über die Zeitläufe. Auf der Bank erledigt der Manager, was Herr M. braucht. Andere stehen eine Stunde, Herr M. fährt nach zehn Minuten auf seiner Riksha weiter.

Herr M. läßt sich den Koffer oder die Tasche tragen. Er fährt immer mit einer Riksha, geht nie zu Fuß. Einen Teller und eine Tasse, von denen er gegessen und getrunken hat, rührt er nicht mehr an; er ruft den Koch vom anderen Ende des Hauses, der sie beiseiteschiebt. Der Hausherr ist von den Diensten anderer abhängig wie das Baby von seiner Mutter.

Das weiß er und fürchtet sich. Wenn der Koch treulos wird? Wenn ich dieses oder jenes Privileg verliere, das mein Leben angenehm macht? Also verteilt er kleine Geschenke an den Postamtmeister, den Postboten, den Bankmanager, den Doktor, die eigentlich kleine Bestechungen sind. Also grüßt er aufs freundlichste die bedeutenden Professoren und Administratoren, die er einmal „brauchen" könnte.

Der „große Herr", dessen Größe darin besteht, daß er sagen kann

„Tu das“ und „Tu jenes“ und der überall mit mehr Scheinen bezahlt als notwendig sind, muß genau die Grenze kennen zwischen den Menschen, denen er befehlen darf und jenen, die er „kultivieren“ muß. Um wieviel glaubwürdiger wäre seine Größe, könnte er nach eigener Vorstellung und Lebenserfahrung handeln und über die Meinung und das Tun anderer lachen, anstatt einer Konvention der Größe zu entsprechen. Wie groß ist ein *boro lōk,* dessen Selbstachtung die Kleinigkeiten der Respektbezeugung und die kleinen Dienste braucht? Als Herr M. hörte, daß ein neuer Postamtmeister eingesetzt worden sei, fuhr er am nächsten Tag zu ihm, um sich vorzustellen. Darin sah er keine Erniedrigung.

In einem armen Land wie Indien ist der Lohn des Reichtums die Furcht. Herr M. fühlt sich ständig bedroht, verfolgt, belogen, ausgebeutet. Er fürchtet sich vor Dieben; denn Einbrüche in Sāntiniketan sind häufig, die Dorfbevölkerung rundum ist arm. Sie kommen in Banden und umstellen das Haus; durch das offene Fenster sprühen sie Betäubungsmittel auf die Schläfer, gießen Säure in die Schlösser, um sie aufzubrechen. Diebe stecken häufig mit dem Dienstmädchen oder dem Koch, die ausspionieren, wo Geld und Wertgegenstände liegen, unter einer Decke.

Herr M. wird bleich und beginnt zu zittern, wenn ein Diebstahl berichtet wird. Die Fenster neben seinem Bett bleiben auch bei schwüler Hitze fest verschlossen. In der Nacht tritt er nicht auf die Veranda, weil in der Dunkelheit ein Dieb lauern könnte. Keine Fremden dürfen sein Zimmer betreten, nur Herren und Damen aus guten Kreisen, die gewiß nicht weitererzählen, wo der Plattenspieler, wo das Radio oder das Tonbandgerät steht. Herr M. streut das Gerücht aus, daß ein Revolver unter seinem Kopfkissen liege, er lädt den Polizeiinspektor zum Tee ein, um Neues über die Sicherheitslage der Umgebung zu erfahren, er kämpft darum, daß eine Straßenlampe neben seinem Haus installiert wird ... Der arme große Herr sorgt, ängstigt sich, verteilt Geld bis ans Lebensende, um Leben, Besitz und Prestige zu erhalten.

... und sein Koch

Herrn M.'s Koch hat sein Haus im Dorf, etwa eine Stunde von Sāntiniketan entfernt. Dort besitzt er zwei oder drei Felder, dort leben Frau und Kinder. Die älteste Tochter ist verheiratet und wohnt zusammen mit den Verwandten ihres Ehemanns in einem entfernten Dorf, der älteste Sohn versorgt Felder und Vieh, er vertritt also den Vater zu Hause. Die zweitälteste Tochter ist im heiratsfähigen Alter. Zwei weitere Kinder besuchen noch die Schule.

Herr M. hat die Aussteuer für die älteste Tochter bezahlt. Jetzt bemüht er sich zusammen mit seinem Koch, einen Ehemann für die zweite Tochter zu finden. Für die Heirat wird er wieder in die Tasche greifen.

Um die Heirat der zweiten Tochter in die Wege zu leiten, kommen Mittelsmänner ins Haus und palavern, Boten schwärmen aus, Briefe werden abgesandt, lange Beratungen abgehalten. Heirat ist ein Handel. Der Vater der Braut muß ihr eine Aussteuer geben, die ihn in schwere Schulden stürzt; jahrelang wird er sie abtragen müssen. Der Bräutigam verlangt außerdem Geschenke wie eine Armbanduhr, ein Fahrrad, ein Radio. Bei reichen Heiraten schraubt sich das Bedürfnis bis zu Motorrad und Fernsehapparat in die Höhe. Es geht nicht nur um die Befriedigung menschlicher Gier, auch das Prestige der beiden Familien steht auf dem Spiel, die mit einer glanzvollen Heirat beeindrucken wollen, auch wenn danach die Schulden sie zu Boden drücken. Die Familie des Mannes fordert von der Frau solide Kochkünste und volle Arbeitskraft; bei Heiraten der wohlhabenden Familien stehen Bildung, Sprachkenntnisse, Schönheit und guter Charakter auch auf der Liste der Forderungen. Die Familie der Braut versichert sich, daß der zukünftige Ehemann ein geregeltes und genügendes Einkommen hat, damit er seine Frau und später die Kinder ernähren kann. Bis vor kurzem fragte niemand danach, ob Braut oder Bräutigam lesen und schreiben können; heute verlangen analphabetische Eltern für ihre Tochter oder ihren Sohn Ehepartner mit Schulabschluß.

Einzig Braut und Bräutigam haben an der Geschäftigkeit keinen Anteil. Meist sehen sie sich nur einmal kurz vor der Heirat. Die Eltern bestimmen den Ehepartner, die beiden Elternpaare werden sich untereinander handelseinig und führen Sohn und Tochter zusammen. Hat ein langes Leben die Eltern nicht gelehrt, was gut und wer passend ist für den Sohn oder die Tochter? Und jene, die niemals zu einer unabhängigen Meinung veranlaßt wurden, nicken und leben den Rest ihres Lebens mit dem Menschen zusammen, den die Eltern bestimmt haben.

Herr M. gibt dem Koch ein vergleichsweise gutes Gehalt. Für diese hundert oder hundertzwanzig Rupien im Monat steht er morgens um sechs Uhr auf, bringt den Tee, dann das Frühstück, kocht die Mahlzeiten, kauft auf dem Markt ein, steigt täglich zwanzigmal die Treppe hinauf, um dem Hausherrn ein Glas Wasser oder Biskuits, eine Apfelsine oder Melonensaft zu bringen, um das leere Glas oder die Apfelsinenschalen wegzutragen, um einen Brief, eine Botschaft zu bringen oder anzunehmen. Nachmittags schläft der Koch auf der Veranda, weil auch sein Herr über ihm auf seinem Bett liegt. Während in der Abenddämmerung der Hausherr seinen Tee trinkt, hockt der Koch an der Küchentür und sinnt vor sich hin, eine Biri rauchend. Kommt ein Ruf von oben, erwidert er sofort und steigt hinauf. Abends wartet er, gegen den Schlaf ankämpfend, bis Herr M. sich schlafen legt; der Koch hängt das Mosquitonetz über dem Bett auf, verschließt die Türen, dreht das Licht aus, dann holt er seine Matte hinter der Treppe hervor, breitet sie im Speisezimmer auf dem Fußboden aus, raucht seine letzte Biri und schläft ein.

Seine Familie besucht er selten. Er will nicht ins Dorf fahren. Dort gibt es kein elektrisches Licht, dort sagt die Frau: Mein Sarī ist zerrissen, gib mir einen neuen. Dort sagen seine jungen Söhne: Wir brauchen neue Bücher für die Schule. Dort hört er Klagen und Gezänk, muß seine Söhne maßregeln und sich über den Preis von Reis und Weizen erhitzen . . . Nein, nein, lieber dort beim *babu,* dem Hausherrn, bleiben, stumm hocken, bis er ruft und befiehlt, jeden Monat Geld für seine Familie zurücklegen und in Ruhe Biris rauchen. Sein ältester Sohn kommt und holt das Geld ab, bringt die Nachrichten vom Dorf, auch die Forderungen, die sein Vater knurrend überhört.

Wenn am Monatsende sein Geld knapp wird, macht er Schulden in den Geschäften. Ein Geschäftsmann, der keinen Kredit gibt, kann hier nicht bestehen. Kredit und Schulden sind tief ins gesellschaftliche Leben eingewebte Normen. Das schmierige Schuldenheft liegt immer neben der Geldschachtel. Jeden Monat gehen einem Geschäftsmann, so höre ich, so-und-so-viele Rupien verloren an uneintreibbarem Kredit. Am Monatsanfang steigt der Koch auf sein Rad und fährt die Geschäfte ab, um seine Schulden zu tilgen. Herr M. sagt: Schulden hat er immer gemacht. Mit gutem oder schlechtem Gehalt hat das nichts zu tun. Gäbe ich ihm doppelt so viel, machte er immer noch Schulden.

Reisfelder

Nachmittags Radfahrt durch Dörfer und an Reisfeldern entlang. Ein flammendgrünes Reismeer, herrlich anzuschauen. Bis an den Horizont wogt es, wogt so frei und kraftvoll, daß Formen und Farben der Natur überzufließen scheinen. Die Bauern gehen still auf ihren Wegen, verweilen nicht staunend. Erfassen sie die Schönheit, die sie umgibt? Sie sind doch von klein auf mit ihr aufgewachsen, in sie hineingewachsen, sie haben selbst, war das Leben ihnen günstig, Schönheit angenommen. Ich höre bewußt auf die Sprache der Bauern, wieviel Poesie darin schwingt, wie bildkräftig und gefühlvoll die Wortwendungen sind, die sie täglich im Munde führen.

Im Dorf sitzt eine Gruppe von Männern auf einem schattigen, freien Platz. Der Becher, aus den Fasern der Palmwedel gefertigt, geht reihum: Schnaps. Dann stößt der Weg auf den Fluß Kopai. Wer weiterkommen will muß um diese Jahreszeit - nach dem Monsunregen - den Lungi oder Dhōti bis über die Knie hochbinden. Oder ihm dürfen nasse Kleider nichts ausmachen, wie der Frau, die ich durch den Fluß waten sah. Ein Junge nimmt ein Bad, taucht unter, nochmal und ein drittes Mal, springt ans Ufer, schlingt ein trockenes Tuch um die Hüften, zieht das nasse darunter hervor, geht noch einmal zum Wasser, um es auszuspülen, und trollt sich zum Dorf.

Auf dem Rückweg hält Binda seine Riksha an und fragt, wo ich so lange gewesen sei! *Deshe?* In deinem Land? Wir setzen uns in einen Teeladen am Wegrand, um uns gegenseitig die Wiedersehensfragen zu stellen. Binda kommt aus Bihar, der Nachbarprovinz. Sein Vater lebt dort als Bauer. Vier Brüder wohnen beim Vater im Dorf, ein Bruder hat in Bōlpur Arbeit gefunden. Binda pendelt zwischen Bihar und Bōlpur, bleibt wo er gerade Arbeit findet. In Bōlpur mietet er eine Riksha für drei Rupien pro Tag und fährt

Kunden, oder er verdient als Vorarbeiter beim Häuserbau seinen Reis. Der Verdienst sei nicht schlecht, sagt Binda. In seinen Antworten ist die Bestimmtheit und Würde eines jungen Mannes, der viel vom Leben erwartet. Sein Gesicht ist klar und kraftvoll. Als wir aufstehen, bezahlt er Tee und Biskuits; ich würde ihn, den „Armen" beleidigen, böte ich ihm die Bezahlung an. Zum Abschied greift er nach meiner Hand und sagt, ich solle für ihn in dieser Teestube Nachricht hinterlassen, wenn ich ihn brauche. Hier wisse man, wo er sei. Mit jener absoluten Hingabe, die oft in Worten ausgedrückt wird und zu der viele junge Inder auch fähig sind, sagt er: Alles, was du willst, tu ich für dich.

Gespräche über Gott in der Bank

Nach Suri, der Distrikthauptstadt, gefahren, um mein Visum verlängern zu lassen. Besuch bei einem Bekannten, dem Manager der örtlichen Zweigstelle der Indischen Staatsbank. Er spricht mit mir – in seinem Büro, umlagert von Bergen zerfranster Papiere, Stapeln fetter Buchhaltungsbücher, Stößen von Ordnern, umdrängt von Laufburschen, die seine Unterschrift brauchen – über Gott. Tritt ein Kunde ein, hält er nicht inne, er weist auf einen Stuhl, heißt ihn warten und zuhören. Das Gespräch über Gott versteckt niemand. Gott ist keine Privatsache, er ist doch Gott aller Menschen. Die Argumente des Bankmanagers sind nicht theologisch, intellektuell, es sind Argumente des Glaubens. Ohne Scheu legt er dieses Heiligste des inneren Menschen bloß. Kunden, die kamen, um Geld abzuheben, mischen sich ins Gespräch ein, es wird lebhaft. Der Bankmann hinter seinem großen Schreibtisch möchte das letzte Wort behalten, denn er ist die Autoritätsperson im Zimmer.

Die Umstellung

von Europa auf Indien ist immer schwer, so sehr ich mich zurückgesehnt habe. Es ist ein Unding, innerhalb von zehn Stunden von Frankfurt nach Bombay gejettet zu werden. Ich komme innerlich erst jetzt, eine Woche später, allmählich an. Gewöhne mich daran, Wasser aus dem Brunnen zu ziehen, auf dem harten Holzbett zu schlafen, Staub und Schmutz nicht widerwärtig zu finden, die Mosquitos zu ertragen, das Essen nicht grob und die Essensweise nicht unmanierlich zu empfinden. Langsam ordnet sich alles wieder in das Netz der Beziehungen und Abhängigkeiten ein, welche das indische Leben ausmachen. Gewisse Erfahrungen, die unangenehm und häßlich herausstanden, weil ich sie an Europa gemessen hatte, kehren zurück in das Meer erträglicher, alltäglicher Dinge, über die man nicht nachdenkt. Das „Gute" und das „Schlechte", das „Machbare" und das „Unmögliche" wechseln ihre Farben, sobald ich aufhöre, mit Europa zu vergleichen. Indien ist also doch eine *andere* Welt? Warum wären sonst die Schwierigkeiten, Indien unter meinen Freunden in Deutschland verständlich zu machen, so groß?

2. Durgā-Pūjā – Fest der zehnarmigen Göttin

Stammestänze

In der Zeit der Durgā-Pūjā veranstalten die Santhal-Stammesangehörigen, die in den Dörfern der Umgebung wohnen, Gemeinschaftstänze. Gruppen ziehen von Haus zu Haus und tanzen, während sie sich mit Schellen, Trommeln und primitiven Streichinstrumenten begleiten. Die jungen Männer tragen Kopfschmuck aus weißen Hühnerfedern und bunte Dhōtis. Alle ärmlich, zerrissen, keineswegs festlich. Die Instrumente tönen dumpf, drängend-rhythmisch. Dazu bewegen sie ihre Oberkörper wie Kämpfer, die einen Feind ins Auge fassen, seitlich und nach vorn. Sie tanzen vorgebeugt, mit kurzen, stampfenden Schritten. Das Ganze en bloc beeindruckt, wirkt bedrohend, zumal die Gesichter nie froh, gelöst sind, sondern maskenhaft unbewegt, wie benommen von den eigenen Bewegungen.

Kleiner Priester

Uma hat einen roten Punkt mitten auf der Stirn. Er ist von einem Tempel zurückgekehrt und bringt ein wenig roten Staub, in ein Papier gewickelt, und Prosad, die konsekrierte Opfergabe, mit. Davon hat er in der Familie verteilt und gibt auch mir. Wie ein kleiner Priester tunkt er den Zeigefinger in den roten Staub und malt auch mir einen Punkt auf die Stirn. Dann legt er einige Krümel Süßigkeiten – den Prosad – auf meine Hand. Ich hebe sie zur Stirn, um mich zu segnen, und lege sie in den Mund.

Jeder ist berechtigt, den Segen der Gottheit auszuteilen, die einmal empfangene Segensgabe weiterzugeben, die Gebärde des Priesters zu wiederholen. Jeder ist auch berechtigt, in seinem eigenen Heim, vor seinem Altar heilige Opferriten zu feiern, die Pūjā und Ārati (das Schwenken von Feuer oder Weihrauch vor dem Gottesbild), und die geopferten Speisen und Blumen als Prosad zu verteilen.

Segen ist Mitteilung einer geistigen Kraft. Wer mehr geistige Kraft besitzt, darf den segnen, der weniger besitzt. So wird der Brahmane, ein Angehöriger der Priesterkaste, dank seiner Abstammung mehr Segenskraft besitzen als ein Nicht-Brahmane; jener wird sich niederbeugen, um den Segen des Brahmanen zu empfangen. Das heißt nicht, Nicht-Brahmanen seinen ganz ohne geistige Kraft. Alle Väter und Mütter, und gehörten sie der niedrigsten Kaste an, haben die Kraft, ihren Kindern den Segen zu geben, und nicht nur ihnen, sondern allen Kindern überall. Der Ältere oder die Ältere besitzt immer die Befugnis, den jüngeren Menschen zu segnen: der ältere Bruder den jüngeren, die ältere Schwester die jüngere, der Lehrer den Schüler. Ein Tempelbesucher, der sich gerade mit der Kraft Gottes gefüllt hat, darf, gleichgültig wie jung oder alt er ist, von der Fülle an Familie und Freunde weitergeben, indem er Prosad verteilt. Der Mönch, der die „Welt“ verlassen hat, die Strukturen der Gesellschaft durchbrechend, durchbricht auch die Hierarchie des Segnens. Seine Askese und Entsagung ziehen die volle Kraft an, weshalb auch sein Segen jedem anderen Segen vorzuziehen ist, vor allem dann, wenn er die Funktion eines Guru übernommen hat.

Wir sehen, wie das gesellschaftliche Leben, so ist auch die geistige Sphäre hierarchisch geordnet; und häufig bestimmt der Standort in der geistigen Hierarchie den gesellschaftlichen. Solange Hierarchie dynamisch ist, empfinde ich sie nicht als negativ. Hierarchie sollte nicht von der Geburt fixiert werden, wie es beim Kastenwesen der Fall ist: Durch keine Anstrengung in der Welt kann das Mitglied einer niedrigen Kaste in eine höhere aufsteigen. Doch gibt es eine „natürliche“ Hierarchie, die wir brauchen. Ohne die natürliche Autorität, die ein Vater, eine Mutter, ein Priester besitzt, kann sich das Väterliche, Mütterliche und Priesterliche im Menschen niemals entfalten, und auf der anderen Seite niemals das Kindliche und die rechte Schülerschaft. Hierarchie bedeutet in Indien immer eine Stufenleiter zum Geistigen, zu Gott hinauf. Da jeder Mensch einen bestimmten Platz innerhalb der Hierarchie besitzt, steht er auch – über mehr oder über wenige Sprossen hinweg – in Beziehung mit Gott. Über ihm steht der ältere Bruder, dann der Vater, der Großvater, der Guru der Familie, die Gottheit im Dorftempel ... Alle blicken ihn, den Untenstehenden, an, sprechen mit ihm, befehlen ihm - und er gehorcht mit Genugtuung, denn jede Zuwendung der Höheren ist schon Gnade und Segen.

Angst

Die meisten armen Menschen lassen nachts in ihren Hütten eine Kerosinflamme brennen. Sie fürchten sich vor der Dunkelheit. Nicht vor Räubern und Unruhestiftern, die plötzlich aus dem Dunkeln auftauchen könnten, nein - vor der Schwärze, dem Ausgelöschtsein des Sichtbaren. Primitive Ängste, die Dunkelheit sogleich mit Tod, den Geistern der Verstorbenen in Verbindung bringen. Dunkelheit ist kein Zustand, sondern sie hat Macht über den Menschen.

Der Frisörjunge

Seine Hütte aus Lehm und Stroh steht unmittelbar an der Straße. Zwei Hocker, ein Spiegel an der unebenen Wand, ein paar Scheren, Kämme, Messer und Flaschen - mehr ist nicht darin. An den Wänden kleben bunte Kalenderdrucke von Gottheiten einträchtig neben Bildern von Filmhelden. Draußen steht eine Bank, auf der seine Kunden warten, ein müder Wanderer ausruht oder nur ein paar arbeitslose Burschen lungern. Der Junge schnibbelt mit flinken Händen am Kopf und schnabbelt gleichzeitig mit ebenso flinkem Mundwerk. Er ruft einen lauten Gruß, eine Neuigkeit, ein Gerücht hinaus auf die Straße, wo gerade ein Bekannter vorbeigeht, unterbricht sein Handwerk, wenn der Wortaustausch spannend wird, oder schnappt mit der Schere in der Luft, während die Augen auf der Straße sind.

Unbekümmert rupft und zerrt er an den Haaren, fährt mit der Hand übers Gesicht seines Kunden, schrappt den Kamm durchs Haar, daß er sich biegt. Wenn er zum Schluß die Haare vom Gesicht des Kunden entfernt, schlägt er sie mit einem nicht mehr sauberen Tuch herunter. Zimperliche Kunden kann er nicht gebrauchen.

Gestern war es schon dämmrig, als ich vorbeikam und er mir zurief, mich hinzusetzen. Seinen Frisörhocker hatte er ins Freie gezogen, um das letzte Licht für seinen Kunden zu erwischen. Er fragt, wie es mir zu Hause ergangen sei. Die zweite Frage gilt, wie üblich, *baba-ma,* meinen Eltern. Diese Frage fehlt niemals, so eng sind Glück und Leid der Eltern mit dem eigenen Befinden verbunden. Der Junge erzählt, wie sehr er sich auf die bevorstehende Durgā-Pūjā freue und zeigt auf einen bunten Druck neben dem Spiegel, der die zehnarmige Göttin Durgā zeigt. Mit reichlichen Gesten erklärt er, warum sie zehn Arme hat: Schließlich hat sie mehr Arbeit als wir Menschen, sie muß so viele Dämonen töten, da sind zehn Arme gerade genug. Er zeigt mir das Hemd und die Hose, die er sich für die Pūjā-Tage schneidern ließ. Jeder will etwas Neues tragen: der Ehemann muß der Frau einen neuen Sarī, der Vater den Kindern neue Hemden und Röcke kaufen. Jeder streckt die Hand nach Geschenken, nach Bonus und Prämien aus. Der Frisörjunge nennt mir den Preis seines neuen Hemds, denn der Anblick und der Preis *zusammen* imponieren dem Betrachter erst. Damit läßt mich der Junge auch wissen, wieviel Geld er ausgeben kann, er pflegt sein Prestige. Hose und Hemd haben die grellen Muster und den auffälligen Zuschnitt, den die modernen jungen Männer schätzen. Sie wollen sich als schicke Stadtjungen fühlen, auch wenn sie in einer Lehmhütte wohnen und keine zweite Mahlzeit bekommen. Das ist der unheilvolle Einfluß der Traumwelthelden in den billigen Kinofilmen. Ein zweites Hemd, sagt der Frisörjunge, habe ihm ein Freund geschenkt, der ihn sehr liebe. Hier spricht man ungeniert von „Liebe“ zwischen Freunden.

Durgā-Pūjā

Anondo Gopal, der Zeitungsjunge, hatte sich angeboten, mir die verschiedenen Festzelte zu zeigen, in denen die Durgā-Pūjā gefeiert wird. Er ist ein Baul, ein Junge jener bengalischen Sippe, die durch ihren Gesang bekannt ist. Die Baulsänger wandern von Ort zu Ort und tragen ihre religiösen Lieder auf Jahrmärkten, Plätzen, an Straßenecken und in Häusern vor – ungebärdig singen sie, wild, mit langgezogenen, hohen Schleifen; zigeunerhaft, ekstatisch dazu der Tanz. Die Sänger tragen Schellen um die Fußgelenke und stampfen den Rhythmus.

Anondo Gopal, vielleicht siebzehn Jahre alt, hat vor zwei Jahren die Schule aufgegeben, weil sie ihm nicht mehr gefiel (erzählt er mit Verachtung im Gesicht), und trägt seitdem Zeitungen aus. Sein Vater gibt ihm Gesangsunterricht, oft begleitet Anondo Gopal ihn zu den Festen und Jahrmärkten, auf denen er zusammen mit dem Vater singt. Anondo Gopal ist einer der vielen jungen Bengalen mit einem scharf geschnittenen, blitzgescheiten Gesicht; er sprüht vor Selbstbewußtsein, was auf ein harmonisches, liebevolles Familienleben hindeutet. Von Anfang an sprach er mich mit *tumi,* „du" an, in einer Mischung von Kindlichkeit und Ehrgefühl.

Heute, Punkt drei Uhr, steht er vor der Tür, festlich gekleidet in weißem Dhōti, der bis zu den Füßen reicht, und grell orangenfarbenem *kurta,* einem weißen Hemd, das bis auf die Oberschenkel fällt, mit langen, weiten Ärmeln und ohne Kragen. Orangengelb ist die Farbe der Bauls.

Wir radeln durch die engen Gassen, über die Staubpfade von Bōlpur und besuchen die bunt geschmückten Zelte, in denen die Statuen für die Durgā-Pūjā aufgestellt sind. In der Mitte thront Göttin Durgā auf einem Löwen - er, ein Symbol der Kraft, hat zahm seinen Rücken als Sitz angeboten. Durgā, die machtvolle, rächende Göttin, hat ihren Speer gerade in die Brust eines Dämons gestoßen. Ihre zehn Arme stellen, dem einfachen Menschen verständlich, ihre vielseitige und übermenschliche Macht vor Augen.

Diese theatralische Szene vervollständigen Lakshmī, die Göttin des Glücks, Saraswatī, die Göttin der Kunst und Gelehrsamkeit, Ganesh und Kartik, die Göttersöhne der Durgā. Sie stehen in vorgeschriebener Anordnung um Durgā, die Weltenmutter und Weltbeschützerin. Der Mythos erzählt, daß Durgā in einer gefahrvollen Weltminute mit der inneren Sammlung und Geisteskraft sämtlicher Götter und Göttinnen geschaffen worden ist als Verkörperung ihrer Geistesmacht, um den Andrang der Dämonen abzuwehren. Den Sieg über das Böse feiert die Durgā-Pūjā in jedem Jahr neu, und während die Bengalen feiern, identifizieren sie sich sehnsüchtig mit der Göttin, mit ihrer Kraft, ihrem Mut, ihrem Sieg.

Einmal im Jahr kommt Durgā aus ihrer Wohnung in den Himalayas zu den Menschen herab, sie verläßt ihren Gemahl Siva, um sich unter ihre Verehrer zu mischen. Und die Bengalen nehmen sie nicht als eine Rachegöttin, als Göttin furchterregender Kraft, zu sich auf - sondern wie eine Tochter. In schöner Entsprechung kehrt die verheiratete bengalische Tochter für die Pūjā-Tage zu ihren Eltern zurück. Ein Bruder kommt und holt sie ab, führt sie zur Familie, wo sie eine Woche lang mit süßen Sachen verwöhnt wird. Nach der Pūjā, wenn auch Durgā sich aus der Menschenwelt zurückgezogen hat, fährt die Tochter zu den Schwiegereltern und ihrem Gemahl heim.

In dieser Entsprechung der göttlichen Visitation auf der Ebene des familiären menschlichen Lebens, verliert Göttin Durga ihre Schrecklichkeit. Nun ist sie nichts als eine gute, familientreue bengalische Tochter, die einige Tage lang - in der Gestalt aus Lehm und feinen Stoffen - zur eigenen Familie zurückkehrt.

Anondo Gopal und ich fahren von einem Zelt zum andern. Trommler stehen vor jedem und schlagen die gleichen Rhythmen stundenlang - die Göttin ist anwesend! Nackte Jungen drängen sich vor den Statuen, eine Gruppe Männer spielt Karten im kühlen, schattigen Zelt. Priester bereiten den Fortgang der Riten vor.

Schließlich bringt mich Anondo Gopal zu seinem Haus. Es ist aus Lehm und Stroh gebaut, doch trägt es die Gediegenheit und Sauberkeit einer ehrbaren, im bescheidenen Wohlstand lebenden Dorffamilie zur Schau. Eine Mauer umgrenzt den Hof, der gefegt und gewaschen ist. Die Terrasse, die an der ganzen Längsseite des Hauses entlangführt, ist zementiert, wenn auch da und dort schon löchrig und brüchig. Auf der Terrasse spielt sich tagsüber das Familienleben ab. Sie ist überdacht, also schattig, luftig, und kühler als die Zimmer und geräumig genug für die Familie, für Gäste, Spielkameraden. Anondo entrollt eine Matte, und wir setzen uns. Im Innenhof steht ein kleiner, sorgfältig eingefaßter Tulsīstrauch, daneben ein Bildstock aus Lehm, vor denen die Familie morgens und abends den Gottesdienst feiert. Tulsī ist ein heiliger Strauch, dem Gott Vishnu besonders wohlgefällig; seine Blätter werden in der Pūjā geopfert. Das Haus hat drei Zimmer. Jenes zur Seite des

Hofeingangs gehört der Milchkuh, die dort stumm, warmen Geruch verströmend ihren Tag verbringt, daneben ein Schlafraum und am andern Ende die Küche.

Einkäufe

Ich habe Binda, den Rikshafahrer, rufen lassen, und er hämmert gegen meine Tür, frühmorgens, als ich noch auf meinem Bett sitze und meditiere. Ich bitte ihn, in Bōlpur einige Einkäufe zu machen und gebe ihm eine Liste. Kann er sie lesen? Nein, er hat nur drei Schulklassen besucht. Hindi kann er ein wenig lesen und schreiben. Stolz sagt er, die Briefe an seine Eltern in Bihar könne er *selbst* schreiben. Die meisten Menschen seiner Umgebung müssen ihre Briefe diktieren und sich für gutes Geld vorlesen lassen. Aber Bengali und Englisch könne er nicht lesen, sagt Binda. Wie kommt er also mit meiner Liste zurecht? „Das behalte ich alles im Kopf, keine Sorge!“ Und wenn er Zweifel habe, zeige er jemandem meinen Zettel.

Ich habe kein Wechselgeld und gebe ihm einen Hundertrupien-Schein. Wird Binda damit stiften gehen? Zwar weiß ich, wo seine Hütte ist, wo der Teeladen seines Bruders, doch könnte er sich dort verleugnen lassen. Nein, nun sitzt er neben mir als Freund, steht nicht mehr vor mir als Rikshafahrer und Dienstleistender – darf ich ihm mißtrauen und sein Ehrgefühl verletzen, das zu achten ich jedem Menschen schulde? Gerade viele arme Menschen haben ein empfindliches Ehrgefühl. Ihre Unbescholtenheit ist meist ihr einziger Besitz.

Mittags kommt er mit allen Dingen zurück, sogar die Quittungen bringt er; das Restgeld händigt er aus.

Häufig lohnt sich Vertrauen, wenn es erzieherisch angemessen ist und sich nicht verschwendet im ersten Augenblick wie das Vertrauen eines Narren. Denn Vertrauen fordert die Ehrlichkeit und das Gefühl der Verantwortung heraus.

Als ich Binda zwei Rupien für seinen Dienst zurückgebe, sagt er, fast beschämt: „Die sind für mich?“ Diese Menschen sind bereit, trete ich ihnen als ein Fremder, ein Käufer, ein Dienstherr gegenüber, hartnäckig und zänkisch um jeden Poisa zu kämpfen. Doch erkennen sie mich als Freund, als älteren Bruder, und ihr Verhalten ist mit einem Schlag anders. Mit der ganzen Kraft ihres Gefühls überspringen sie sämtliche Unterschiede zwischen sich und mir, stellen sie Gemeinschaft und Familiarität (also Familienzugehörigkeit) her. Mir gehört ihre ganze Großzügigkeit und Opferbereitschaft, zu denen sie veranlagt sind.

Das sind Schätze in den Menschen, die leider selten offen gelegt werden, weil wenige Menschen heute die Reinheit der Zuneigung zu jenen Armen besitzen, daß sie ihnen spontan dieses Vertrauen schenkten.

Surul

Binda lädt mich ein, auf seiner Riksha nach Surul, einem Dorf fünf Kilometer entfernt, zu fahren, weil dort die Durgā-Pūjā in altem Prunk gefeiert werde. Er kommt in flammend grüner Hose – das einzige Stück, das er besitze, sagt er, als ich sie bewundere. Als Rikshafahrer trägt er gewöhnlich einen Lungi, einen bunten Rock, der um die Hüften verknotet wird. Heute kommt er aber nicht als Rikshafahrer, der an der Straße steht und auf Kunden wartet, er kommt als Freund, der mich spazierenfahren will. Also die Hose. So fein werden Unterschiede empfunden.

In Surul steht ein herrschaftliches zweistöckiges Haus im monumentalen Stil der Kolonialzeit; im Innenhof findet die Pūjā statt. Hier plärrt keine Hindifilm-Musik, es herrscht sorgfältige religiöse Atmoshäre. Der Pūjārī sitzt vor den glänzenden, in Gold- und Silberflitter gehüllten Götterstatuen, um ihn herum liegen die Opfergaben gebreitet – Früchte, Süßigkeiten, Kokosnüsse –, über die er heilige Zeichen macht. Sein Assistent hockt im Hintergrund und rezitiert laut die Mantras. Männer, in reinliche weiße Dhōtis gekleidet, leichte, weiße Schals um den Oberkörper, eilen auf nackten Sohlen herbei. In ihren ausgestreckten Händen tragen sie neue Opfergaben, von Tüchern verdeckt, daß kein Staub auf sie falle. Eilig und ohne aufzublicken gehen sie: es ist eine liturgische Handlung. Im Hof treibt die Dorfjugend ihre Spiele. Von den Treppen, die zu den Götterbildern führen, wird sie verscheucht. Diese Pūjā ist für die wohlhabenden Leute, das „Volk“ soll von weitem zuschauen. In einiger Entfernung stellt sich Binda deshalb, die Sandalen abstreifend, vor das Bild hin, hebt die gefalteten Hände zur Stirn, senkt den Kopf, schließt die Lider und verharrt: Der Gruß an die Göttin.

Auf dem Rückweg sehen wir andere Pūjās. An einem Ort beginnt man Prosad auszuteilen. Zwei Schlangen von schreienden, drängelnden, erhitzten Jungen und Mädchen haben sich vor den Götterstatuen gebildet. Zwischen den Schlangen trippelt eine kleine schwarze Ziege an kurzer Leine auf und ab. Die Aufmerksamkeit des Priesters richtet sich schon auf die nächste Opferung. Eine Holzgabel, fest in den Boden gerammt, ist bereit, den Kopf aufzunehmen, der Priester bereit, ihn hineinzuzwingen und zuzuschlagen. Offensichtlich dürfen die Kinder zuschauen, während Blut spritzt. Ich wurde als Junge weggeschickt, wenn unser Nachbar ein Schwein abstach. Ich gehe auch jetzt weg.

Der Gärtner

Summend, singend kommt Bonomalī, der Gärtner, morgens zum Haus und macht sich in den Beeten zu schaffen. Er ist kaum fünfundzwanzig, hat schon drei Kinder. Wie jeden Morgen, wenn ich ihn singen höre, rufe ich ihm grüßend „Hooo, Bonomalī!" zu, und er ruft zurück. Heute trägt er ein zitronengelbes Hemd auf seiner braunen Haut. Ich habe ein ähnliches Hemd in Blau an. Dein Hemd sieht hübsch aus, sage ich; er gibt das Kompliment lachend zurück. Gut, wechseln wir also die Hemden! sage ich im Spaß. Tatsächlich, Sekunden später trägt er blau, ich trage gelb.

Mosquitos

Gestern hat es den ganzen Tag geregnet, die Festtagsfreude wurde den Menschen verdorben, den Rikshafahrern und kleinen Geschäftsleuten der Verdienst. Kaum jemand konnte von Festzelt zu Festzelt wandern, um die Dūrgā-Statuen zu betrachten. Die Bauern fürchten um die gute Ernte, wenn es so spät im Jahr regnet. Der Regen drückt die Halme zur Erde, wo sie faulen, oder schüttelt die Körner aus den Ähren, sie fallen zu Boden, wo sie niemand auflesen kann.

Mit dem Beginn der kühlen Jahreszeit hört die eine Plage, die Hitze und Schwüle, auf und eine andere fängt an: Mosquitos und Ameisen. Nach dem Regen schwoll ihre Aktivität fiebrig an. Ich rettete mich unter das Mosquitonetz, welches über meinem Bett gespannt ist, las und schrieb, bis das Licht ausging - Stromausfall - und das Zimmer zum Lesen zu dunkel wurde. Unter dem Mosquitonetz eine Kerosinlampe zu entzünden, ist gefährlich. Also trat ich ins Freie und wanderte, ein Buch in der Hand, im Garten auf und ab, immer in Bewegung bleibend, damit sich die Mosquitos nicht auf Beine oder Arme setzen.

Später verschwand ich für die Abendmeditation wieder unter das Mosquitonetz, steckte aber seine Ränder nicht sorgfältig genug unter die Matte, die auf dem Bett liegt; jedenfalls sind Mosquitos hineingeflogen. Im Nu war ich an einem Dutzend Stellen gestochen. Die Einstiche schwellen zu weißen, rot umränderten Beulen an, die prickeln wie Brandwunden.

Zur Zeit der Abenddämmerung sirren und surren die Mosquitos im Zimmer wie ein Gottesgericht - es ist zum Fürchten.

Regen und Rauch

Seit drei Tagen ununterbrochen Regen. Gestern und heute den ganzen Tag unter dem Mosquitonetz. Der kleine niedrige Schreibtisch steht auf dem Holzbett, darauf verrichte ich meine Arbeit. Nur achtgeben, daß Arme und Beine das Mosquitonetz nicht berühren, sonst sticht das gierige Volk von außen.

Zweimal oder dreimal täglich räuchere ich das Zimmer aus. In eine irdene Schale lege ich trockene Kokosnußfasern, zünde sie an und streue Weihrauchkörner darüber. Der dichte Qualm vertreibt die Insekten; auch mir bleibt der Atem stehen, die Augen brennen.

In der Abenddämmerung ist das Räuchern eine wohltuende Vorbereitung auf die Meditation. Ich zerpflücke die strähnigen Fasern, die die Kokosnusschale umschlossen, entzünde sie und wedele der schwachen Flamme Luft zu, bis der ganze Fasernbausch zu glimmen beginnt, dann streue ich nach und nach die kleingestoßenen Harzkörner darüber, nehme die Schale und halte sie in alle Ecken, in die Höhen und Tiefen des Zimmers, damit der Rauch alles berühre und überall eindringe. Auch vor den Bildern von Christus und den Heiligen stehe ich und lasse den Rauch an ihnen entlanggleiten. Denn Rauch bedeutet Reinigung; er reinigt die Atmosphäre des Zimmers, reinigt die Umgebung der heiligen Bilder von allen weltlichen Einflüssen, die ich durch Unachtsamkeit und Sünde hineingetragen habe. Dann beginne ich die Gebete.

Regen und Schnupfen

Ich bleibe trocken. Die Rikshafahrer, die Bauarbeiter, die Kulis auf den Straßen, die Waren von hier nach dort bringen, werden naß und tropfen wie Bäume und Sträucher. Ich sehe, wie ein Bursche einen Lastwagen mit Ziegeln entlädt: das Hemd an Brust und Rücken klebend, Arme und Beine überdeckt mit nassem, rotem, von Wasserrinnen durchfurchtem Staub. Er schüttelt den Kopf, daß die Tropfen von Haar und Gesicht fliegen, während die Hände ihr Werk tun. Unzufrieden sieht er nicht aus, obwohl er im Regen arbeiten muß. Gedrungen-kräftig in Gestalt, erdig das Gesicht, ihm wird der Regen nichts anhaben können; wie von Bäumen und Sträuchern gleitet das Wasser an ihm herab. Binda ist weniger kraftvoll. Er liegt mit Schnupfen und Kopfschmerzen in seiner Hütte. Als er nachmittags einmal hinausgefahren ist, um zwei, drei Rupien zu verdienen, ist die Riksha defekt geworden, das zerfetzte, rappelige Ding. Er mußte Geld für die Reparatur ausgeben, anstatt, gerade zur festlichen Pūjā- Zeit, einen guten Batzen zu verdienen. *Mōn kharap,* sagt er: Ich bin schlechter Laune.

Bijoya

Die Durgā-Pūjā dauern vier Tage. Zu Beginn haben die Priester und die Gläubigen die Göttin in einer besonderen Feier gebeten, von der Statue „Besitz zu ergreifen", sie mit ihrer göttlichen Gegenwart zu erfüllen, damit sich die Menschen vor ihr verneigen, sie bewundern und verehren können.

Jeder Festtag hat seine bestimmten Mantras, Riten und Bräuche.

Ziegenopfer sind dem zweiten Tag vorbehalten - oder an Stelle dessen das Opfer von zwölf verschiedenen Früchten. Rührend mitzuerleben ist die *Kumarī-Pūjā,* wenn eine Gruppe von jungen, unverheirateten Mädchen, bunt und hübsch wie Puppen gekleidet - nein, wie die Göttin selbst -, rituell von dem Priester verehrt wird, denn die Jungfrauen sind das Symbol der Reinheit, und Reinheit ist etwas Göttliches.

Am dritten Tag verehren die Gläubigen auch Siva, den Gemahl, der gekommen ist, um Durgā wieder nach Hause in die Berge zu führen.

Der letzte Puja-Tag, *bijoya,* ist ein heiterer Festtag. Wie es unter Christen am Heiligen Abend Brauch ist, versammelt sich zu Bijoya die ganze Familie um Vater und Mutter oder um Großvater und Großmutter. Drei Tage lang haben die Frommen die Göttin in ihrem Haus gesehen - in vielen Familien wird eine Dūrga-Statue aus Lehm für die Zeit der Pūjā aufgestellt -, sie haben sie umsorgt, die Speisen und Geräte und Dinge herbeigebracht, die für die Pūjā notwendig sind, und wieder weggetragen, haben ehrfürchtig während der heiligen Momente ausgeharrt, sich verneigt und sich zu Boden geworfen vor ihr, der göttlichen Tochter. Nun ist sie ihnen allen so vertraut geworden, wie eben die eigene Tochter. Am Bijoya-Tag, dem Abschiedstag, füttern die Gläubigen ihre Göttin mit eigener Hand wie ein Kind, sie halten Reis und Süßigkeiten an ihre Lippen, flüsternd: „Nimm, iß doch!"

Nach der letzten Pūjā, am selben Abend noch, verläßt die Göttin das Haus. Siva ist ungeduldig geworden. Die Familie, die Jungen der Nachbarschaft tragen die Statue und ihren gesamten „Hofstaat" in Prozession zum Ganges oder zu einem anderen Fluß oder einem Teich, und dort versenken sie sie unter Rufen von *joy ma!* Es lebe die Mutter!

Trommelwirbel begleiten diese Heimkehr, die Jungen gehen tanzend vor der Statue her, ihr folgen laute Burschen, die Knallfrösche und Leuchtkugeln werfen und mit ihrem gefährlichen Spiel den Zuschauern Angst einjagen. Das schwere Podium, worauf die Göttin thront, noch eine kleine Weile thronen darf, wankt, von widersprüchlichen Befehlen hin- und hergerissen. Ein Gaslicht beleuchtet Durgās schemenhaftes Lächeln, alles andere ist

Dunkelheit. Dem Aufzug schließt sich das neugierige Volk an; auch ich gehe, das Fahrrad an der Hand führend, eine Weile mit, spüre jedoch, daß die animiert-fröhliche Atmosphäre jeden Augenblick in Rüpelei umschlagen kann. Das Temperament zischt über.

Die Göttin hat Abschied genommen, die Bijoya-Festlichkeit setzt sich aber noch tagelang fort. Verwandte und Freunde sollen sich, so lautet die heilige Faustregel, nach Bijoya treffen und Grüße austauschen. Sie nehmen weite, lästige Reisen auf sich, um ihr Genüge zu tun. Es ist eine Zeit, in der die Verwandtschaftsverhältnisse bestätigt, der gesamte Kosmos des Familienlebens demonstrativ dargestellt wird. Als erstes nähern sich die Söhne und Töchter den Eltern, geben ihren Pronam, indem sie die Füße der Eltern berühren und die Hand an ihre Stirn und Brust heben – die traditionelle Gebärde der Ehrfurcht, der Unterwürfigkeit. Während ihr Kind gebeugt vor ihnen steht, berühren die Eltern dessen Scheitel oder Schulter in der Geste des Segnens. Schließlich halten die Eltern, zum Zeichen ihres Dankes und ihrer Liebe, Süßigkeiten und andere gute Dinge bereit.

Alle Jüngeren grüßen die Älteren mit diesem Pronam, die Älteren segnen; Gleichaltrige und Gleichrangige grüßen sich mit einer festen Umarmung. Die kleinen Kinder bekommen Küsse auf beide Wangen.

Schüler besuchen ihre Lehrer und berühren deren Füße, Freunde treffen sich. Jeden, der mir lieb ist, soll ich besuchen. Wohnt er zu weit, schicke ich ihm einen Brief mit Grüßen, in roter Tinte geschrieben, denn Rot ist die Farbe des Glücks, der Göttin Lakshmī.

Der Hausherr schenkt seinen Dienern und Angestellten Dhōtis und Hemden oder eine runde Summe Geld. Jeder, der dem Herrn ständig Dienste erweist – der Wäscher, der Postbote, der Toilettenreiniger, der Gärtner, der Nachtwächter – jeder hat Anspruch auf ein Geschenk, auf Kleider oder Geld.

Das ist die Zeit der Demutsgesten. Sie sind manchmal heuchlerisch, gewiß, doch oft echt, wenn der ältere Mensch vor dem jüngeren niederfällt, um dessen Füße zu berühren, oder der ranghörere, angesehenere, reichere Herr vor dem bescheiden lebenden

Freund. Ein heiliges Gerangel entsteht, wer Demut zeigen und Demut annehmen darf. Ich erfahre dabei die Bedeutung der Gesten: Wie tief sie in diesem Land Existenz ausdrücken und Menschen miteinander verbinden.

Radfahrt nach Taltōr,

einem größeren Dorf. Dabei sehe ich den Schaden, den der dreitägige Regen auf den Feldern angerichtet hat. Die Bauern haben die Wasserrinnen an den Feldrändern mit kleinen Dämmen aus Bambusgeflecht abgeriegelt, um zu verhindern, daß die Fische abgeschwemmt werden. Zwei Männer mit kräftigen, nackten Oberkörpern und ungeschlachten Gesichtern gehen vorüber, jeder einen Korb mit Fischen an einer Stange über der Schulter tragend. Ich lasse mir die Fische zeigen, dicke Kerle, die sie im Teich gefangen haben und nun im Dorf verkaufen wollen. Der Regen hat viel Reis niedergedrückt ins stehende Wasser hinein, worin er verfault. *Onek noshto,* viel Schaden sei entstanden, sagt ein Bauer, den ich frage, auch viele Fische seien aus überlaufenden Teichen und Feldern abgetrieben worden.

Über den Feldern liegt Stille. Wie besänftigend für Sinne und Gefühl, nur Natur, rundherum nur Felder und Bäume und Teiche und nur ein paar niedrige, in Bambusbüsche hineingeduckte Lehmhütten zu sehen. Die Natur bildet einen geschlossenen Kreis - ihr Blut fließt, ihr Atem atmet ruhig und nach ihren eigenen ewigen Gesetzen. Es scheint alles seinen Platz und seine Ordnung zu besitzen - das ist Schönheit, und das ist Friede!

Die gebückten nackten Rücken da und dort in den Feldern, der stille Gang der Menschen auf den Staubwegen, die große rote Sonne schließlich, die hinter den Feldern hinabtaucht und den Tag mit sich nimmt, resolut und majestätisch - nichts deutet hin auf den Schaden, den die Natur sich selbst und den Menschen zugefügt hat, nirgendwo Jammer, Streit, sichtbare Not. Heiter, gelassen betrachtet die Natur sich selbst.

Im Dorf frage ich nach einem Teeladen, doch es gibt keinen. Tee ist das Getränk der ausländischen Kolonisatoren gewesen. Deren Einfluß hört im Dorf auf.

Binda ruft mir auf dem Rückweg zu, seine Riksha sei schon wieder kaputt. Er zählt an den Fingern die verschiedenen Reparaturen auf, nennt für jede, wie viele Rupien und wie viele Poisa sie gekostet hat, zählt zusammen, wieder mit den Fingern, rechnet nochmal nach und nennt triumphierend die Endsumme, als wolle er sagen: Da soll einer auskommen mit dem Geld! *Ami kajer lōk,* ich arbeite, ich faulenze nicht! klagt er. Plötzlich lädt er mich zur Nachtvorstellung eines Hindifilms ein, der in Bōlpur läuft, lächelt aber beschämt, weil er doch gerade erst von wenig Geld und viel Arbeit geredet hatte.

Mutter ein Leben lang

Heute brachte Ronjits Mutter das Essen, an der rechten Hand den Blechkanister, im linken Arm die kleine Tochter von Ronjits älterer Schwester. Indische Mütter wollen immer ein Kind im Arm halten. Sind die eigenen Kinder aufgewachsen, müssen es Enkel sein. Ohne kleine Kinder am Körper verliert das Leben seine menschliche Wärme. Mütter schlafen mit ihren Enkeln im Arm, tragen sie auf den Hüften, bei der Arbeit und beim Dorfschwatz. Sie wollen nicht sterben, bevor sie nicht von jedem ihrer Kinder wenigstens ein Enkelkind in den Armen wiegen durften.

Dem Frisörjungen

ist durch den Regen seine Lehmhütte eingestürzt. Schon ist er in eine Nachbarhütte, die leerstand, umgezogen, mit Spiegel und Hocker, und grinst mich so gewitzt und obenauf an wie eh und je. Er muß seine Hütte wieder aufbauen. Das koste ihn zweihundert Rupien. – Ob er keine Ersparnisse habe? – Die seien bei der Pūjā draufgegangen: Hemden für die Brüder, eine Sarī für die Mutter . . . Ob ich niemanden wisse, der seine Armbanduhr kaufen wolle.

Auf der Post

gibt es wieder Inlandfaltbriefe, Aerogramme und Postkarten zu kaufen, nachdem zwei Wochen nur Briefmarken vorrätig waren.

Sofort hat sich eine Schlange gebildet, auf der Straße breitet sich die Nachricht aus, mehr Leute eilen herbei und stellen sich an.

Tagsüber

Als erster frühmorgens kommt alle paar Tage der kurze, kräftige Mann und sammelt Flaschen, alte Batterien, Blechdosen. Seinen Spruch mit rostig-energischer Stimme singend, geht er die Wege entlang, er verweilt stumm vor meinem Zimmer, wartend, ob ich herauskomme, um etwas zu geben; dann geht er mit dem „rostigen Spruch" weiter, barfuß, den geflickten Sack auf dem Rücken. Bald darauf tritt die alte Frau im weißen Witwensarī still an die Tür heran, ruft kurz ins Zimmer und erwartet mich mit säuerlicher Miene. Frage ich, wie es ihr gehe, verzieht sie das Gesicht zu einer galligen Antwort. Sie erhält ihre Würde in schwerer Zeit durch unbeugsame Ehrlichkeit. Gegen elf Uhr wippt der alte Mann mit dem Korb Bananen auf dem Kopf heran, stellt den Korb auf den Stufen vor dem Zimmer ab, läßt sich wohlig aufstöhnend davor nieder, breitet sie aus, zählt seine Bananen, dann seine Rupien und Poisa, die er auf den Stufen ausschüttet, lugt zwischendurch neugierig ins Zimmer, hört neugierig zu, was vor sich geht, und hat es mit seinem Geschäft gar nicht eilig. Ich werfe ihm Zündhölzer in die Hand, wenn er eine Biri aus der Tasche hervorkramt und zwischen die Lippen schiebt. Bablu, der Wäscher - er kommt zweimal in der Woche - bringt gewaschene und gebügelte Hemden und nimmt benutzte Wäsche in Empfang. Nobokumar, der Eierverkäufer aus dem Dorf, hockt zur selben Zeit im Zimmer, seinen weitbauchigen Korb am Arm, und hebt mit vorsichtigen Fingern die Enteneier aus den schützenden Blättern hervor, hält sie einzeln gegen das Licht, prüft sie sogar mit Hilfe eines Papprohres und legt, nachdem er sich so versichert hat, daß sein Kunde die beste Ware bekommt, die Eier in meine Schachtel. Die heiße Mittagszeit, die Essens- und Schlafenszeit, bleibt stumm und ohne Besucher. Am späten Nachmittag höre ich *ruti, ruti* mit langezogenem u auf den Wegen: der Brotverkäufer. Es ist schon fast dunkel, da bringt der Milchmann seine Kannen und gießt, genau abgemessen und von mir ebenso genau überprüft, einen halben Liter in die hingehaltene Flasche. Hast du auch kein Wasser dazugegossen? - Wer gut bezahlt, bekommt Milch, kein Wasser, heißt die Antwort.

So bin ich eingeflochten in das Netz des Handelns und Verhandelns, des Gebens und Empfangens, der kleinen Gespräche, Klagen und Zurufe.

Teestube

In den Teestuben am Straßenrand ist alles erdig und dunkel: die Herdstellen, aus Lehm geformt, in Luft und Sonne getrocknet; der Fußboden gestampfter Lehm. Ungehobelte, wackelige Tische und Bänke stehen in dem rußigen Innern. Selbst bei Tag dringt Licht nur durch die Ritzen des Strohdachs und die Spalten in den Wänden.

Neben dem Feuer, inmitten von Blechtöpfen, Tee- und Zuckerdosen, Sieb, Milchkanne und einem dreckigen Säckchen Kohlen, hockt der Wirt, mit einer dicken Zehe halb in der Milch und der anderen im Kohlenstaub, hockt da ruhig und waltet. Vom Zucker kommen nur ein paar Krümel ins Glas. Zucker ist teuer, sein Preis hat sich in den letzten Monaten verdoppelt. Milch gibt er mit einem Teelöffel in raschen Schlägen hinein. Er läßt den Tee in eine Reihe Gläser gleichzeitig hineinlaufen, wobei großzügige Pfützen entstehen. Das Ganze ohne hinzuschauen, selbst im Reden und Widerreden kommen die Handbewegungen nicht durcheinander. Zwischendurch hantiert er mit Geld, fischt mit den Fingern nach Teeblättern und Ameisen, die im Tee schwimmen, teilt Gebäck aus oder rührt Teig an mit der bloßen Hand. Der Reinlichkeit wird Genüge getan, indem er in angemessenen Abständen die Hände mit einem verschmierten Lappen wischt.

Überall nackte Füße, Füße, die niemals in Schuhen und Sandalen gesteckt haben, Füße, so wetterfest und hart wie Leder, so erdig, als seien sie Teil der Erde, auf der sie gehen. Und über den Köpfen der Qualm von Biris und der Qualm ewiger Gespräche über Rupien und Poisa, über die großen Herrn und kleinen Geschäfte, über Krankheiten und darüber, was die Frau des einen Nachbarn zur Schwester des anderen Nachbarn gesagt hat.

Dringt der Blick durch die Dunkelheit und den Qualm in den hinteren Teil der Teestube, entdeckt er zwischen Stapeln von getrocknetem Kuhmist und Brennholz einige Gestalten am Boden: Die

Frau des Wirts von ihren Kindern umgeben; dort, abgeschnitten von der Welt, hütet sie vielleicht die Flamme unterm Reistopf oder säugt ein Baby. Der Teeladen ist gleichzeitig Wohn- und Schlafraum der Familie. Tagsüber herrscht laut und überfließend die Männerwelt. Erst abends, wenn es dunkelt, kommen Mutter und Kinder aus ihrer Ecke hervor und sitzen am Straßenrand. Zur Schlafenszeit wird der Eingang der Teestube mit einem Brett verstellt, die Bänke, zusammengeschoben, bilden ein Bett. Wer dort keinen Platz findet, breitet eine Matte über den buckeligen Lehmfußboden und schläft dort.

Dorbar

Abends besuche ich meinen Professor. Wie immer um diese Tageszeit - *sandhyā,* die Zeit zwischen Licht und Nachtdunkel - sind viele Menschen versammelt, jeder mit einer Teetasse in der Hand. Nach der Tagesarbeit, die Sonne ist niedergegangen, die Luft mild, gesellt sich Mensch gern zu Mensch. Nur die Strengen ziehen sich zur Meditation zurück. Die Frommen besuchen zum Abendgebet den Tempel oder verrichten es vor dem Hausaltar. Die Geselligen aber pflegen ihre Gespräche. Ich trete ein, Kalidas-da begrüßt mich und stellt mich den anderen vor, nennt mir die Namen seiner Gäste, worauf ein altes Gespräch fortgesetzt oder ein neues begonnen wird. Eine Weile fragt er mich nach diesem oder jenem, doch spätestens wenn der nächste Besucher sich zeigt, mündet meine Anwesenheit in die allgemeine Zuhörerschaft ein. Besucher sollen sich nicht untereinander besprechen, über den Kopf des Gastgebers hinweg; auf ihn bleiben die Gespräche immer ausgerichtet. Gar nicht ungewöhnlich ist, daß der Professor sich mit einem Besucher lang und genau ausspricht, etwa über ein akademisches Problem, und alle anderen zu Zuhörern macht. Auch private Probleme (oder solche, die ich so empfinde) kommen zur Sprache. Öffentlichkeit ist in den Tropen, wo Häuser wenige Wände und die Menschen laute Stimmen haben, wo Straße und Markt Lebensräume sind, keine peinliche Sache.

Jeder Gast hat Anspruch, wenigstens einmal ausführlich mit dem Gastgeber Worte zu wechseln. Danach soll man nicht einfach aufstehen und sich verabschieden. Zumindest muß der Tee getrunken, ein Biskuit gegessen sein. Der Zuletztgekommene möge keine Eile an den Tag legen, rasch wieder zu verschwinden, zumal wenn ältere und wichtige Herrn im Raum sitzen. Am besten schließt man sich einer Aufbruchbewegung an, sagt bescheiden „ich auch", wenn andere verlauten lassen, sie müßten gehen.

Diese Art der Geselligkeit hat Züge des Hofhaltens, des traditionellen *dorbar* eines Königs, eines großen Landbesitzers, Administrators: Bittsteller, Menschen mit Botschaften und Rechtsproblemen kamen, und der hohe Herr hörte alle an. Ein Vorzug dieser *dorbar*- Geselligkeit ist, daß ich als Fremder ohne Anmeldung und Empfehlung ins Haus eines berühmten Professors, Künstlers, eines Ministers oder Administrators eintreten und Gastfreundschaft, ein offenes Ohr erwarten darf.

Heute erzählt Kalidas-da von einem Rikshafahrer, der gestern abend gestorben ist.

Mohabīr

kam, wie viele andere Rikshafahrer, als armer, analphabetischer Junge von Bihar nach Sāntiniketan. Abends nach der Arbeit hat er lesen und schreiben gelernt, Hindi, Bengali und sogar ein wenig Sanskrit. Vielleicht hat ihn die Atmosphäre von Sāntiniketan inspiriert; denn er begann Gedichte in Bengali und Hindi zu schreiben, und zwar, wie Kalidas-da urteilt, „keine schlechten". Den Fahrgästen trug er sie vor, wenn er sie zum Hinhören bringen konnte. Oder Mohabīr versammelte andere Rikshafahrer, hockte sich vor sie auf den Boden und deklamierte. Er brachte es sogar fertig, den Rektor der Universität für sich zu interessieren. Er bat ihn, zum Studium der bengalischen Literatur zugelassen zu werden. Daraus wurde nichts. Es heißt, die „Autoritäten" wollten nicht zugestehen, daß ein Rikshafahrer in demselben Klassenraum mit jungen Damen und Herren aus gutem Hause sitze. Er hat versucht, Gedichte zu veröffentlichen, doch hatte er ebenso wenig Erfolg. Ein Rikshafahrer, der in Zeitschriften schreibt?

Gestern ist Mohabīr also gestorben. Er mußte sich heftig übergeben, brach nieder. Er lag tot auf dem Boden, als man ihn fand. Als am Abend eine lange Prozession mit Mohabīrs Körper am Haus von Kalidas-da vorbei zum Verbrennungsplatz zog, rief jener hinaus, wer denn gestorben sei, und hörte, es sei „Mohabīr, der dichtende Rikshafahrer".

Uma, der Zeitungsjunge,

hatte sich ein Fußballspiel angesehen. Es kam zu einer Rauferei unter den Zuschauern. Die Polizei versuchte zu schlichten und wurde von den Burschen angegriffen. Ein Dutzend Polizisten wurde verprügelt, was die Polizei nicht auf sich sitzen ließ. Ehe er sich's versah, war Uma mitten im Gedränge, ein Stein traf ihn am Hinterkopf, er fiel bewußtlos zu Boden. Die wütenden Polizisten droschen auf ihn ein, verrenkten seinen rechten Arm, schleppten ihn und eine Herde anderer Jungen zur Polizeistation. Uma lag zwei Wochen im Krankenhaus, dann saß er zwei Tage Gefängnis ab. Jetzt läuft ein Verfahren gegen ihn.

Als sein Vater von dem Unglück erzählte, laut und grob, wie's seine Art ist, ließ der Junge seinen Kopf hängen und nahm ihn nicht mehr hoch. Sein Vater sprach über ihn, wie man über einen gemeinen Kriminellen in dessen Abwesenheit redet. Uma sagte, er müsse zum Magistrat wegen des Gerichtsverfahrens. Er brauche Schmiergelder für die Beamten, die ihm die Angelegenheit erleichtern können. Abends rief er „Martin-da! Martin-da!" über den Zaun: Er habe mit Baba von morgens zehn bis nachmittags vier auf dem Amt gesessen und gewartet, dann sei er aufgerufen worden. Er habe seine Rupien abgegeben, und alles sei vorbei gewesen. „Komm in sechs Woche wieder", haben sie gesagt. Uma sieht sechs Wochen Freiheit vor sich und hält den Kopf wieder hoch.

Uma hat die Schule zwei Jahre vor dem Abschluß an den Nagel gehängt. Freunde haben ihm gesagt: Was hast du davon, zur Schule zu gehen! Diese Freunde flanieren morgens und abends auf den Straßen, zetteln Straßenecken-Redereien an, ereifern sich über jeden neuen Film, pfeifen die Hindifilm-Lieder, lieben großspurige Gesten und Worte, wie die Filmhelden sie vormachen. Ist ein solches Leben nicht hundertmal dem stumm-gehorsamen Schul-Dasein vorzuziehen? Und später? frage ich, was willst du dann machen? *Dekhi,* sagt er: Mal sehen. – Ohne Schulabschluß bekommst du keine Anstellung, höchstens Arbeit als Tagelöhner in einer Fabrik oder auf dem Feld! sage ich.

Zu einer solchen harten körperlichen Arbeit sind diese jungen Menschen, die Hosen mit scharfen Bügelfalten tragen, nicht mehr bereit. Uma blickt um sich und sieht, daß auch Freunde mit Schulabschluß, ja, mit Universitätsstudium, von Tür zu Tür um Arbeit betteln. Warum also lernen?

Eine Zeitungsnotiz

Einem armen Tempelpriester in Karnataka (Südindien) erschien Gott Venkateswara im Traum und verlangte eine Opfergabe von Juwelen und Goldschmuck im Wert von einhundertdreißigtausend Rupien. Als der Priester am nächsten Morgen die Traumerscheinung mit seiner Familie besprach, wurde entschieden, daß sie hinfort nur eine Mahlzeit am Tag essen wollten, um Geld zu sparen. Fünfzehn Jahre sind seitdem vergangen. Vor einigen Tagen pilgerte die fromme Familie zu Fuß zu dem heiligen Berg in Andhra Pradesh, auf dem der berühmte Tempel, der Venkateswara geweiht ist, steht. In einer feierlichen Pūjā schmückte der arme Pilger die Gottesstatue mit seiner Opfergabe.

Die Zeitung lobt den Glauben des Dorfpriesters, der das schier Unmögliche begann, ohne zu fragen, ohne zu zögern, ohne Gott zu bitten, doch „vernünftig“ zu sein und zu verlangen, was er erfüllen kann. Die ganze Familie hat fünfzehn Jahre gefastet, ihr Glaube hat Berge versetzt.

Der Dorfpriester hat keinen Augenblick gezweifelt, daß Gott in Träumen spricht. Er hat nicht gerechnet und gerechtet; naiv und gerade hat er geglaubt und getan, was der Glaube ihm auferlegte.

Ist es nicht tröstlich, daß dieser märchenhafte Glaube auch heute möglich ist? Trotzdem hat mich die Geschichte erschreckt. Das Opfergeld liegt nun entweder in der Schatzkammer des Tempels oder trägt zum Wohlleben der Priester und Tempel-Beamten bei. Jeder Tempel hat seine Pfründen – ausgedehnte Felder und Besitz. Es ist bekannt, daß ganze Dörfer von den Tempeln materiell abhängen und häufig ausgenützt werden. Über die Einkünfte des Tempels wird selten Rechenschaft abgelegt, manchmal hört man von Gier und Schwindel.

Der Frisörjunge

ist aus der Hütte seine Freundes hinausgeworfen worden. Darin liegen jetzt kunstgewerbliche Arbeiten zum Verkauf aus. Also hat sich der Junge an der Außenwand der Hütte eingerichtet: dort den Spiegel angebracht, zwei Stühle davorgestellt, mit zwei Bambusstöcken einen kleinen Vorhang zur Straße hin angebracht – und fertig ist der Frisörsalon.

Inzwischen hat die Arbeit an seiner neuen Hütte begonnen. Gestern klagte er, die Arbeiter hätten Geld von ihm genommen, doch seien sie danach nicht mehr erschienen. Das ist deine eigene Schuld, sage ich. Ja, meint er, *amar bhul;* wie konnte er nur so dumm sein und Geld im voraus geben. Ich glaube nicht an die Geschichte. Der Junge sieht zu gescheit aus. Vielleicht will er mich zu einer mitleidigen Spende inspirieren.

Binda hält mich vor dem Postamt an. Er hat Bauchschmerzen gehabt, und er hebt sein Hemd hoch, um auf der nackten Haut zu zeigen, wo ihn der Bauch gedrückt hat. Jetzt sei er wieder tadellos in Ordnung. Gestern am frühen Morgen habe sein Bruder ein Mantra, einen heiligen Spruch, rezitiert, dabei den Bauch berührt, und der Schmerz habe sofort nachgelassen. Er empfiehlt mir diese „Medizin“ für meine Rückenschmerzen.

Reinheit und Ordnung

Liebe zu Menschen ist nur möglich in der Reinheit. Sie umgreift mehr als den sexuellen und erotischen Bereich, nämlich die Lösung von allen ichgebundenen Regungen des Gefühls und des Verstandes. Reinheit ist Offenheit für den anderen: das Zurücklassen der eigenen Interessen und Meinungen im Zuhören und Auf-den-Anderen-Eingehen, ein selbstvergessendes Zeithaben und Da-Sein für ihn, die Bereitschaft zum spontanen Handeln, zum Treffen von Entscheidungen und deren fester Einhaltung. Liebe ist stilles Ruhen im Nächsten.

Meine Arbeit soll weder von Hast noch von Trägheit, weder von Verbissenheit noch von Gleichgültigkeit bestimmt sein. Wie der Mönch im Kloster suche ich den vollkommenen Tagesablauf, mit Gebet, das die Sonne begrüßt, und Gebet, das die Nacht willkommen heißt, mit Gebet, das bittet am Morgen und dankt am Abend. Mit stillem, festem Schlaf, kargen Mahlzeiten, damit ich wachsam bleibe und die Füße niemals den Grund der Existenz verlassen, und mit Freude an energischer Arbeit als einem Teil meiner kontemplativen Freude.

Nachts möchte ich Gott dankend sagen können: Dieser Tag hatte eine Ordnung, die ein Abglanz des Großen Weltplans ist. Ich war wach, vollkommen wach und darf jetzt schlafen, tief schlafen.

Kontemplation

Immer wenn ich nach Indien zurückkehre, spüre ich, wie auch der kontemplative Geist in mich zurückkehrt: Ich fühle mich wie angesogen von ihm. Mir fällt Kontemplation in diesem Land leichter, weil die natürliche Umwelt noch auf Transzendenz hinweist, während die Umwelt in Deutschland oft so eingezäunt und verbetoniert und von Maschinen überrollt ist, daß der leichte Wind der Kontemplation nicht durchdringt.

Könnte ich doch deutlicher beschreiben, was der indischen Alltagsumgebung diese Durchlässigkeit für Kontemplation gibt! Das ungeordnete Gemisch aus Fußgängern, Rikshas, Radfahrern, Ochsenkarren, Kühen und Ziegen auf den schmalen Straßen? Zu beiden Seiten die rasch aufgebauten und schon wieder verfallenden Teebuden und Läden, alle aus Lehm und Palmwedeln, Stroh und ein paar Brettern zusammengezimmert? Die Vogelstimmen, die mich morgens aus dem Schlaf rufen, und die Zikaden, die mich in den Schlaf kreischen am Abend? Oder der Duft der Baumblüten, der gerade nachts, wenn der Strom ausfällt und ringsum nur schwere Dunkelheit ist, innig verströmt? Wirrwarr, das Wachsende und Sichauflösende, das Spontane und Suggestive, das Einfache und aus der Natur Gewordene, alles was aus Erde gemacht ist und zurück zur Erde kehren wird - ist durchlässig für Transzendenz, durchlässiger jedenfalls als die geraden Linien, der Gleichtritt, das Planmäßige und Geordnete.

Deshalb wehre ich mich nicht gegen die Beschwernisse meines indischen Lebens - die Glut des Sommers, die prasselnden Regen der Monsumzeit, die plötzlichen, oft stundenlangen Stromausfälle Tag für Tag, mein hartes Holzbett, das Zimmer ohne

Tisch und Stuhl, die Mosquitos und Insekten, das karge, immer gleiche Essen ... Meine Kontemplation reibt sich an den Beschwernissen, durch Reibung entsteht Wärme, Feuer. Ich wachse und gewinne Kraft aus diesem täglichen Leben im Elementaren, selbst wenn ich ihm manchmal unterliege.

Wichtig ist – und häufig vergesse ich das noch –, daß mein Leben sich den Rhythmen und Wesenheiten dieser elementaren Sphäre angleichen muß, sie nicht bekämpfen, überlisten, sich nicht als ihr Meister überheben darf. Das indische Leben setzt sich unbefangen dem Elementaren aus. Ich kann nicht aufhören, das zu beschreiben, weil es mich vom ersten Tag an gefesselt hat. Denke ich etwa daran, wie die Toten auf einer Holzbahre durch die bevölkerten Straßen getragen werden, einfach so, mit wippendem Kopf, und auf dem *sosan* verbrannt werden, wo jeder sieht und sehen soll, wie die Flammen das Fleisch verzehren bis auf die Knochen, wie Gesicht langsam zum Schädel wird. Welche Achtung – und Verachtung – von Leben und Tod zeigt sich darin, daß jeder diese grausame Verwandlung eines geliebten Menschen anblicken soll!

Ich denke daran, wie offen der müde Körper ausgestreckt und dem Schlaf übergeben wird. Da liegen sie im Schatten des Baums zur Nachmittagsstunde, da liegen sie in den Häusern auf dem bloßen Boden, während das Leben laut weitertreibt, liegen versunken in ihrer eigenen Welt. Da sitzt ein Mann vor seiner Haustür, an der das Leben vorbeiflutet, und schreibt mit gesammelter Miene; andere sind gefangen in Gesprächen, in ihrer Freude oder Trauer, während rundherum das bunte Leben tanzt. Alles liegt offen ausgebreitet, niemand sucht die Sphäre des Privaten, die Abgeschlossenheit vom Lebensstrom. Auch der Kranke liegt nicht allein im abgedunkelten Zimmer, er quält sich, während Kinder und Kindeskinder im selben Zimmer lachen und in der Freude ihrer Gesundheit weiterleben.

3. Kālī, die Mutter

Konkalitola (November)

Stand mit Kopfschmerzen und Anfechtungen auf. Zerstreute Meditation, danach kein Schwung, die Arbeit zu beginnen. Ich nahm das Rad und fuhr die Straße nach Konkalitola entlang. Die Straße durch die Felder ist schön, die Sonne mild am Morgen. Gebückte Gestalten in vielen Feldern, denn der Reis wird schon geschnitten, zu Garben gebündelt und auf Ochsenkarren in die Dörfer gebracht. Während der Fahrt begegne ich nur hochbeladenen Karren, häufig mit schweren, langsamen Büffeln als Zugtieren - keinem Auto oder Bus.

In den Dörfern haben die Bauern begonnen, den Reis zu dreschen. Zwei Männer stehen vor einem Rost aus dünnen Bambusstangen und schlagen abwechselnd die Reisbündel darauf, jedes Bündel vier oder fünf Mal, und werfen das Stroh schwungvoll zur Seite. Unter dem Rost schwillt der Körnerhaufen. Es macht Freude, den rhythmischen Bewegungen der Männer zuzuschauen. Obwohl routiniert, spürt man den Bewegungen die Sorge an, daß kein Korn verloren gehe oder in den Ähren zurückbleibe. Unterhaltung fliegt hin und her über die Schläge weg. Die Männer haben ein Tuch über die Haare gebunden und arbeiten mit gesenkten Köpfen. Gesicht und Arme sind dick mit Staub bedeckt.

Heute ist Kālī-Pūjā, der Tag, an dem die Muttergöttin Kālī besonders verehrt wird. Auf der Straße überhole ich Pilger, die wie ich den Kālī-Tempel besuchen wollen. Ich erkenne sie an den kleinen Körben mit Gaben - Früchten, Süßigkeiten, Blumen - in ihren Händen.

Konkalitola ist ein kleiner Tempel mitten in der Landschaft. Ein paar Buden am Wegrand, einige Lehmhütten, worin die Priester wohnen und durchwandernde Mönche - sonst Felder, Bäume, Wiesen und der Fluß Kopai. Neben dem Tempel ein kleiner Weiher, dessen Wasser als heilig gilt. Am Ufer sitzen Menschen, das Gesicht zum Wasser, und meditieren.

Mythos

Jeder Tempel ist verwoben in einen Mythos. Dieser Mythos ist der spirituelle „Ort" eines Tempels, von ihm hängt seine Bedeutung und sein besonderer Charakter ab. Meist berichtet der Mythos, wie der Ort heilig wurde und auf welche Weise es zum Bau des Tempels kam. Aus diesem heiligen Anfang zieht ein Tempel bis heute seine Legitimation und spirituelle Kraft. Häufig erzählt der Mythos von einer Gottheit, die diesen Flecken Erde mit ihrer Gegenwart geheiligt hat - von dem Zusammentreffen der göttlichen und der irdischen Sphäre.

Der Mythos von Konkalitola erzählt von dem Götterehepaar Siva und Sātī, Siva hatte Sātī ohne das Einverständnis von deren Vater geheiratet. Da der Vater an dem respektlosen Benehmen Sivas Anstoß nahm, lud er alle Götter zu einem großen Opferritus (*yajna*) ein, außer Sātī und Siva. Sātī fühlte sich gekränkt und ging zu ihrem Vater, sich zu beschweren. Der Vater ließ seine Tochter schroff wissen, sie und ihr Gemahl seien verstoßen. Da entflammte Sātīs Zorn. Der Zorn glühte so heftig, daß er Sātī verbrannte. Als Siva vom Tod seiner Gemahlin hörte, wurde er rasend vor Schmerz, eilte herbei, zerstörte das Opfer, tötete den Schwiegervater und irrte, die tote Sātī über die Schulter geworfen, in den Weltenräumen umher. Der große Gott Vishnu erkannte die Gefahr, welche der Welt von dem rasenden Siva drohte, und mit seinem Diskus zerhackte er den Leichnam Sātīs in zweiundfünfzig Stücke. Wo immer ein Teil des Körpers zu Boden fiel, dort haben die Menschen einen Tempel gebaut und Gott verehrt. Konkalitola ist einer dieser zweiundfünfzig *pīthas*. In den Weiher neben dem Tempel soll das Skelett (*konkal*) der Göttin gefallen sein.

Sātī und Kālī sind zwei Namen für die eine Göttin, Sivas Gemahlin, in verschiedenen Mythen auftretend, unterschiedlich in Gestalt und Aussehen, doch von gleicher Wesenheit.

Zunächst war ich über diese wilde Geschichte verblüfft. Dieser Ausbruch von Zorn und Zerstörung unter den Göttern! Was gibt es da für uns Menschen zu verehren und nachzuahmen? Mythen sind häufig aggressiv, zerstörerisch, während Theologien derselben Religion, die sich als eine Interpretation des Mythos darstellen, Gegensätze und Konflikte zusammenführen wollen. Die Theologie der Siva-Anhänger hat nichts von der Zerstörungsmacht des mythischen Siva in dieser und einigen anderen Geschichten. So sind Mythos und Theologie zwei Seiten *einer* Antwort der Menschen auf die Frage nach Gott. Sie sehen Aggression und Zerstörung um sich und, um sie innerlich zu bewältigen, projizieren die Menschen sie auf die Götter und ihre Taten; sie sehnen sich nach Vereinigung, Liebe, Frieden, und große Theologien entstehen, die sich um eben diese Götter weben. Zusammengenommen ist es das große göttliche Paradox.

Kālī-Pūjā

Ich gehe zum Fluß Kopai, denn es ist die Regel, zuerst zu baden, sich zu reinigen, dann Gott im Tempel zu verehren. Ein Arbeiter hackt weichen Lehm aus dem steilen Flußufer und formt ihn zu Klumpen. Er schafft sie wankend die Böschung hinauf und lädt sie auf seinen Karren; im Dorf wird er davon Wasserkrüge töpfern. Ich entleihe mir ein Handtuch, wickele es um die Hüften und steige ins fließende Wasser.

Der Unbekannte hat sein Handtuch sogleich gegeben. In Indien unterscheidet man weniger zwischen „mein" und „dein", was die alltäglichen Gebrauchsgegenstände angeht, während im Westen gerade sie unaustauschbar persönlich bleiben: Man benützt nicht das Handtuch, woran jemand zuvor Gesicht und Hände abgetrocknet hat. In Indien werden besonders bei den armen Familien das eine gute Hemd, die eine gute Hose, das eine Paar Sandalen von allen Brüdern reihum getragen.

Die Bewegungen des Töpfers und des einsam Badenden sind so still wie das unmerkbar-stetige Fließen des Wassers. Drüben in den Feldern hocken Bauern, auf einen Ochsenkarren laden drei oder vier Jungen dürre, von den Bäumen herabgebrochene Äste und springen munter bei ihrer Arbeit.

Ich gehe zu den Buden und kaufe einige kleine Opfergaben, die in ein großes, getrocknetes Blatt eingewickelt werden. Vor den Stufen des kleinen Tempels ziehe ich die Sandalen aus, wie jeder Hindu, der einen geheiligten Ort betritt. Im engen Tempelraum hocken Menschen dichtgedrängt und folgen den Handlungen des

Pūjārī, der vor einem großen Bild von Mutter Kālī und ihrem Gemahl Siva sitzt – ringsherum Früchte, Süßigkeiten, Büschel von Vilva-Blättern, Blumen, roter Puder: die Opfergaben. Das Kālībild ist über und über mit Blumenkränzen behangen, so daß nur der dunkle Kopf der Göttin hinter dem Blumengitter hervorschaut. Der Priester sitzt mit nacktem Oberkörper, die dünne Schnur des Brahmanen quer über Brust und Rücken; er rezitiert die Sanskrit-Mantras, wobei er vorgeschriebene Handbewegungen ausführt. Das Blumenopfer (*pushpanjoli*) wird gefeiert; alle Versammelten erhalten einige Blüten in die Hand, der Priester betet laut, worauf die Gläubigen die Blüten zum Gottesbild werfen und sich bis zum Boden verneigen. Zum Schluß der Pūjā verteilt der Priester an jeden einige Opfergaben (*prosad*); diese Gaben sind während der Pūjā von der Göttin angenommen, gesegnet worden und dadurch geheiligt. Die Gläubigen nehmen sie mit nach Hause, um sie dort in der Familie zu verteilen oder vor dem Hausaltar niederzulegen.

Bevor wir den Tempel verlassen, zeichnet uns der Pūjārī mit dem geweihten roten Staub einen Strich auf die Stirn und gibt uns einige Tropfen des parfümierten Wassers zu trinken, worin während der Pūjā die Göttin zeremoniell gebadet worden ist.

Jemand fragt, ob ich mit ihm *mod,* Schnaps aus Palmsaft gebraut, trinken wolle. Das Volk sieht im Alkoholgenuß ein Laster, das die Engländer ins Land gebracht haben. Das tropische Klima macht Alkohol zu einem schweren, rasch in den Kopf schießenden Getränk. An bestimmten religiösen Feiertagen gehört es zur guten, ja frommen Sitte, sich zu berauschen. Da ist noch archaisches Gefühl lebendig, das religiöse Ekstase durch künstliche Räusche hervorlocken, unterstützen und steigern will. Kālī-Pūjā ist ein solcher Tag, denn schließlich ist Kālīs Gemahl, Siva, als Säufer, als Ganja-Raucher, als wildausgelassener Tänzer und Herumstreuner bekannt. Es gehört zu dem schrecklichen, dem zerstörerischen Ausdruck seiner göttlichen Persönlichkeit. Andere Mythen erzählen von Siva als dem Asketen und Meditierenden.

Ein paar *babas,* alte Mönche in orangenfarbenen Gewändern mit langen verfilzten Haaren und dicken, braunen *rudrāksha*-Perlenketten um den Hals, sind für Kālī-Pūjā eingetroffen und hocken

Tanz und Gesang (*Kirton*) in Konkalitola.

gesprächig am Wegrand. Sie werden die ganze Nacht wachen und Pūjā feiern.

Als ich mein Fahrrad nehme, machen sich zwei Schuljungen auch auf den Rückweg. Ich lade sie ein, sich aufs Fahrrad zu setzen: einer hinten auf den Gepäckträger, der andere vorn auf die Stange. Sie hätten „viel Zeit", erwidern sie und gingen lieber zu Fuß, damit sie sich um so mehr erzählen könnten. Es freut mich, daß jemand „viel Zeit" hat.

Von der Brücke über den Bahndamm beobachte ich, wie Frauen zu beiden Seiten der Geleise im knöcheltiefen schlammigen Wasser Schritt für Schritt den Boden nach Kohlenstücken absuchen, die von den Eisenbahnwaggons herabgefallen sein könnten. Nach ein paar Stunden tragen sie vielleicht zwei Hände voll Kohlen weg, um ein Feuer zum Kochen damit in Gang zu setzen.

Zu Hause nimmt Bonomalī, der Gärtner, von dem Prosad aus Konkalitola, indem er ein Stückchen Süßigkeit mit geschlossenen Lidern zur Stirn hebt, einen gesammelten Augenblick verweilt und es in den Mund wirft. Dann hockt er wieder über den Beeten und singt.

Uma sitzt noch spät am Abend im Zimmer. Zum Abschied sagt er: *bhogobaner nam niye, suye porun;* wörtlich: Den Namen Gottes (in den Mund) nehmend, lege dich schlafen. Eine bengalische Redensart: Sprich Gottes Namen aus, ruf Gott mit Namen an, dann lege dich schlafen. Eigentlich tröstlich, daß solch ein Satz zur Redensart werden konnte – was doch heißt, daß er oft und oft ausgesprochen und angewandt worden ist.

Ronjit

kommt mit seiner Frau und seinen zwei Kindern von den Schwiegereltern zurück und stellt sich frühmorgens bei mir ein, um am Frühstück teilzunehmen. Das Haus der Schwiegereltern besuchen, ist in Bengalen gleichbedeutend mit gut essen, ins Kino gehen, lange schlafen, auf fürstliche Weise faul sein. Ronjit kommt mit dem bunten Terrylinhemd seines Bruders und in sauberer Hose ins Zimmer – das heißt, er wird auch heute noch nicht mit seiner Riksha Geld verdienen. Das Nichtstun ist zu süß gewesen.

Als ich ihn einmal fragte, ob er nach seiner Heirat glücklicher sei als zuvor, verneinte er. Seine Begründung ist bezeichnend: Vor seiner Heirat hatte er nach einem vollen Tag Arbeit genug Rupien, um die drei folgenden Tage auf der faulen Haut zu liegen. Jetzt müsse er „beinahe jeden Tag" arbeiten, um das Essen für Frau und Kinder beizuschaffen.

Sein Vater hat ihn verheiratet, als er noch ein Kind war; denn auch mit siebzehn oder achtzehn Jahren ist ein indischer Junge noch wie ein Kind; er hat niemals den Schutz der Familie verlassen, niemals andere Bezugspersonen als Eltern, Verwandte und Lehrer kennengelernt, er hat niemals, - wegen der strengen Geschlechtertrennung - mit gleichaltrigen Mädchen Umgang gepflegt.

Heute ist Ronjit Anfang zwanzig, hat zwei Kinder und ein drittes wird bald geboren. Seine Tochter ist bereits eine eigenwillige kleine Dame von drei Jahren, doch Ronjit ist ein Kind geblieben. Spielt er mit Tochter und Sohn, dann neckt und täuscht er sie, als sei er ein gleichaltriger Spielkamerad. Er spielt nicht mit erzieherischer Absicht. Er lacht auf, wenn er seiner Tochter einen Schrecken einjagen konnte.

Heute morgen machte er sich auf den Weg, um die Miete für seine zweite Riksha einzutreiben. Sein Schuldner hat seit zwei Wochen seine täglichen drei Rupien nicht bezahlt. Ronjit erfuhr, daß der Bursche sein ganzes Geld verspielt hat und gestern nicht einmal essen konnte. Ronjit ist besorgt, denn er braucht dringend Geld. Am Abend beginnt die Sūrja-Pūjā, eine Feier zu Ehren der Sonne als dem Symbol der Herrlichkeit Gottes. Diese Pūjā wird von der Bevölkerung aus der Nachbarprovinz Bihar, die in Bōlpur in großer Zahl angesiedelt ist, gefeiert, und zwar nur von den Frauen. Geld ist notwendig, um besonderen guten Reis, Weihrauch, Blumen, Süßigkeiten und manche andere Dinge zu kaufen. Selbst dafür in die Pedale zu treten, auf den Gedanken kommt er nicht. Stattdessen hat er sich bei den Schwiegereltern seine Zeit vertrieben.

Mittags habe ich in Ronjits Hütte gegessen. Im Laufe der Monate hat seine Frau gelernt, ihre Scheu vor mir zu überwinden. Anfangs lief sie sofort aus dem Zimmer, wenn ich eintrat, und hockte sich, uns den Rücken zukehrend, auf die Veranda. Brachte sie eine Tasse Tee, schob sie ihren Sarī so tief ins Gesicht, daß nichts mehr von ihr zu sehen war. Eine streng kontemplative Nonne könnte nicht tiefer verschleiert sein. Ronjits Frau stellte Tee und Biskuits nicht vor mir auf den Boden, denn das hieße, daß sie sich mir unmittelbar zuwenden müßte; sie reichte die Sachen ihrem Ehemann, der sie mir weitergab. Schritt für Schritt hat sich die Scheu gelöst. Der erste war, daß sie den Tee vor mir abstellte, doch in gebührlicher Entfernung und gewissermaßen über die Schulter. Der nächste: Sie ließ ihre Stimme hören, sie begann in meinem Beisein mit Ronjit zu sprechen; schließlich fragte sie auch mich dies oder jenes, doch sprach sie mich nicht unmittelbar an: Sie fragte Ronjit, der die Frage an mich weitergab. Die Entwicklung war amüsant. Nun sind wir so weit, daß sie mit mir spricht, selbst ungefragt und sogar ohne Beisein ihres Ehemannes, während sie mir frei ins Gesicht schaut. Doch meist verlangt sie Geld, um sich eine Uhr, Schmuck, einen neuen Sarī zu kaufen. Dann bin ich an der Reihe, wegzublicken und zu schweigen.

Ronjits Frau hat einen Eimer Wasser aus dem Brunnen gezogen, damit ihr Mann baden kann. Wasserschöpfen, Wassertragen ist Frauenarbeit: kein Ehemann, der etwas auf sich hält, würde sich zu dieser Arbeit herablassen. Ronjit hat, ein Handtuch um die Hüften geschlungen, in der Hütte noch eine Biri geraucht; als er dann baden will, findet er den Eimer leer. Eine Kuh war vorbeigeschlendert und hatte ihren Durst gelöscht.

Während des Essens bedrohen Hühner unseren Frieden; sie gackern zur Tür herein und wollen sich über unseren Reis hermachen. Das sind die Tücken des indischen Alltags.

Sūrja-Pūjā, Fest der Sonne

Der niedergehenden Sonne zugewandt, stehen die Frauen bis zum Nabel im Wasser des Teiches und opfern ihre Gaben. Früchte, Süßigkeiten, Reis und Gebäck liegen auf Tellern geschichtet; auf jedem wird eine kleine Öllampe entzündet, dann heben die Frauen den Teller der Sonne entgegen und führen damit kleine Kreisbewegungen aus. Schließlich tröpfeln sie, Mantras sprechend, aus einem Krug Teichwasser über die Gaben.

Ritus ist die Vermählung der Elemente. In immer neuen Vermischungen fügt sich Element zu Element. In dieser Pūjā sind Sonne-Feuer, Wasser, heiliges Wort und heilige Geste und Speise in eine bedeutsame Verbindung gebracht.

Der Ritus wird karnevalistisch ausgestaltet, ich möchte sagen: ausgeschlachtet. Viele junge Leute sind gekommen, um den Müttern oder Schwestern oder Ehefrauen zuzuschauen. Das hat Händler, Trödler und Bettler angezogen. Lautsprecher wurden aufgestellt, aus denen Hindifilm-Musik plärrt (um zur Freude beizutragen, wie man mir versichert). Knallfrösche machen die Umgebung unsicher, eine Band spielt mit Trompeten und Trommeln, ja, auf allen Seiten des Teiches dicke Trommeln, die sich gegenseitig ihren Rhythmus streitig machen.

Ich gewinne dem Trubel keinen Geschmack ab. Fromme Handlungen bleiben für mich Sache der Sammlung, der Stille, der Abgehobenheit vom Alltag. Ich sehe ein, jeder hat eine andere Vorstellung von einem Fest. Für Menschen, die täglich in ihren Hütten leben, ohne den Sinnen eine Abwechslung geben zu können, für die gehören Lärm und Buntheit zum Fest. Als Europäer gehe ich von der entgegengesetzten Situation aus: Von Abwechslung und Zerstreuung bin ich verfolgt worden, sie waren Alltag; im Fest suche ich die Rückkehr zur ursprünglichen Reinheit der Symbole, der Gesten, der Bedeutungen.

Die Männer nehmen, als die Sonne niedergesunken ist, die Opfergaben auf den Kopf und schreiten, die Frauen hinterdrein, eilig zu ihren Hütten. Jeder will vor Einbruch der Dunkelheit, bevor die holprigen Wege unsicher werden, zu Hause sein.

Ronjit erzählt, seine Frau habe ihm heute morgen ein Ultimatum gestellt: Entweder kaufst du Bulbul (ihrer Tochter) ein neues Kleid, oder ich gehe nicht zum Teich, um die Pūjā zu feiern. Ronjit hat tief in die Tasche greifen müssen, damit die Mutter ihr Kind herausgeputzt wie eine Puppe zur Pūjā mitnehmen konnte. In zwei Wochen wird das Kleid nicht wiederzuerkennen sein. Das Kind hat damit im Schmutz gespielt, hat es mit Essensresten besudelt, seine Mutter hat es in eine Ecke zu anderen schmutzigen Kleidern geworfen, wo es fleckig und modrig wird. Kommt wieder ein Festtag, wird die eitle Mutter ihr Kind in diesem Kleid nicht ausführen wollen und ihrem jungen Ehemann wieder in den Ohren liegen. Doch wird plötzlich ein Kind krank, dann ist keine Rupie im Haus, und Ronjit muß um *dhar,* eine Geldanleihe betteln. Oder wenn der Mann der Familie selbst krank wird, ist von einem Tag zum anderen kein Reis mehr im Haus. Sie leben von der Hand in den Mund; doch könnten sie mit mehr Würde leben, wenn sie gelernt hätten, ihren Besitz zu pflegen und nüchtern abzuwägen, was notwendig ist. Die Gier nach Schaustellung, nach Mehr-Sein als man ist, die starre Abhängigkeit von den Maßstäben der Umgebung, stößt die Armen in ein unwürdiges Leben: in die Kriecherei der Geldanleihen wegen, in die kleinen Tricks und Lügen, um an Geld zu kommen, in die Ausnutzerei, sobald jemand Großzügigkeit zeigt, in Streit und Gehässigkeit um einiger Rupien willen.

Zur Armut dieser Menschen gehört es, daß sie zum Lernen nahezu unfähig geworden sind. Ich kenne arme Menschen, die die Lebensform, in die sie „hineingegossen“ wurden, sprengen können; das sind die besonders willensstarken und charakterfesten Menschen. Die Mehrzahl verkrustet und verknöchert in ihrer Lebensform, wächst aus der kleinen Atmosphäre von Familie, Kaste, Dorfgemeinschaft weder emotional noch real heraus. Sie haben auch nichts, womit sie ihr Leben bespiegeln, vergleichen, es aus der Ferne betrachten können: Sie lesen nicht in Zeitungen und Büchern, sie führen keine Gespräche mit Menschen außerhalb ihres Lebenskreises. Woher soll der Impuls zu einem disziplinierten, verwandelten Leben kommen?

Armut (I)

Gestern kam Herr M., der Hausherr, aus Südindien zurück. Er predigt mir wieder, ich solle mit den „Armen“ nicht zu großherzig sein. Er habe kein Recht, gewiß nicht, sie von vornherein wie Schwindler und Lügner zu behandeln, doch dürfe ich sie durch zu großes Vertrauen nicht in Versuchung führen. Früher oder später würden sie ihr erliegen, spätestens dann, wenn sie in einer plötzlichen Notlage dringend Geld brauchen. Dann sei ich schuld daran, daß ein ehrlicher Mensch unehrlich geworden ist. Liebe, Verständnis, Mitleid – ja, doch davon wenig nach außen zeigen, sondern Disziplin verlangen, Rechenschaft über jede Rupie, streng sein.

Herr M. sagt, was er selbst übt. Er will der Herr bleiben, der befiehlt, der die Macht, das Geld und die Unabhängigkeit besitzt. Die Armen müssen, will er als Herr weiterleben, „auf ihrem Platz" bleiben. An pädagogischer Beschäftigung mit den armen Menschen liegt ihm nichts. Ohne sein eigenes Leben zu verändern, will er der Armut „gerecht" werden, indem er häufig eine Sarī oder einen Dhōti verschenkt, jedem Bettler, der anklopft, eine Tasse Reiskörner geben läßt, seinem Koch finanziell hilft, damit jener seinen Sohn verheiraten kann . . .

Ich sehne mich danach, den Menschen (Herrn M. *und* den Armen) brüderlich zu begegnen. Das bedeutet aber, daß ich mich mit Haut und Haaren in die Lebenssituation der Armen einlasse, wobei sich notwendigerweise meine Lebensweise schrittweise verändert. Was dieses Sich-Einlassen bedeutet, muß ich von Mal zu Mal neu entscheiden; das ist mein schöpferischer Beitrag im Umgang mit den Menschen. Eines ist gewiß: Es verlangt ein glaubwürdig einfaches Leben, das seine Wünsche auf die Bedürfnisse einschränkt und die Bedürfnisse scharf abwägt, ob sie echt sind. Und weiter: Ich brauche ein Leben, das wachsam und sensibel ist nach innen hin und gegenüber den Menschen. Solange ich mit mir selbst streng und wachsam bin, werde ich unter den Menschen das weise Gleichgewicht von Strenge und Nachsicht finden.

Den Armen brüderlich begegnen, bedeutet nicht, sich mit ihnen „identifizieren". Erstens ist Identifikation eine sentimentale Illusion: Ich bin nicht so arm wie die Menschen in meiner Umgebung, und nichts kann mich so arm machen, schenkte ich auch sämtliche Bücher, Kleider, alles Geld weg. Ich würde mich dann durch die Freiwilligkeit, mit der ich diese Armut auf mich nehme, durch meine Liebe zur Armut und den Wert, den ich in ihr erlebe, von den Armen unterscheiden, und schließlich auch durch meine sehr verschiedenen Gewohnheiten der Hygiene, der Ordnung und Arbeitsdisziplin, durch meine Bildung und Lebenserfahrung. Zweitens ist eine Identifikation nicht wünschenswert, weil Armut kein Idealzustand ist und die Armen keine idealen Menschen sind, weil ich der Armut *gegen*arbeiten muß, in erzieherisch-geduldiger Weise, was nur möglich ist, wenn ich den Armen emotional nahe stehe, ein glaubwürdig einfaches Leben führe, doch immer noch als ein Anderer erkennbar bleibe.

Das suche ich: ein emotionales und verstandesmäßiges Sich-Einlassen in die Lebenssituation der Armen, damit ich sie auch emotional, psychologisch, aus ihrem versteckten Innenleben heraus verstehe, um aus dieser Erfahrung schöpferisch an der Überwindung ihrer Situation mitwirken zu können. „Überwindung" meint hier nichts Großartiges: die Lenkung von ein wenig mehr Selbstbewußtsein, größerer innerer Unhabhängigkeit, den disziplinierteren Umgang mit den eigenen Mitteln, mehr Liebe (das heißt weniger Streit, Gehässigkeit, Gleichgültigkeit).

Die eine Gefahr für alle, die mitleiden unter der Armut der Menschen, bleibt immer: das edle - aber wirklichkeitsfremde - Gefühl. Von hundert Parabeln und Erzählungen aus dem Bereich christlichen Lebens haben wir gelernt, in der Barmherzigkeit eine milde Herablassung zu der Not der Nächsten zu sehen. Barmherzigkeit darf aber in der Auseinandersetzung des Alltags nichts Weiches und Herablassendes haben. Diese Barmherzigkeit käme über die ersten Prüfungen nicht hinaus: wenn seine Barmherzigkeit mit Habgier und Neid beantwortet wird. Wenn die Begünstigten faul und abhängig werden und, statt zu empfangen, beginnen, zu fordern. Barmherzigkeit steigt nicht aus einem überfließenden Herzen, sie ist von Klugheit gezügelte Liebe; fest muß sie sein, manchmal sogar hart, fähig, wenn notwendig, sich zu verweigern. Die franziskanisch-spontane Barmherzigkeit ist nur den Hilflosesten gegenüber angebracht: den Kranken, Krüppeln, Kindern und Alten gegenüber.

Wildenten

Als ich heute morgen nach der Meditation auf freiem Feld spazierenging, sah ich zum erstenmal in diesem Winter die Wildenten am Himmel. Sind sie also aus Sibirien zurückgekehrt, um hier die kühle Jahreszeit zu verbringen! Zwanzig Minuten von meinem Zimmer entfernt liegt ein großer eingezäunter Teich, worauf die Enten schwimmend, schnatternd und flatternd den Tag verbringen. Früh am Morgen und in der Abenddämmerung ziehen sie in breiten Formationen, in schwebenden, flüssigen Linien durch den Himmel. Ein tiefes Bild der Freiheit.

Die Wäscher

Nachdem ich die Wildenten gesehen hatte, hielt es mich nicht im Zimmer. Ich nahm das Rad und fuhr zum Teich. Vom Rand eines Nachbarteichs gewann ich einen guten Überblick. Enttäuscht stellte ich fest, daß die Wasserfläche noch fast leer war.

Im Teich, an dem ich stand, arbeiteten die Wäscher von Bōlpur. In Kniehöhe sind schräg aus dem Wasser ragende flache Bretter aufgepflockt. Darauf schlagen die Wäscher die Kleider Stück für Stück. Zwischen dem rhythmischen Klatschen fliegen Gespräche, Scherze, Gelächter von einem zum andern. Meist helfen die Frauen mit. Einige stehen vor einem Brett und verrichten schwere Arbeit. Andere breiten die Tücher zum Trocknen aus, oder sie hocken vor den aus Lehm grob geformten Öfen an der Böschung, wo heißes Wasser für die weiße Wäsche oder bereits das Mittagessen dampft. Ein Baby sah ich, fest eingewickelt gegen die Morgenkühle, an den Wurzeln eines Dornbusches schlafen.

Auf der weiten Wiese stehen die Esel wie traurige Philosophen, reglos, mit hängenden Köpfen. Ihre Vorderbeine sind eng zusammengeschnürt, so daß sie sich nur jämmerlich hüpfend fortbewegen und nicht davonrennen können. Eine Kuh sah ich recht vorsichtig über die ausgebreiteten Tücher stapfen.

Bablu, der junge Mann, dem ich manchmal Kleider zum Waschen gebe, rief mich an, und ich hockte mich eine Weile an den Teichrand, um mit ihm zu schwatzen. Zweimal in der Woche gehe er mit Vater, Mutter und zwei jüngeren Brüdern zum Teich. Nachts zwischen zwei und drei Uhr machen sie sich auf den Weg, die drei Brüder auf Fahrrädern, die Eltern zu Fuß, die wäschebepackten Esel vor sich hertreibend. In der Dunkelheit beginnen sie ihre Arbeit im Teich. Die von Kindheit eingeübten Handgriffe brauchen kein Licht.

Warum kommen alle Wäscher gerade zu diesem Teich? Sein Boden, erklärt Bablu, sei sandig und mit Kieselsteinen bedeckt, deshalb bleibe das Wasser sauber. Die anderen Teiche haben

Schlammböden. Außerdem baden keine Büffel in diesem Teich. Die Wäscher pflegen ihr Revier: Die Algen und Schlingpflanzen sind im weiten Umkreis ihrer Bretter entfernt.

Bokreswar

Begleitet von Gōpal, dem Baulsänger, und Modon, meinem Bengali-Lehrer, einen Tagesausflug zum Kālītempel in Bokreswar. Mit dem Bus nach Suri. Nach langem Warten nehmen wir einen zweiten bis Bokreswar. In Suri ein wilder Sturm auf den Bus. Zappelnd, um sich schlagend kämpft die Menge sich zum Eingang und ins Innere, während Fahrgäste, ebenso schreiend und stoßend, gegen den Sturm den Ausstieg erzwingen. Einige waren so schlau und hatten, bevor sie einstiegen, ihre Taschen durchs Fenster auf einen Sitz geworfen, um ihn zu belegen. Die früher ins Businnere gedrungen waren, erkannten die List nicht an. Der giftige Streit dauerte die ganze Fahrt. Verzerrte Gesichter, drohende Gebärden, gemeine Worte: wegen eines Sitzplatzes für eine halbstündige Busfahrt zu einem Tempel.

In Bokreswar sprudeln heiße Mineralquellen aus Felsspalten. Der Tempelkomplex umfaßt mehrere kleine Tempel, die verschiedenen Gottheiten gewidmet sind. An jeder Ecke steht ein Priester oder ein Helfer, um uns Sandelholzpaste auf die Stirn zu drücken, einiger Poisa wegen. Pūjā in dem Haupttempel: Der junge Mann lehnt sich so nachlässig über den Altar, als rauche er ein Zigarette in einer Arbeitspause, während er die Sanskrit-Mantras vorspricht. Modon wiederholt sie. Wir nehmen ein Bad in dem Becken mit heißem Wasser.

Rund um den Tempelkomplex Dutzende von Gedenksteinen in der Form von Tempeln gebaut und bis zu zweimal mannshoch. An diesen Stellen haben die Lebenden ihre Toten verbrannt und Denkmäler gesetzt. Viele lassen noch Namen erkennen, andere sind schon rissig, zerborsten, im Zustand des Verfalls. Zuerst stirbt der Körper, dann vergehen sein Name und sein Denkmal.

Rechts und links der Tempelstraße die „Geschäfte" der tantrischen Mönche, gespickt mit bunten Bildern von Göttern, Gurus und ihnen selbst. Da sitzen sie in malerisch drapierten Gewändern, mit ihren wirren Bärten, von Verehrern umgeben, und halten Hof. Ihnen werden übernatürliche Kräfte zugeschrieben; sie sollen Meister magischer Künste sein. Ein Nebenweg führt hinaus zum *sosan,* dem Verbrennungsplatz. Eine Leiche steht in Flammen, eine andere wartet. Tote aus der weiten Umgebung werden herbeigetragen und auf diesem geheiligten Boden verbrannt.

Bokreswar ist ein finsterer Ort. Schwarze Magie reicht blanker Gier die Hand und sie stürzen sich auf ihre Beute. Ich möchte mir den Tod als einen lichten Augenblick denken, und die Toten als gegenwärtig, wesentlicher gegenwärtig als sie es im Leib waren. Warum dann die Abstiege in die Höhlen und Spalten der Psyche, die jene Mönche vollführen oder versprechen, um den Lebenden das Geheimnis des Todes zu eröffnen. Dort sind die Toten nicht, dort sind nur die Lebenden.

Spazierfahrt

mit Modon zur Kopai. Wir baden im Fluß, fahren dann weiter nach Konkalitola. Dort entdecke ich, daß mein Türschlüssel nicht mehr in der Tasche steckt. Ist er, als ich vor dem Bad die Hose abstreifte, herausgefallen? Also noch einmal zurück zum Fluß. Um abzukürzen, führen wir die Räder querfeldein. Der Reis steht schon hoch, beinahe gelb und reif, deshalb können wir nur entlang der Feldränder gehen, die zu schmalen Dämmen aufgeschichtet sind, damit das Regenwasser nicht abfließt. Erdklumpen, Dorngebüsch, Erdlöcher machen das Gelände unwegsam. Tiefe Furchen und erodiertes, unfruchtbares Gelände. Wir kommen an einem zwei Meter tiefen Loch vorbei, halb mit Schlammwasser gefüllt. Modon zeigt auf die Schlange, die an der Lehmwand emporkriecht. Als sie unsere Schritte spürt, läßt sie sich ins Wasser fallen und bleibt verborgen. Während ich warte, um zu sehen, ob die Schlange sich nochmal zeigt, stelle ich mir einen Bauern vor, wie er, sich zum Wasser hinabbeugend, die Füße und Hände wäscht: sein Schreck, wenn aus der unsichtbaren Tiefe der Biß der Schlange trifft. Eine mythische Situation.

Auf den Feldern hat die Ernte begonnen. Bauern schneiden den Reis mit Sicheln. Langsame Bewegungen, so langsam wie der Aufstieg der Sonne zum Mittag. Wunderbar der Blick über die

Felder. Wie ein bengalischer Ausdruck sagt: Grün liegt im Wettstreit mit Grün. Über dem Grün ein Hauch reifes Gelb, als spiegele sich die Sonne darauf.

Wir finden den Schlüssel im Ufersand. Fischer stehen knietief im Fluß, ein langes Netz durchs Wasser ziehend. Nur mit *gamchas,* den dünnen, roten Handtüchern, umgetan, deren Zipfel sie durch die Beine hindurchziehen und in Hüfthöhe in den Bund klemmen. Triefnasse, in der Sonne glänzende Körper. Wie die Fischer in Wasser und Luft stehen, von der Sonne beleuchtet, mit beiden Händen das Netz ziehend, einen geflochtenen Korb an der Schulter, sind sie Menschen aus einer zeitlosen Zeit. Fischer sind den Elementen näher als der Bauer. Fischer leben am tiefsten in der Natur und von der Natur. Der Lebenskampf des Menschen wird bildhaft in den angestrengten Bewegungen des Körpers, im Kampf mit den Elementen Wasser, Wind und Sonne, in der Angst und Erwartung vor dem Fang, seiner stets neuen Lebensgefahr und stets neuen Unsicherheit des Gelingens. Unmittelbar lebt der Fischer vom Glück gelungener Arbeit: Er ißt, was er fängt, er verkauft, was er fängt. Kein Säen und Behüten, Schneiden und Mahlen und Zerreiben.

Gedanken am Vormittag

Bonomalī, der Gärtner, singt fast immer bei der Arbeit, singt, summt und pfeift. Wer die innere Freiheit besitzt, arbeitend Freude zu erleben und diese Freude ausströmen zu lassen, lebt der nicht kontemplativ?

Askese

soll nicht engherzig machen, sondern befreien, Weite geben; sie soll die Hindernisse, die diese Weite verstellten, beiseite räumen. Nicht Askese ist das Ziel, nicht sind es die Regeln und Übungen, die Routine, sondern die Weite des Geistes und Gefühls.

Es tut gut, manchmal aus seinen Tagesgewohnheiten auszubrechen, sogar aus den festgelegten Stunden des Gebets, der Meditation und der geistlichen Lesung, um sich „auszulassen" in körperlicher Anstrengung, einer Wallfahrt etwa, einer durchwachten

Nacht, dem Fasten, einem nächtelangen Gespräch, um das Gespür für das Schöpferische seiner frei gewählten Askese nicht zu verlieren.

Das Geheimnis

Sollte ich in einem Satz beschreiben, was mich in Indien hält, ich würde antworten: In Indien lebt noch das Geheimnis.

4. Bei Mönchen in Calcutta

Nach Narendrapur

Ich besuche den Āshram der Rāmakrishna-Mission in Narendrapur, südlich von Calcutta. Binda fährt mich zum Bahnhof von Bōlpur. Während wir gemeinsam Tee trinken, beobachte ich, wie selbstbewußt er ins Leben blickt, wie geschickt und entschieden in Worten und Handbewegungen, wie frei im Lachen er ist. Fährt er auf seiner Riksha, schreit er herrisch die Fußgänger zur Seite. Er arbeitet hart, das verschafft Selbstbewußtsein. Seit fünf Uhr morgens ist er auf der Straße, berichtet er. Er hat verstanden, daß ihn als Analphabeten nur Hartnäckigkeit, ja Kampf, durchbringt.

Im Howrah-Bahnhof von Calcutta wartet der treue Debojyōti. Es ist zehn Uhr morgens. Aus den Vorstadtzügen quellen die Menschen wie schwere Rauchwolken, die in Windeseile die Hallen, Treppen, unterirdischen Passagen schwarz ausfüllen und mit Macht zu den Ausgängen, Straßen, Bussen und Straßenbahnen treiben. Für die überirdisch abfahrenden Busse stehen Schlangen die Treppen hinunter und an den Wänden der Unterführungen entlang. Menschen warten dort unten auf Busse, die weit entfernt im Tageslicht abfahren.

In Narendrapur umfängt mich sogleich monastische Gastfreundschaft. Ich kehre in das kleine Zimmer zurück, das ich vier Jahre lang – zu Beginn meines indischen Lebens – bewohnt habe. Alles liegt bereit: Seife und Handtuch, Haaröl, Kerzen mit Streichhölzern (für die Zeit der Stromausfälle), ein Glas Wasser mit einem Deckel darauf, damit kein Staub oder Insekt hineinfalle. Das Bett ist rein, der Fußboden gefegt, das Mosquitonetz liegt gefaltet auf dem Bett. Ein brennendes Räucherstäbchen wird gebracht, damit die Luft des Zimmers, das lange unbewohnt war, wieder duftend und lebendig werde. Alle Küchenjungen stehen an der Tür und fragen. Als niemand hinschaut, umarmt mich Bimol-da, der mir schon vor acht Jahren im Speisesaal das Essen gebracht hat. Mohadeb bleibt unmittelbar vor mir stehen, lächelnd – ohne ein

Wort herauszubringen: ein staunendes Kind. Eine Atmosphäre gelöster Herzlichkeit, brüderlich-langgewohnter Liebe.

Zuerst nehme ich ein Bad, ziehe Dhōti und Panjabī an und besuche den kleinen Tempel, um mich vor den heiligen Bildern zu verneigen: vor Rāmakrishna, Swāmī Vivekānanda, Sāradā Devī (der Ehefrau Rāmakrishnas), vor Buddha und Jesus Christus. Dann gehe ich zu Swāmī Asaktānanda, dem Direktor des Āshram, verneige mich auch vor ihm und berühre seine Füße.

Die Rāmakrishna-Mission

Als der große Heilige Srī Rāmakrishna 1886 in Calcutta starb, beschloß eine Gruppe seiner Schüler, ein monastisches Leben zu führen. Swāmī Vivekānanda (wie er sich später nannte) war der Kopf der Gruppe. Die jungen Männer trennten sich bald, und jeder begann ein Leben als Wandermönch, das sie in alle Teile Indiens, zu vielen Wallfahrtsorten und Tempeln führte. Swāmī Vivekānanda reiste bis nach Amerika, wo er als einer der ersten Hindus die Vedānta-Philosophie predigte. Nach Jahren der Pilgerschaft fand sich die Gruppe wieder in Calcutta zusammen, und gemeinsam gründeten sie die Rāmakrishna Mission. Sie ist der bedeutendste monastische Orden des modernen Indien geworden. Swāmī Vivekānanda hat das Mutterhaus, Belur Math, nördlich von Calcutta am Ufer des Ganges, gegründet und bewohnt. In Amerika und Europa hatte er das kirchliche Christentum kennengelernt und übertrug viel von dessen Disziplin und Organisation auf seinen Orden. Den Gedanken tätiger Nächstenliebe empfing er von seinem Meister, Rāmakrishna, doch Art und Weise, wie er sie ins Werk setzte, deuten auf die organisierte christliche Caritas hin. Wie die christlichen Missionare, die seit Jahrhunderten in Indien wirken, verhilft der Rāmakrishna Orden den armen Menschen durch die Errichtung von Schulen, Krankenhäusern, Bibliotheken, Musterfarmen und Werkstätten zu einem besseren materiellen Leben.

Der Rāmakrishna-Orden begründet sein carikatives Wirken mit der Vedānta-Lehre von der Einheit allen Lebens oder, genauer, mit einer Neuinterpretation dieser Lehre, die zunächst Rāmakrishna und insbesondere Vivekānanda gegeben haben. Der

Ein Mönch sitzt unter einem Baum und meditiert. Der Dreizack weist ihn als Verehrer des Gottes Siva aus. Aufgenommen in Konkalitola.

Grundgedanke ist: Sind alle Menschen eins, so betrifft mich die Not und die Freude jedes anderen Menschen ebenso wie meine eigene Not und Freude. Indem ich anderen helfe, helfe ich, im erweiterten Sinn, mir selbst.

Heute hat die Rāmakrishna-Mission 118 Zentren, die dem Mutterhaus unterstehen. Davon sind dreißig im Ausland, insbesondere in den Vereinigten Staaten. In Indien ist die Rāmakrishna-Mission wohlbekannt und hochgeschätzt, nicht nur weil sie sich mit dem Namen dieses geliebten und verehrten Heiligen verbindet, sondern auch weil sie eine der wenigen indischen caritativen Organisationen ist, die diszipliniert und verläßlich sind. Die Rāmakrishna-Mission ist zentralistisch straff geleitet. Veruntreuung von Geld und Mitteln braucht niemand zu befürchten, also unterstützen die Regierung und die Öffentlichkeit die Rāmakrishna-Mission großzügig. Bei Naturkatastrophen – Überschwemmungen, Dürren, Wirbelstürmen – ist die Ramakrishna-Mission stets eine der ersten indischen Hilfsorganisationen, die zur Stelle ist.

Narendrapur ist einer der größten Āshrams der Rāmakrishna-Mission. Außerhalb von Calcutta in ländlicher Umgebung gelegen, doch immer noch in günstiger Nähe zur Großstadt, breitet sich der Āshram kilometerweit aus: Zuerst kommt die landwirtschaftliche Schule, dann die Āshramfarm, die Blindenschule mit der Farm für blinde Dorfjungen, es folgen die Zimmer der Mönche, Zimmer für Gäste, Büros, das College, die Volksschule, ein kleines Krankenhaus, die vielen Studentenheime für Volksschüler und Collegestudenten, eine technische Schule mit Werkstatt und zuletzt das Stadion mit Turnhalle. Umgeben und durchflochten von Bäumen und Büschen, Gärten, Wiesen, Feldern, Teichen – Narendrapur ist keine Lernstadt, sondern ein Lerngarten im Sinn der alten indischen Erziehung, die die Gurus in der Einsamkeit und natürlichen Schönheit der Wälder und Berge erteilten.

Brahmācarī Ashōk

war ein Student an der Universität, als ich ihn kennenlernte. Er wohnte im Āshram, doch fuhr er jeden Wochentag nach Calcutta zu seinen Vorlesungen. Jeden Morgen besuchten wir denselben kleinen Tempel im Āshram. Er trug den weißen, faltenreichen

Dhōti, der um die Hüften geknotet wird und bis zu den Füßen fällt, und einen weißen, weiten Panjabī als Hemd. Das ist die āshramübliche Kleidung. In der weißen Farbe drückt sich das Reine und Kontemplative aus, wonach jeder Āshramit strebt. Barfuß brachte Ashōk am frühen Morgen Blumen zum Tempel, kniete vor dem kleinen Altar mit dem Bild Rāmakrishnas nieder und ordnete die Blumen in kunstvollen Mustern an. Während dieser religiösen Handlung hatte er um den Oberkörper einen dünnen, breiten Schal geschlungen, aus feinem Weiß, durch das die braune Haut und die Brahmanenschnur quer über dem Oberkörper schimmerte. Alles an ihm waren breite, weiße Falten, braune Haut und bunte Blumentupfen. In der morgentlichen Stille des Tempels eine feenhafte Erscheinung.

Nach seinen Prüfungen bekam er eine Anstellung im Hauptpostamt von Calcutta; er fuhr also jeden Morgen in einem brechend vollen Bus in die Großstadt und kehrte in der Dunkelheit zurück. Reis aß er um neun Uhr, noch bevor er zu seinem Büro abfuhr. Für die Arbeit wechselte er in europäische Kleidung: Hemd und Hose, und sah darin wie uniformiert - phantasielos und unansehnlich - aus.

Nach einem Jahr erschien er plötzlich mit glattrasiertem Kopf. Seine europäische Kleidung hatte er weggegeben, seine Anstellung bei der Post quittiert. Ashōk war ein Brahmacārī, ein Mönch des Rāmakrishna-Ordens, geworden. Er wählte sich einen Guru unter den Mönchen in Belur Math (nur einige ältere Swāmis übernehmen diese Aufgabe) und erhielt von ihm die Einweihung in das spirituelle Leben. Alle im Āshram sagen nun „Mahārāj" - wörtlich: Großer König - wenn sie ihn ansprachen. Das ist die übliche Anrede für Mönche und beweist die hohe Verehrung, die sie in Indien genießen. Ashōk durfte seine Mutter im Dorf nicht mehr besuchen; er konnte auch nicht mehr zum Unterhalt der Familie beisteuern. Gerade einen Monat vorher hatte sein jüngerer Bruder eine recht gut bezahlte Anstellung gefunden; das war für Ashōk das Zeichen gewesen, „die Welt zu verlassen".

Jahrelang hat er als Sekretär des Direktors in Narendrapur gearbeitet. Ashōk sprach wenig, stand und saß ruhig, beinahe bewegungslos, blickte mit ruhigem Gesicht ohne Scheu und ebenso ohne Neugier oder Wißbegierde.

Schließlich wurde er nach Belur Math geschickt, wo er zusammen mit anderen Brahmācarīs seine zweijährige monastische Ausbildung empfing. Seine Lehrer sprachen über indische Philosophie, über Rāmakrishna, Swāmī Vivekānanda und die Geschichte des Ordens. Zweimal besuchte ich ihn dort. Sein asketisch-unbewegtes Gesicht bleibt mir in Erinnerung.

Als ich gestern durch den Āshram ging, hörte ich seine Stimme: „Martin-da, Martin-da!" Er ist nach Narendrapur zurückgekehrt und sofort der Vice-Principal (stellvertretende Direktor) des Colleges geworden. Eine steile Karriere. Nun kann er Professoren Anweisungen erteilen, die früher seine Lehrer gewesen sind. Der Orden vertraut seinen Mitgliedern mehr, als jedem Laien, sei er noch so erfahren und gut ausgebildet. Alle verantwortlichen Posten sind mit Mönchen besetzt, oft mit jungen, für ihre Arbeit kaum geschulten Männern, die „in der Welt" solche Macht und Verantwortung niemals oder nur am Ende einer langen Laufbahn erhalten könnten. Nur einem sehr charakterfesten Mönch steigt das nicht in den Kopf.

Heute besuchte ich Ashōk in seinem Büro. Er sitzt hinter einem großen Schreibtisch, der junge Mönch; ständig kommen Menschen zu ihm und schieben ihm Papiere zur Unterschrift hin, und Lehrer oder Schüler warten, bis sie mit ihm sprechen können. Ich sage, jetzt sei eine Kluft von zwei Metern zwischen uns entstanden und zeige auf den Schreibtisch. Doch als ich ins Zimmer trat, da ist Ashōk respektvoll von seinem schweren Bürosessel aufgestanden und hat gewartet, scheu fast wie ein Schulknabe, bis ich Platz genommen hatte.

Die Küchenjungen

essen erst, wenn sie alle bedient haben. Ich trete in die dunkle, rußige Küche und sehe, wie eifrig sie für ihre Mägen sorgen. Den Āshramiten im Speisesaal haben sie ein Stück Fleisch auf den Teller gelegt, sich selbst laden sie drei oder vier Stücke von den besten auf, die sie beiseite schaffen konnten. Als ich sie darauf anspreche, grinsen sie mit überquellenden Backen und zeigen keine Spur der Beschämung.

Den Magen zu füllen, das ist ein Urbedürfnis, und die Angst, es einmal nicht zu können, ist eine Urangst. Sie sitzt so tief, daß jeder instinktiv die Hand ausstreckt, wo Speise erreichbar ist. Wer beobachtet, mit welcher Energie, inneren Sammlung und sinnlichen Freude die Menschen mit der Hand in den Reis greifen, der versteht auch, was Hunger ist. Kulturelle Verfeinerung dieses Urbedürfnisses durch „Tischsitten", Raffinesse des Geschmacks und Abwechslung sind bei den einfachen Menschen nicht angebracht. Essen wollen sie: jeden Tag *Reis haben.* Geredet und gestritten wird den ganzen Tag, beim Essen aber - Schweigen; nur Schlürfen, Schmatzen und Rülpsen.

Prodīp

ist als Kind nach Narendrapur gekommen und hat jahrelang in der Küche gearbeitet: Kartoffeln geschält, Möhren geschnitten, den Kohleofen angeheizt, Reis und Gemüse gekocht und die Āshramiten an den Tischen bedient. Schließlich erlaubten die Mönche ihm, die Abendschule des Āshram zu besuchen. Prodīp stand um fünf Uhr auf, bereitete das Frühstück vor, dann das Mittagessen, aß selbst und hatte dann zwei Stunden Ruhe, in denen er seine Hausaufgaben machte. Dann kamen die ersten für den Nachmittagstee. Um sechs Uhr abends raffte er seine Bücher zusammen und ging zur Abendschule bis neun Uhr. Danach half er noch eine Stunde in der Küche, bevor er selbst aß und zu Bett ging. Dieses Leben hat er jahrelang geführt. Auf Anhieb hat er die Abschlußprüfung bestanden. Seitdem ist er Collegestudent. Er braucht morgens nur zwei Stunden in der Küche zu arbeiten, dann badet er, zieht sich um und geht zu seinen Vorlesungen. In guter Terrylinhose und weißem Hemd, mit geradem, selbstbewußtem Gang verläßt er den Āshram - ein typischer Collegestudent.

Prodīp schwankt zwischen den Verhaltensweisen eines Dieners und eines Studenten. Im Āshram kennt ihn jeder als Diener und befiehlt ihm kurz, dies oder das zu tun; Prodīp nimmt es an. Doch kommt er in mein Zimmer, setzt er sich auf den Stuhl, den ich ihm anbiete, und spricht über Politische Wissenschaften, sein Fach. Er nutzt die Achtung, die ich ihm erweise, sogar aus und möchte etwas arrogant werden. In einem vom Feudaldenken geformten Land ist dieser Aufstieg von einem Diener zum akademisch ausgebildeten Mann ungewöhnlich, und es ehrt die Mönche, daß sie Prodīp klug gefördert haben. Sie haben ihm nichts „geschenkt“ - er hat hart arbeiten müssen, und das erleichtert ihm nun den Bewußtseinswechsel.

Jede Nacht bevor er schlafen geht, besucht Prodīp den Direktor des Āshram und fragt, ob er etwas brauche, etwas zu sagen habe. Hat er seiner Dankessehnsucht Genüge getan, legt er sich zur Nachtruhe hin.

Sevā

- Dienst am Menschen aus Liebe zu Gott - diese Idee ist einer der Grundsätze der Rāmakrishna-Mission. Swāmī Vivekānanda hat seinen Mönchen dieses Ziel vor Augen gehalten: Selbstverwirklichung (Befreiung, Erlösung) und Sevā. Selbstverwirklichung bedeutet die durch Askese, Meditation und Gotteshingabe erlangte intuitive Erfahrung, daß meine Seele (*ātman*) mit Gott wesensgleich oder wesensähnlich ist. Diese mystische Einheit, die Befreiung des Individuums in der Weite Gottes, ist das Hochziel des traditionellen Hinduismus. Swāmī Vivekānanda hat betont: Nicht allein durch Askese, Meditation und Gotteshingabe ist dieses Ziel erreichbar, sondern zusammen mit diesen muß in unserem Zeitalter auch Sevā, der Dienst an allen Menschen, geübt werden. Sevā bedeutete ursprünglich vor allem der Dienst für Menschengruppen, die hierarchisch die Gesellschaft anführen: für den Guru, für Mönche, für Lehrer und auch für Gäste und Pilger. Vivekānanda hat Sevā für alle Menschen und - wie das Christentum - insbesondere für die Armen, Ungebildeten und Notleidenden verlangt.

Das Weiche, Anschmiegsame der bengalischen Mentalität entfaltet bei der Sevā seine feinsten Möglichkeiten. Mohadeb schüttelt energisch, beinahe beleidigt den Kopf, als ich beginne, das Mosquitonetz aufzuspannen und ihm sage, „bitte“ mitzuhelfen. *ami chōto bhai,* sagt er, streng auf sich zeigend, ich bin dein kleiner Bruder, also darfst du nicht „bitte“ zu mir sagen. Im Spaß erteile ich ihm nun barsche Befehle. Ob's ihm so recht sei, frage ich. Mohadeb schüttet sich aus vor Lachen: Ja, so sei's ihm lieber,doch wolle er das Mosquitonetz *ganz allein* für mich aufhängen.

Die Jungen in der Küche, auf den Feldern und in den Gärten des Āshram haben alle schnell dieses Wort - Sevā - auf den Lippen. Damit meinen sie auch jetzt noch in der Hauptsache Dienst zum Wohl der Mönche oder Dienst für andere auf Geheiß der Mönche. In den Schulen arbeiten einige ältere Männer, die früher hohe Positionen bekleidet haben. Sie wurden pensioniert, sie verließen ihre wohlversorgten Familien und zogen sich in diesen Ashram zurück, um Sevā zu üben. Sie arbeiten als Tutoren, als Bürokräfte, als Aufseher in den Studentenheimen.

Gerade die jungen Menschen dieses Landes sind zur Hingabe fähig. Sie sehnen sich nach einem Ideal, das sie inspiriert, nach Menschen, zu denen ihr Herz sich hingezogen fühlt. Dreimal schade, daß so wenige Menschen die innere Größe besitzen, dieser Sehnsucht würdig zu sein, sie zu befreien und zu fruchtbringender Tat zu leiten.

Mönch und Welt

Ein junger Inder wird Mönch, um „die Welt zu verlassen", sich von den Anhänglichkeiten an die Familie, vom Wunsch nach Geltung, Macht, Besitz zu befreien und in einem Āshram in der Gemeinschaft mit Gleichgesinnten ein Leben der Sammlung zu führen. Das alte Mönchsideal will, daß der eingeweihte Mönch entweder zusammen mit seinem Guru und dessen anderen Schülern in der Einsamkeit wohnt oder ganz allein das Leben des Einsiedlers lebt. Der Mönch vollzog die Weltentsagung innerlich, aber auch sichtbar im äußeren Leben; wenig kam er mit Menschen in Berührung; war er auf Pilgerschaft, blieb der Mönch, der Regel entsprechend, an keinem Ort länger als drei Tage. So bestand kaum Gelegenheit, Bekanntschaften zu machen, Anhänglichkeiten zu entwickeln, für Geltung, Macht oder Besitz Sorge zu tragen.

Die Mönche des Rāmakrishna-Ordens wagen es, in der „Welt" zu leben, recht eng mit der Gesellschaft verwoben. Ihre Weltentsagung findet nicht den radikalen äußeren Ausdruck wie im traditionellen Mönchtum. In den Anfängen des Ordens haben die

Mönche neben dem Aufbau und der Verwaltung von Institutionen (Schulen, Heimen, Krankenhäusern, Bibliotheken) spontan an der Katastrophenhilfe teilgenommen, haben arm, oft von der Hand in den Mund gelebt, sie sind auch noch der mönchischen Berufung des bettelnden Wanderlebens oder des eremitischen Lebens gefolgt, wenn das Bedürfnis nach einer Zeit intensiver Askese erwachte. Heute bestimmen diese Spontaneität und diese asketische Strenge längst nicht mehr das Leben der Rāmakrishna-Mission.

Die asketisch-kontemplative Lebensart ist einem strengen Arbeitsethos gewichen. Etwas tun: Gebäude errichten, Schulen eröffnen, viele gute Schüler bekommen, die bestehenden Institutionen erweitern. Dieses Arbeitsethos stammt von Vivekānanda: „Arbeite ohne Unterlaß!" Doch hatte er, als er so predigte, im Sinn, der erschreckenden Not der Menschen so rasch wie möglich abzuhelfen: Nicht Ehrgeiz, sondern Mitleid bewegte ihn. Sodann war Arbeit für ihn eine religiöse Handlung; er sagte: „Arbeit ist Gottesdienst!" Bevor Arbeit aber einem religiösen Impuls entspringt, braucht der Mönch eine längere kontemplative Vorbereitung. Spontan sind wenige zu dieser Integration von Gottesverehrung und Arbeit fähig.

Mir scheint, daß viele Mönche diese Integration nicht mehr besitzen, daß die Antriebskräfte weniger Mitleid und Gottesverehrung, als Streben nach Einfluß und Prestige in der Gesellschaft sind; damit weicht der Orden genauso von seiner Berufung ab, wie die christlichen Missionare abweichen, die Eliteschulen errichtet haben und sie zu einem Aushängeschild des Christentums machen.

Der Arbeitseifer der Mönche hat sein Gegengewicht in einer wohlhabenden Selbstzufriedenheit. Mönche erfahren traditionell bereits eine ungewöhnlich hohe Verehrung vom Volk, das im Mönchsleben das höchste Lebensideal sieht und durch seine Verehrung eine winzige Teilhabe an diesem Leben ersehnt. Diese traditionelle Verehrung und die öffentliche Anerkennung der Arbeitsleistung verführen leider nicht wenige Mönche zu Arroganz und Herrschsucht – zu dem monastischen Ideal entgegengesetzten Eigenschaften.

Der Lebensstandard der Rāmakrishna-Mönche ist höher als der der Laienmitglieder des Āshram und bedeutend höher als jener der Bevölkerung in den umliegenden Dörfern. Wenige Mönche suchen bewußt das bedürfnislose Leben. Zu neu und verlockend sind dem Orden noch der erworbene Reichtum und das Prestige; wie Kinder, die mit neuen Spielsachen hantieren, erfreuen sich viele an den Symbolen und Vorteilen eines wohlhabenden und respektierten Lebens. Welcher Mönch von Narendrapur drängte sich - so wie wir - in einen der übervollen Busse, wenn er in die Großstadt fährt? Die Mönche fahren im allgemeinen mit einem der Āshramautos und scheuen die hohen Benzinkosten nicht. Jeden Tag essen sie Fisch; nicht einmal eine Familie des bengalischen Mittelstandes kann sich das heute leisten.

Die Sonderstellung der Mönche zeigt sich augenfällig darin, daß der Bungalow, worin die meisten Mönche wohnen, einen Motor hat, der Strom erzeugt, wenn die zentrale Stromversorgung ausfällt (was täglich oft stundenlang geschieht). Der Bungalow, in dem ich wohne, und sämtliche Häuser ringsum bleiben im Dunkeln.

Die Autorität im Orden ist peinlich genau hierarchisch festgelegt. Ältere Mönche haben stets mehr zu sagen als jüngere. Seniorität ist die wichtigste Hierarchie. Die zweitwichtigste ist das Amt. Der Direktor befiehlt den Mönchen, die den verschiedenen Schulen und Institutionen vorstehen, die wiederum innerhalb ihres Bereiches Anweisungen geben. Dem Direktor untersteht auch die Gruppe der jungen Mönche, der Brahmācarīs, die noch nicht zur Ausbildung nach Belur Math geschickt wurden. Die dritte Hierarchie ist die von Guru und Schüler. Der Guru kann einen Mönch, den er eingeweiht hat, dazu anhalten, bestimmte religiöse Übungen zu vollziehen, bestimmte Verhaltensweisen anzunehmen oder Bücher zu lesen.

Diese drei Hierarchien laufen nebeneinander und kommen sich oft in die Quere. Der Direktor kann sich nicht immer gegenüber Mönchen, die älter sind als er, durchsetzen. Was der Āshramleiter und der Guru einem Brahmacārī sagen, läßt sich oft nicht gleichzeitig befolgen. Die Hierarchien sind teils traditionell (Seniorität, Guru-Schüler), teil modern (Amt), wie eben der Orden das alte Mönchsideal mit modernen, oft vom christlichen Westen übernommenen Idealen und modernen Arbeitsmethoden zu verbinden sucht. Die Integration von Altem und Neuem ist letztlich wohl nur Swāmī Vivekānanda möglich gewesen; seine Nachfolger und Jünger verfügen nicht über dessen enorme innere Spannkraft.

Die Rāmakrishna-Mission ist in ihrer triumphalischen Phase; die christliche Missionskirche in Indien hat sie zweihundert Jahre lang durchlaufen und beginnt, sich von ihr zu lösen; die Rāmakrishna-Mission ist gerade erst in sie eingetreten. Bombastische Tempel, ausländische Autos und Dinge. In Hyderabad wurden kürzlich ein Kulturinstitut und ein Tempel eingeweiht. Hunderte von Rāmakrishna-Mönchen reisten herbei, die Ministerpräsidentin war anwesend, viele Rāmakrishna-Verehrer aus dem Westen waren eingeladen worden. Es wurde eine Schaustellung der zahlenmäßigen Stärke, des Einflusses und der Beliebtheit des Ordens. In der Zeitung las ich eine ganzseitige Anzeige, die das Ereignis ankündigte. Darin stand auch, wie viele hunderttausend Rupien der Tempel, wie viele hunderttausend Rupien das Kulturinstitut gekostet haben. Stolze Zahlen. Das erinnert mich an die Sitte armer Inder, die sogleich den Preis ihres Hemdes nennen, wenn ich dessen Farbe und Zuschnitt lobe. Als sei Preis schon Garantie für Nützlichkeit und Schönheit.

Brahmacārī Topon

ist ein junger Mönch, jedoch noch nicht „eingekleidet"; er trägt den Dhōti wie jeder Laie mit dem einen Ende des Tuchs zwischen den Beinen durchgezogen, während ihn eingekleidete Mönche flach herunterhängend tragen. Topon muß die Prüfungen des Bachelor of Arts nachholen, bevor er in den Orden aufgenommen wird. Der Orden will akademisch gut qualifizierte junge Männer aufnehmen. Topon betreut den kleinen Tempel, beaufsichtigt eine Gruppe von Arbeitern, führt Buch über die Ausgaben der Küche, fährt selbst häufig zum Markt, um Fisch und Gemüse zu kaufen, und bereitet sich außerdem auf seine Prüfungen vor. Der zwanzigjährige Mann hat im Āshram sofort Autorität und Verantwortung bekommen, während er „weltlich gesehen" ein im Examen durchgefallener Student ist, der einen zweiten Anlauf nimmt.

Die Tradition empfiehlt dem Mönch, einen deutlichen Abstand zwischen dem Leben der Laien und dem eigenen zu wahren. Er soll getrennt von ihnen schlafen und essen, er soll keine Familien besuchen – oder doch so selten wie möglich –, um seine monastische Lebensart rein zu erhalten. Die benediktinische Ordensregel schreibt ähnliche Absonderung vor. Nun verlangt die Arbeit der Rāmakrishna-Mission aber ständigen Kontakt mit Laien. Die Mönche geraten deutlich in einen Konflikt zwischen alter Lebenstradition und moderner Arbeit. Viele behelfen sich mit einer Haltung überheblicher Zurückhaltung gegenüber Laien, in der sie ihre monastische Exklusivität zu bewahren meinen; sie gibt aber dem Ideal der Sevā nicht mit dem Herzen Ausdruck.

Topon ist von dieser Mentalität nicht geprägt. Ungezwungen betritt er mehrmals am Tag mein Zimmer, um mich für die Mahlzeiten oder zu einem Spaziergang abzuholen. Höflicher Sitte entsprechend streift er die Sandalen ab, bevor er ins Zimmer tritt. Laut redet er und lacht herzlich, setzt sich zu mir an den Tisch, erweist mir Respekt wie andere junge Männer, nimmt mich auf dem Gepäckträger seines Fahrrads mit und verabschiedet mich schließlich an der Bushaltestelle; kein anderer Brahmacārī läßt sein Herz mit solchen Taten sprechen.

Der Nachtwächter

Ein junger Bihari mit einem lieben Kindergesicht macht in der Nacht – eine Lanze auf der Schulter, laute Rufe ausstoßend – seine Runden im Āshram. Am späten Abend steht er vor meiner Tür, läßt sich dazu bewegen, einzutreten und sogar sich neben mich zu setzen. Kommt aber Topon ins Zimmer, springt er auf und läuft davon wie ein gescholtenes Kind, trotz meiner Aufforderung zu bleiben. Nein, in Gegenwart eines „Mahārāj" *kann* er nicht sitzen und erzählen.

An einem Abend klatscht er in die Hände, um meine Aufmerksamkeit auf sich zu lenken: Da stand er, übergossen mit Stolz, in einer neuen grünen Uniform, einschließlich Baskenmütze.

Einmal begleitet er mich nachmittags durch die Gärten, mir die bengalischen Namen sämtlicher Bäume und Sträucher nennend. Analphabeten wie er haben häufig eine erstaunliche Kenntnis der Natur. Sie besitzen ein hervorragendes Gedächtnis für Namen und Ereignisse. Da sie nicht lesen und schreiben, sind die Namen von Bäumen und Blumen die einzigen „Zeichen" in ihrem Lebensraum. Dinge zu benennen und sie im Namen zu besitzen, scheint ein Bedürfnis des Menschen zu sein.

Man könnte meinen, der Geist von Analphabeten sei trocken, weil sie ihn nie mit Lese- und Lernstoff nähren. Im Gegenteil; häufig erlebe ich, wie frei ihre Phantasie schweift. Ein Windstoß wirft das Fahrrad um; sieh her, sagt der Nachtwächter, das Rad ist zornig geworden, gewiß hast du ihm heute nichts zu essen gegeben! Wie Kinder, deren Phantasie alle Dinge lebendig macht.

Der kleine Tempel,

den Brahmacārī Topon versorgt, liegt einsam zwischen Teich und Feldern. Frühmorgens schließt er auf, wäscht den Fußboden und den Altar, öffnet die Fenster. Dann geht er mit einem kleinen Korb im Arm in die Gärten, um Blumen zu pflücken. Nur die an diesem Morgen erblühten, deren Duft frisch verströmt, wird er pflücken. Er allein darf die Blüten berühren, niemand riecht an ihnen oder atmet über sie aus; keine Blume, die schon zur Erde gefallen ist, sammelt er in den Korb. Das Frischste und Reinste für den Herrn!

Über Nacht hat das Bild von Rāmakrishna mit der Bildseite nach oben auf einem reinen, weißen Kissen gelegen, damit der Herr angenehm schlafen konnte. Ein Mosquitonetz war über das Bild und den Altar gespannt, und eine blaue Nachtlampe hatte gebrannt. Denn erwacht Rāmakrishna plötzlich in der Nacht, soll er über die Dunkelheit nicht erschrecken. Topon räumt am Morgen das Netz weg, stellt mit vorsichtigen Händen das Bild aufrecht und schmückt es. Der Duft brennender Weihrauchstäbchen würzt die Luft.

Die Nächte beginnen kühl zu werden. Die Photographie zeigt Rāmakrishna barbrüstig, nur mit einem Dhōti um die Hüften bekleidet. Wird er nicht frieren? Topon umwickelt das Bild mit einer weißen Schärpe, so daß nur der Kopf frei bleibt. Wenn die Mittagssonne wärmt, nimmt Topon die Schärpe ab und stellt den Deckenpropeller an, der dem Herrn Kühle zufächelt.

Frühmorgens kommen die Mönche einzeln und begrüßen Rāmakrishna, den sie als Gott verehren. Körperlang werfen sie sich vor dem Altar zu Boden und bleiben betend liegen. Dann richten sie sich auf, heben die gefalteten Hände an die Stirn zum Abschied und gehen zu ihren Arbeiten. Manche verweilen auch, sitzen auf dem bloßen Boden und meditieren mit geschlossenen Lidern. Einer legt ein Buch vor dem Altar nieder, damit Rāmakrishna es segne, bevor es der Mönch liest oder verschenkt, – ein anderer einen neugekauften Dhōti, bevor er ihn trägt.

Um die Mittagszeit bleibt der Tempel verschlossen, weil der Herr speisen und ruhen möchte. Sinkt die Sonne am Himmel, entzündet Topon wieder Räucherstäbchen, umhüllt das heilige Bild für die kühlen Nachtstunden und macht Licht. Bevor Topon zu Bett geht, legt er den Herrn schlafen und sammelt die Blumen ein: ihr Duft ist verströmt und ihr Dienst ist vollendet. Ein letzter Pronam dem Herrn – Topon kniet und berührt den Boden mit der Stirn; dann schließt er die Fenster und die Tür.

Bevor Topon den Tempel betritt, zieht er einen weißen Dhōti an, der nur für den Tempeldienst bestimmt ist. Und reinigt er das Innere, nimmt er Eimer, Besen, Lappen zur Hand, die niemals außerhalb des Tempels benutzt werden. Topon wäscht die Tücher für das „Bett“ Rāmakrishnas gesondert, hängt sie gesondert zum Trocknen auf. Alles, was mit der Gottheit im Tempel in Berührung kommt, soll von keinem weltlichen Gebrauch profaniert werden; es sind sakrale Gegenstände.

Die ehrfürchtig-genaue Bewahrung der sakralen Sphäre ist eine geistige Übung von hohem Wert. Sie erst schafft diese Sphäre. Sobald wir in sie eintreten, stehen wir vor Gott, unfähig zu profanen Gefühlen und Gedanken. Die reine Sphäre Gottes hilft unserer Sammlung und unterstützt unseren Willen. Wir sehnen uns danach, die sakrale Sphäre immer weiter auszudehnen, bis sie alle Stunden unseres Tages und alle Orte, die wir aufsuchen, umschließt.

Stoßen wir uns an der Vermenschlichung Gottes – den die Mönche betten, vor Kälte, Hitze, Mosquitos, der Dunkelheit schützen? Braucht Gott das? - Welche Fragen! antwortet der Mönch. Ich *liebe* Rāmakrishna; meine Liebe drängt mich zu Taten der Liebe. Wie ein Kind fühle ich mich vor ihm, und kindlich rein muß ich meine Liebe zeigen. Gott braucht das nicht, doch *wir* brauchen Kindlichkeit, in der wir Gott rein verehren.

Ähnlich hat Franziskus Christus verehrt, als er den Stall von Betlehem aufstellte, das Jesuskind in die Krippe legte und Figuren von Maria und Josef über seinen Schlaf wachen ließ.

In dem wir uns in den „menschlichen" Gott versenken, steigt unsere Menschlichkeit zu Gott empor.

Raub der Kokosnüsse

Mohadeb und zwei weitere Küchenjungen schleichen sich, Seil und Hackmesser in den Händen, in früher Nachmittagsstunde, während der Küchenswāmī und die anderen hohen Herren ihre Siesta halten, zum Hain der Kokosnußpalmen. Mohadeb klopft vorher an meine Tür - ich darf dabei sein, während sie *dab,* grüne (unreife) Kokosnüsse, stehlen. Mohadeb bindet den Dhōti hoch, damit die Beine frei werden, und klettert den rilligen, runden Stamm der Palme hinauf. Dabei umschlingt er den Stamm mit beiden Armen, so daß die Brust an den Stamm gedrückt ist und die Hände auf der Rückseite fest ineinanderfassen. Die Arme schiebt er immer höher und stemmt mit den nackten Zehen, die in die Rillen greifen, den Körper hinauf. Die Dorfjungen, die immer barfuß gegangen sind, haben Kraft in den Zehen und benutzen sie wie Instrumente bei vielerlei täglichen Arbeiten.

Oben angekommen, kraxelt Mohadeb mit geheucheltem Angstschrei durch das dichte, harte Gestrüpp der Palmwedel bis zu den Büscheln grüner Kokosnüsse. Mohadeb muß sich, sich mit einer Hand an der scharfen Kante eines Wedels festhaltend, tief hinunterbücken, um die schwer hängenden Nüsse zu erreichen. Das Seil zieht er aus dem Bund des Dhōti und wirft ein Ende zu Boden. Die Jungen binden das Hackmesser daran, und Mohadeb zieht es hinauf. Das Seil zurrt er um ein Büschel Kokosnüsse fest, schiebt es über den nächsten Wedel und wirft das Seilende wieder zu Boden, dann erst hackt er das Büschel vom Stamm. Sobald es am Seil hängt, lassen es die Jungen vorsichtig zur Erde herab.

Von oben klingen rasche Schläge, dann Triumphgeheul. Mohadeb hat von einem anderen Büschel eine Nuß abgeschlagen und sie mit einem gezielten Hieb geöffnet, nun trinkt er die süße, erfrischende Kokosmilch so gierig, daß sie über seinen nackten Oberkörper spritzt. Die erste Nuß hat *er* getrunken! Von unten herausfordernde Rufe, er solle das Messer herunterwerfen. Mohadeb macht Grimassen, schlägt eine zweite, eine dritte Nuß auf, säuft, sich besudelnd, rülpst laut; dann hat er seinen Triumph ausgekostet, er wirft das Messer zu Boden, damit seine Freunde Nüsse aufschlagen können. Rasch hangelt sich Mohadeb den Stamm hinunter, um auch im Gras mitzufeiern.

Abschied

von dem guten Swāmī Asaktānanda. Er lädt mich ein, wiederzukommen. So lange er hier sei, brauche ich gar nicht um Erlaubnis zu fragen; mein Zimmer bleibe frei. Ich beuge mich hinab und berühre seine Füße mit der rechten Hand, während der Swāmī seine Hände faltet und vor die Stirn hebt, stillschweigend meinen Gruß und meine Verehrung annehmend. Mit leicht geneigtem Kopf verharrt er, bis ich mich aufrichte und ebenso die Hände vor dem Gesicht falte. Ruhig sehen wir uns an - ein intensiver Augenblick der Begegnung. Ohne ein weiteres Wort wende ich mich zur Tür.

Die Missionare der Nächstenliebe

Von Narendrapur fahre ich zu den Brüdern der „Missionaris of Charity“ in Howrah, dem Teil von Calcutta, der westlich des Ganges liegt. Es ist wenig bekannt, daß Mutter Teresa neben dem Schwesternorden auch einen männlichen Zweig des Ordens gegründet hat. In Howrah liegt eines der Noviziate der Brüder.

An der Bushaltestelle in Narendrapur steht ein blinder Mann, den Kopf auf die Seite gelegt und den Oberkörper, wie tastend, vorgestreckt. Ich nehme ihn bis Howrah mit, er sitzt im Bus neben mir, legt seine Hand auf mein Knie, um Kontakt zu halten. In Howrah suche ich seinen Anschlußbus und schiebe ihn durch die Tür. Kein Abschied, denn der Blinde weiß nicht, in welchem Augenblick ich ihm inmitten des Menschengewühls den Rücken drehe und mich entferne.

Blinde in Indien - und dieses Land besitzt mehr blinde Menschen als jedes andere - haben ein hartes Schicksal. In den Dörfern sind sie eine unglückselige Belastung für ihre Familien. Wenige Dorfbewohner besitzen die Geduld und Einfühlung, dem blinden Bruder oder der blinden Schwester die Augen ein wenig zu ersetzen. Auf den Straßen der Städte, den menschengedrängten, staubigen, von Löchern und Abfallhaufen übersäten Straßen tappen die Blinden sehr allein. Ein Wunder, daß sie ihr Ziel erreichen.

Das Noviziat „Nobo Jibon" (Neues Leben) der Brüder liegt in der Nachbarschaft von Fabrikhinterhöfen, schäbigen Baracken und einem kleinen evangelischen Friedhof mit schmucklos-grauen Grabhügeln. Im Erdgeschoß des Hauses liegen ungefähr hundert Patienten - Bettler, Straßenjungen, die, meist schwerkrank, die Brüder im Howrah Bahnhof und seiner Umgebung aufgelesen haben.

Sobald ich eintrete, kommt ein Junge auf mich zu, umfaßt meinen Arm, meinen Körper, grinst zu mir hoch, zerrt mich zur Tür und freut sich. Er ist ein taubstummer Junge, den die Brüder gesundgepflegt haben. Jetzt rennt er, lacht und vollführt lebhafte Gespräche mit Hilfe von Grimassen und Zeichen. Er hat mich wiedererkannt und kommt, um mich zu begrüßen und zu den Brüdern zu führen.

Vor dem Haus spielen Kinder im Staub. Ihre Köpfe sind zur Entlausung und besseren Desinfektion der Haut geschoren. Überall, wo Geschwüre und Ausschlag die Haut bedecken, rote Jodflecken. Wegen der mangelnden Hygiene und schlechten Ernährung leiden fast alle „Bahnhofskinder" unter Hautkrankheiten. Doch wie sie da im Staub spielen, sehen sie zufrieden aus - nicht der apathische Blick, nicht die Hysterie des Essenraffens.

Im oberen Stockwerk des Haues wohnen die Brüder. Etwa dreißig machen ihr zweijähriges Noviziat. Sie kommen aus mehreren Provinzen Indiens, viele aus Kerala, der indischen Provinz mit dem größten Prozentsatz Christen; eine große Anzahl sind *„tribals“*, Angehörige der Volksstämme, die in ganz Indien verstreut leben, ihre eigene (nichthinduistische) Religion, Kultur und ihre eigene Sprache pflegen. Da die Stämme lange Zeit von der indischen Regierung vernachlässigt blieben, haben sich die christlichen Missionare um ihr Wohl gekümmert; viele sind zum Christentum übergetreten.

Andere Brüder absolvieren einen halbjährigen medizinischen Kurs, der sich dem Noviziat anschließt. Er soll sie auf ihre praktische Arbeit unter den Kranken und Armen vorbereiten. Diese praktische Arbeit beginnt freilich schon für die Novizen; sie verbringen abwechselnd den Morgen oder den Nachmittag damit, die Patienten im Erdgeschoß zu versorgen und neue Patienten zu suchen.

Im Speisesaal macht Bruder Georgedeb, der Novizenmeister, sofort Platz, stellt ein Glas Tee vor mich, andere Brüder kommen, stehen um den Tisch herum und strecken mir die Hand entgegen, sie fragen: „How are you, brother?“ und wollen wissen, ob ich diesmal länger bleibe. Und sie lächeln und freuen sich, offen wie Kinder, einfach, sanft. Da bin ich sogleich zu Hause. Mir tut die Atmosphäre der einfältigen, fraglosen Aufnahme und Annahme gut: Gastfreundschaft.

Christliche Einfachheit

Die Brüder leben einfach – endlich einmal christliche Ordensleute in Indien, die einfach sind und einfach leben. In den meisten anderen Orden ist der europäische Einfluß noch stark, und das heißt, ihre Mitglieder leben weit über dem Standard des Volkes. Die Werke christlicher Barmherzigkeit dieser Mönche fügen sich nahtlos in die feudalistische Tradition Indiens ein: Die Patres und Brüder geben wie Großgrundherren, wie Patrizier, wie Handelsleute dem armen Volk ihre „milden Gaben“.

Das brüderliche und schwesterliche Geben übt in Indien wohl niemand echter als Mutter Teresas Missionare der Nächstenliebe. Die Kost der Brüder ist nahrhaft, doch einfach; sie kleiden sich schlicht, treten nicht modisch-elegant auf wie die jungen Jesuiten, noch „zelebrieren" sie ihre Armut, wie ich es in einigen christlichen Āshrams gesehen habe. Wer ein Ritual aus der Einfachheit macht, hat sie verloren. Die Brüder sind nicht intellektuell, die meisten haben keine abgeschlossene Grundschul-Ausbildung. Ihr Entschluß, den Armen zu dienen, ist deshalb nicht Ergebnis langer Überlegungen, Studien, ist kein theologischer und auch kein politischer Entschluß. Da ist Mutter Teresa, die Brüder sehen die einfache Konsequenz, die sie aus dem Gebot der Nächstenliebe zieht – und ziehen sie ihrerseits. Ihr Ideal ist das einfachste, welches ein Christ besitzen kann: den Ärmsten helfen, jene Kranken, Sterbenden, Krüppel von den Straßenrändern aufheben, an denen jeder andere vorbeigeht. Den Lazarus aufheben, ein guter Samariter sein. Für welches andere Ordensideal gibt es diese schlagenden Vorbilder in den Evangelien? Wohl nur noch für das der Franziskaner, die aber längst keine Abbilder mehr ihres Gründers sind.

Der Schlafsaal der Brüder ist tagsüber ihr Klassenzimmer. An Mobiliar gibt es – nichts. Sie sitzen auf dem Fußboden und hören dem Lehrer zu, während sie auf den Knien mitschreiben; abends entrollen sie ihre Matten, spannen Mosquitonetze darüber und schlafen. Der Speisesaal mit Bänken und Tischen ist Aufenthaltsraum, Leseraum, Empfangsraum für Gäste. In der heißen Jahreszeit schlafen viele Brüder auf dem flachen Dach, in der kalten sitzen sie morgens dort oben, um wärmende Sonnenstrahlen mitzubekommen. Einige junge Männer, ehemalige Patienten, arbeiten in der Küche – sonst kein Personal. Die Brüder fegen selbst, reinigen die Toiletten, bedienen sich beim Essen, waschen das Geschirr. Welch ein Unterschied zu den Mönchen der Rāmakrishna-Mission, die Wert darauf legen, bedient und versorgt zu werden. Hier zeigt sich die aufsprengende Kraft des Christentums für Indien.

Dienst an den Armen und Kranken

Alle Novizen arbeiten die eine Hälfte des Tages unter den Armen und Kranken und nehmen in der anderen Unterricht, lesen und beten. Die praktische Arbeit versteht Mutter Teresa als einen Teil der *spirituellen* Vorbereitung auf das Leben eines Missionars der

Nächstenliebe. Durch die dienende Arbeit unter den Armen üben sich die Brüder in die Barmherzigkeit, in das Mitfühlen und Mitleiden ein - nicht durch Gebet und Bibellektüre allein. Einige Brüder unterrichten die Slumkinder in drei kleinen Schulen, die sie aufgebaut haben. Die eine ist in Pilkhana, einem großen Slumgebiet, die andere in der Nähe des Howrah-Bahnhofs und eine dritte in Nobo Jibon. Dort sitzen die Kinder in einer offenen Garage neben einem verrosteten Auto, dichtgedrängt auf dem Betonboden. Ein Bruder steht vor ihnen, mit einem Stock in der Hand, den er großzügig gebraucht - Drohgebärden, Schläge auf den Rücken. Ich rufe Georgedeb und zeige ihm die Szene. Er sagt: „Ja,ich weiß, der Bruder schlägt zu viel. Aber wüßtest du, wie roh und ungebärdig diese Kinder sein können und wie bestialisch sie oft von den eigenen Eltern verprügelt werden! Sie scheinen nur auf Schläge zu reagieren. Aber wir tun ihnen nicht weh." Ich bin mit der Antwort unzufrieden und bleibe stumm. Georgedeb fängt noch einmal an: „Du hast recht. Ideal ist das nicht."

Andere Novizen besuchen jeden Morgen die Umgebung des Howrah-Bahnhofs, um Schwerkranke und Sterbende aufzuheben. Zu zweit gehen sie, durchstreifen das Gelände, die dreckigen, stinkenden Gassen, die Märkte, die Rikshastände, die Verladestellen. Die Straßenjungen kennen die Brüder und rufen sie zu den Kranken hin. „Wenn die Menschen das Kruzifix auf unserer Brust sehen", sagt ein Bruder, „haben sie sogleich Vertrauen, reden frei und ehrlich mit uns." Manchmal kommen die Straßenjungen nach Nobo Jibon, um den Brüdern von einem kranken Gefährten zu berichten: „Da drüben unter der Brücke liegt einer; der will nicht mehr aufstehen; der mag nicht mehr essen."

Bruder Emmanuel sagt: „Im Umgang mit den Elenden und Sterbenden wird eine Schicht in meinem Innern lebendig, die nicht einmal das Gebet aufrührt. Das spüre ich plötzlich, wieviel Mitgefühl und Kraft des Erbarmens in mir steckt."

Das Charisma, diese kranken, verschmutzten, oft von offenen Wunden und Geschwüren verunstalteten Menschen aus ihrer Gosse aufzuheben, sie in den Armen zur Riksha zu tragen, zu ihren Betten in Nobo Jibon, mit eigenen Händen die krätzigen, eitrigen Wunden zu pflegen und zu verbinden, Tag für Tag - dieses Charisma besitzt nicht einmal jeder Missionar der Nächstenliebe. Bruder Prem Ānand, der den medizinischen Kurs leitet, gibt zu: „Ich muß immer Widerwillen überwinden. Doch einige andere Brüder nehmen sich dieser Menschen nicht nur an, wenn sie ausgeschickt werden, sondern heben jeden auf, den sie zufällig während eines Gangs durch Calcutta entdecken.

Die Schwestern und Brüder helfen auch den Leprakranken. In Titagarh nördlich von Calcutta unterhalten die Brüder eine große Leprastation. Alle Brüder müssen bereit sein, diese oft häßlich anzuschauenden Kranken, welche die Gesellschaft mit Abscheu betrachtet, zu pflegen. Einige Brüder fühlen sich gerade zu diesem Dienst berufen.

„Häufig besitzen die Armen untereinander größere Hilfsbereitschaft und barmherzige Liebe, als die Brüder zu geben fähig sind", berichtet Georgedeb. „Die Armen können sich mit der Not des Nächsten leichter identifizieren als wir Brüder. Wir haben niemals so gelitten wie diese Menschen, waren niemals so vollständig alleingelassen von der Welt, so hilflos. Daß die Armen uns in der Barmherzigkeit oft übertreffen, macht uns sehr demütig."

„Sobald die Patienten wieder stehen und gehen können, machen sie sich mit denen, die kränker sind, zu schaffen. Unaufgefordert reinigen sie jeden Morgen, bevor die Brüder herunterkommen, die Toiletten und waschen die Patienten, die sich beschmutzt haben. Sie fühlen sich auch verantwortlich für das gute Betragen der Patienten. Oft sind junge Menschen, die zu uns kommen, geistig gestört und werden aggressiv. Dann beschwichtigen die anderen sie, fesseln sie manchmal sogar, so daß die Brüder sie losbinden müssen."

Eine traurige Tatsache in der Caritas der Brüder ist, daß sie den armen Menschen nur in ihrer größten Not helfen können. Die vielen Dutzend Jungen, Männer, Greise, die um den Bahnhof herumlungern, kleine Dienste verrichten, betteln oder stehlen, aber noch auf ihren Beinen stehen können, sie bekommen kein Bett und keine Mahlzeiten in Nobo Jibon. Platz und menschliche Kraft reichen gerade für die Sterbenden und Schwerkranken aus. Und wer durch die Pflege der Brüder wieder gesund geworden, halbwegs zu Kräften gekommen ist, muß sein Bett, seinen Essensplatz räumen, damit ein anderer an seine Stelle treten kann. Wohin geht er? Wohin kann er schon gehen – zurück auf die Straße, zu dem Kot, Gestank, den Raufereien und der Essensgier der Straße.

„Was sollen wir tun?“ sagt Georgedeb. „Wir sind so wenige, das Problem ist riesig groß. Wir können nur die ärgste Not lindern, dafür ist unser Orden gegründet worden. Wir haben nicht die Mittel und die Kraft, der Not vorzubeugen oder Menschen zu rehabilitieren: Kinder in Schulen zu schicken, junge Burschen ein Handwerk zu lehren, Männern eine würdige Arbeit zu verschaffen. Das müssen andere tun. Die Salesianer sind zum Beispiel dazu berufen, Schulen für arme Jungen zu gründen oder sie in Werkstätten auszubilden.“

„Besteht diese Zusammenarbeit mit anderen christlichen Orden oder mit staatlichen Organisationen?“

„Gewiß, doch längst nicht ausreichend. Unserem Orden fehlt dazu der organisatorische ‚Apparat‘. Wir sind nicht genügend geschult für organisatorische Aufgaben. Wir sind einfache Brüder. Viele junge Menschen, die wir von der Straße mitgebracht haben, sind in Fabriken, in Büros als Laufburschen und anderswo untergekommen. Ein Wort von Mutter Teresa hilft fast immer. Viele haben sich bewährt und führen jetzt ein normales Leben . . . Anderen schmeckt die regelmäßige, disziplinierte Arbeit nicht, oder sie können sich ihre kleinen Stehlereien nicht abgewöhnen. Die landen wieder auf der Straße. Krüppel und geistig schwergeschädigte Menschen bringen wir in Nupur, südlich von Calcutta, unter; dort haben wir einen großen Garten, in dem sich die meisten ein wenig betätigen können.“

Um den Bettelkindern vom Howrah-Bahnhof zumindest ein wenig das Gefühl von Heimat zu geben, dürfen sie jeden Sonntag nach Nobo Jibon kommen und den Tag bei den Brüdern und den Patienten verbringen. Vor allem bekommen sie eine Mittagsmahlzeit. Das ist ihr „Home Day“, ihr Tag des Zuhause-Seins.

Am nächsten Morgen gehe ich mit Bruder Marcel hinunter zu den Patienten. Er hat mit einigen anderen Brüdern in diesem Monat Pflegedienst. Die Menschen liegen auf ihren Bettgestellen: still die meisten, in Decken gehüllt, denn der Morgen ist frisch; häufig starre, ausdruckslose Blicke. Einige dösen mit geschlossenen Augen. Als ich von den „Sterbehäusern“ der Mutter Teresa las, stellte ich mir die Atmosphäre beklemmend vor - geisterhaft. Die Vorstellung war falsch; hier leben Menschen, die atmen, die weiterleben wollen, jedoch nicht gierig am Leben hängen. Die Atmosphäre ist friedvoll. Einige Jungen laufen zwischen den Betten herum; sie helfen Bruder Marcel, die Medikamente zu verteilen und beobachten streng, daß jeder seine Pillen schluckt. Ein Junge hat schon seine Kleider abgestreift, damit ihm ein Bruder die Krätze, die sich auf seinen ganzen Körper ausgebreitet hat, mit einer Tinktur bepinseln kann.

Marcel zeigt auf einen Jungen, der ruhig schläft, das Gesicht mit der Hand verdeckend. „Er ist schon ein paar Wochen bei uns. Er spricht nicht, er blickt uns nicht an, meist hockt er in einer Ecke und läßt den Kopf zwischen den Beinen durchhängen, fast bis zur Erde. Und er mag keine Kleider tragen; er sitzt nackt da und hat gar keinen Blick. Bruder Lazar hat sich besonders um ihn bemüht, hat ihn täglich gewaschen, hat ihn gefüttert, ihn gebettet. Anfangs hat er sich an Lazars Armen festgekrallt wie ein Tier. Jetzt berührt er ihn schon sanft, er fühlt Lazars Körper, er spricht durch seine Berührungen. Vielleicht wird er bald anfangen, uns anzuschauen und Worte zu sprechen.“

Marcel und die anderen Brüder geben den Patienten Spritzen. Kein Doktor im Haus. Die Brüder haben keine Ausbildung als Krankenpfleger. Das ist der Geist des Ordens: Spontane Hilfe, Barmherzigkeit und Liebe für die Kranken; ihnen Christus zeigen - das genügt. Manchmal kommen Ärzte ins Haus, einige Patienten werden in ein nahes Krankenhaus zur Untersuchung gebracht, doch eine regelmäßige ärztliche Überwachung besteht nicht. Erst seit diesem Jahr absolviert jeder Bruder nach dem Noviziat einen sechsmonatigen Kurs in Krankenpflege und Leprosenhilfe. Viele Brüder forderten diese Ausbildung, andere wandten sich dagegen und sagten: Wir wollen unseren Orden nicht spezialisieren. Wir sind einfache Brüder, die die Liebe Gottes zu den Ärmsten bringen. Wir brauchen keine ausgebildeten Krankenpfleger und Ärzte. Wenn wir uns spezialisieren, verlieren wir den Nachwuchs, der heute so zahlreich ist.

Beim Mittagessen frage ich Bruder Georgedeb: Inwieweit muß Nächstenliebe „praktisch“, „wirkungsvoll“ sein? Welche Kraft hat

Liebe, die hauptsächlich spontane menschliche Zuwendung, Mitteilung eines Gefühls der Barmherzigkeit ist, jedoch in der „materiellen" Linderung und Beseitigung der Not nur einen Anfang setzt?

Rückkehr

Bruder Georgedeb und Bindu begleiten mich zum Howrah-Bahnhof. Bindu ist ein junger Mann aus Assam, der in der Küche von Nobo Jibon arbeitet. Klein und kräftig ist er; jedesmal wenn ich ihn anblicke, breitet sich ein Lächeln über sein Gesicht aus. Er spricht kaum, sitzt scheu neben mir auf der Riksha und hält sorglich meine Tasche fest, damit sie nicht herunterfällt. Auf dem Bahnsteig lassen wir Bindu allein mit dem Gepäck zurück, um die Fahrkarte zu lösen. Eine Sekunde zögere ich: Wenn er mit meinen Sachen wegrennt? Bruder Georgedeb denkt darüber nicht nach; darf ich die beiden mit meinem Zweifel beleidigen? Später sage ich Georgedeb, daß mir der Junge gut gefällt. „Der ist nun drei Jahre bei uns. Als wir ihn zu uns nahmen, war er sterbenskrank. Zwei Jahre haben wir ihn gepflegt, bis er wieder hochkam. Am Bein hatte er ein tiefes Geschwür. Als er gesund war, haben wir ihm in unserer Küche Arbeit gegeben."

Blicke ich in die sanften Augen dieses Jungen, scheine ich ein Wunder zu betrachten. Daß er früher an Zügen gebettelt, sich um kleine Trägerdienste geprügelt hat, um Essensreste gerannt ist, ist schier unglaubhaft. Die Brüder sprechen mit ihm wie mit einem jüngeren Bruder und setzen Vertrauen in seine Gutheit. Wie selten wird von unserer Gesellschaft ein Wandel der Lebensweise für möglich gehalten oder gar gefördert? Die Brüder glauben an die verwandelnde Kraft der Liebe und wurden in diesem Jungen nicht enttäuscht.

Auf der Zugfahrt von Calcutta nach Bolpur kommt seltener Besuch ins Abteil – ein Schaffner. Die Hälfte der Menschen blickt nur vor sich hin und murmelt etwas, wenn der Schaffner die Hand ausstreckt. Einer wollte statt der Fahrkarte als Bestechung eine Rupie in seine Hand drücken, die jener abwies. Da grinste der Mann noch in die Runde, weil er so billig davongekommen war. Was geschähe, forderte der Schaffner diese Menschen auf, die

Fahrkarte nachzulösen? Würde er geknufft, verhauen, angeschrien? Der Schaffner zieht es vor, dem Zank auszuweichen. Wie rechtfertigt er solchen Dienst?

5. Die Weihnachtszeit

Wie in Indien Weihnachten feiern?

Mit der beginnenden Weihnachtszeit wird mir schmerzlich bewußt, daß ich hier von der christlichen Liturgie ausgeschlossen bin. Keine Kirche in meiner Umgebung. Als ich einmal nach Konkalitola fuhr, entdeckte ich am Wegrand zwei Grabhügel mit Kreuzen. Ich stieg vom Rad und berührte die harte Erde der Gräber. In den Dörfern scheinen Christen zu leben, doch wo ist ihre Kirche, wo ihr Pfarrer? Die Gräber liegen ohne Einzäunung, ohne Schmuck und Besonderheit zwischen Straße und Feld.

Letztes Jahr Weihnachten besuchte ich Bruder Emmanuel (von den Missionaren der Nächstenliebe) auf einer Leprastation nahe einem bengalischen Dorf. Ein Jesuit kam, wir feierten die Mitternachtsmesse unter freiem Himmel - die Brüder, die Leprakranken, ein Dutzend Betteljungen, die die Brüder auf den Bahnhöfen elend und verlaust aufgelesen hatten. Nach der Messe spielten die Kranken bis zum frühen Morgen über Lautsprecher schrille Filmmusik. Stille Nacht? dachte ich damals und war gereizt und traurig. Später erklärte mir Emmanuel, diese Art Musik würde den Patienten die größte Freude machen; sollen wir sie ihnen nicht gönnen? Im Dunkel der Nacht wanderte ich weit hinaus durch die trockene, unfruchtbare Heidelandschaft, bis es still um mich war und mir wurde, als wanderte ich vor den Toren Bethlehems, nachdem in der Herberge kein Platz für mich war.

Dieses Jahr will ich in Sāntiniketan bleiben und versuchen, durch die Natur allein, im Austausch mit ihr, Weihnachten zu erfahren.

Volksbelustigung

Ich fuhr den Tönen einer Volksmusik nach. In einer staubigen Gasse stand eine Gruppe Musikanten, spielte und gaukelte. In der Mitte des Kreises wirbelte ein Mädchen, daß die langen Haare flogen. Die großen, geschminkten Augen schlug es auf und nieder, spitzte die grellen Lippen, die Arme bewegte es schlangengleich und schaukelte die kleinen Brüste hin und her im Tanz. Ich fragte einen Mann, der zuschaute, gewiß sei das Mädchen *kharap*, „schlecht"? Der lachte: Mädchen? Das sei ein junger Mann, der zum öffentlichen Amüsement als Frau verkleidet tanze. Dort im Haus werde eine Hochzeit gefeiert, und die Musikanten seien herbeigekommen, um für gutes Geld zur Feier beizutragen. Ich blickte ungläubig. Der Mann führte mich zu einem Teeladen am Straßenrand und fragte in die Runde. Alle nickten. Der Tänzer wohne dort drüben in einer Hütte; so verdiene er seinen Lebensunterhalt.

Dieses Stück Volksbelustigung ist kein Transvestiten-Theater. Wie in Europa zur Shakespeare-Zeit erscheinen auch heute noch keine Mädchen und Frauen auf den Bühnen des bengalischen Volkstheaters. In den Yatras, den beliebten mythologischen Dramen, denen die Dorfbewohner manchmal ein ganze Nacht lang unter freiem Himmel lauschen, stellen junge Burschen die Frauenrollen dar. Der verkleidete Mann auf der staubigen Gasse konnte die Augenlider auf- und zuklappen, anzügliche Gesten machen, ohne Anstoß zu erregen, eben weil er keine Frau ist. So erntete er nur Lachen.

Ernte

Heute morgen mit dem Rad über die Felder. Überall bücken sich Männer und Kinder über die gelben Reisähren, schneiden sie mit Sicheln, bündeln sie und legen die Bündel in schöner Reihe nebeneinander. Auf den Wegen karren Ochsen- und Büffelgespanne hochbeladene Erntewagen in die Dörfer. Braune Knaben hocken obenauf und machen sich einen Spaß aus ihrem Hochsitz – wie Bettelprinzen sehen sie aus.

Ein junger Bursche schnürt jedes Bündel mit drei oder vier frischen Ähren zusammen und unterbricht den Rhythmus seiner Arbeit nicht, während er mit mir spricht. Mit leichten, flüssigen Bewegungen arbeiten die Hände, wandern an den geschnittenen Ähren entlang. Die Ernte sei gut gewesen. Nein, Hunger brauchten sie nicht zu leiden. Er macht eine Kopfbewegung über andere Felder hin: Das alles gehöre seiner Familie. Zu acht Brüdern seien sie; die Schwestern zählt er gar nicht mit. Als ich frage, wie viele Personen zu Hause mitessen, rechnet er angestrengt, gleichmäßig weiterarbeitend, und meint dann: „Ungefähr zwanzig“, doch wird er sogleich wieder unsicher. Anscheinend steigt und fällt die Zahl: Eine Tante kommt, ein Onkel geht, ein Schwiegersohn mit seiner Frau bleibt zu Besuch, kehrt dann in sein Dorf zurück. Der junge Mann ist mit seinem Leben zufrieden. Zweimal sei er in der Abschlußprüfung durchgefallen, dann habe er die Schule an den Nagel gehängt. Aber die Arbeit auf dem Feld mache ihm nichts aus. Während ich da sitze, spricht er andere Leute an, die den Weg entlanggehen, wechselt ein paar Worte, dann wandern sie außer Hörweite. Jemanden ansprechen, anrufen, ist wie Ein- und Ausatmen: Er blickt nicht einmal auf dabei.

Ein leuchtender Winter

Tagsüber erwärmt die Sonne noch die Luft, ältere Leute sehe ich mit Sonnenschirm durch den Mittag wandern. Dann sinkt die Sonne in einen stillen Abend, wandelt der Abend sich rasch in eine lange, sternglitzernde Nacht. Zunächst sind die Nächte noch lau, doch bald wird es gegen Morgen frisch, und zur Weihnachtszeit fällt Kühle auf die Erde, sobald die Sonne gesunken ist. Der Wind hat sich gedreht, der Winter, der herrliche indische Winter beginnt.

Wie liebe ich es, in dieser Jahreszeit frühmorgens um sechs Uhr, wenn der Tag zwar hell, doch der Sonnenball noch nicht über dem Horizont ist, im Freien zu wandern. Die Vögel rufen nicht so lockend wie im Frühling; die Natur ist sanft, scheu. Die Bodennebel hängen zunächst im Gesträuch, steigen dann in die Baumkronen und Palmwipfel, um von der blutroten Sonne aufgesogen zu werden.

Jeder Morgen ist frisch wie der Schöpfungsmorgen. Das Licht leuchtet rein, die Luft strahlt mild wie der Blick eines Menschen, der lange Gott betrachtet hat. Wie verstohlen die Blüten an den Büschen blühen, aus welchen Tiefen mögen wohl ihre Farben und Formen aufsteigen?

Einige Gestalten hocken in der Landschaft, wie Baumstümpfe.

Mit einem Zweig des Nim-Baums putzen sie sich lange die Zähne. Sie kauen ein Ende des Zweiges weich und bürsten mit den Fasern über die Zähne. Ein geruhsames dörfliches Morgenritual.

Vermummt sitzen ein paar Männer am Wegrand um ein kleines Feuer geschart, das sie mit zwei Handvoll Laub entfacht haben. In große Tücher gehüllt, über Kopf und Schultern, bis zu den Knien herabfallende, oft zerfranste, verwaschene, muffige Tücher. Malerischer Formenreichtum der vielfältig gewickelten und herabhängenden Tücher. Was man nicht alles in Indien tragen kann, ohne beachtet zu werden. Das ist, kann man sagen, die „Romantik" der Armut, die nicht auf zimperliche Normen der Kleidung und des Verhaltens schauen kann, die gebraucht, was sie gerade vorfindet, und handelt, wie's im Augenblick not tut.

Die vermummten Gestalten sagen: Der Winter ist eine schlechte Zeit! Sie haben keine Wollsachen zum Schutz gegen Kälte. Sie ziehen den Schweiß des Sommers vor. Hustend und fiebrig hocken sie in der Schönheit des Morgens, mit an die Brust gepreßten Armen. Dann lieber in der dunklen Wärme der Hütten bleiben - der Hütten, die kein einziges Fenster haben - auf staubigem Stroh und in uralte, übelriechende, von Wanzen verseuchte Decken geschlagen von Kopf bis Fuß. Ja, sie schlagen die Decken auch übers Gesicht und liegen wie Mumien da. Sie wagen erst hinauszutreten, wenn die Sonne am Himmel leuchtet, zwar kraftlos noch, aber hoffnungsvoll. Dann setzen sie sich gern in das Fleckchen Sonnenschein vor der Hütte und rücken eine Stunde lang schweigend mit dem Fleckchen von einem Ende der Hütte bis zum anderen.

Aber ich kann mir nicht helfen, ich muß die Wintermorgen preisen - sie sind jene Augenblicke des Jahres, die meiner religiösen Stimmung am tiefsten entsprechen, mich inspirieren und Gott in der Natur erleben lehren wie keine anderen Augenblicke.

Gōpal Baul

kommt einmal in der Woche und singt für mich. Oft steht er vor der Tür und sagt: Ich esse bei dir. Ich lege mich etwas schlafen. Ich nehme mein Bad hier, du hast Seife. Zunächst sitzt er auf dem Fußboden und raucht schweigend. Dann sieht er sich im Zimmer

Ein Baul singt auf einer Mela (Jahrmarkt).

um und nimmt, was er braucht. Später tritt er wieder in die Sonne, und geht seines Wegs.

Gōpal wohnt mit seiner Frau und seinen zwei Söhnen in einem Dorf zehn Kilometer von Sāntiniketan entfernt. Einen Acker besitzt er nicht, auch keinen Garten. Er zieht von Dorf zu Dorf und singt die Lieder der Bauls, besucht die Jahrmärkte und religiösen Feste und schmückt sie mit Gesang. Wie alle Bauls läßt er sein Haar lang wachsen, trägt ein orangenfarbenes Hemd und einen weißen Dhōti. Seine Lieder begleitet er auf einem einfachen zweisaitigen Instrument; der Klangkörper hat die Form einer Trommel, bei der nur ein Boden mit Haut bespannt ist. Daran sind zwei Darmsaiten befestigt, die durch die Trommel laufen, an der Öffnung heraushängen und schließlich in einem Griff enden. Die Trommel unter den Arm geklemmt, zieht der Sänger am Griff die Saiten stramm und wetzt mit der anderen Hand ein Eisenplättchen darüber. Je nachdem wie stramm er die Saiten zieht, entstehen hohe oder tiefe Laute und Lautfolgen. Die gurgelnden, brummenden oder grellen Töne setzen Akzente, untermalen das Lied dramatisch.

Gōpal wandert durch die Dörfer. Er gesellt sich zu den Menschen. Sie sagen: Da kommt der Baul. Am Teeladen fordern Bauern ihn auf zu singen, und er nimmt das Instrument aus seiner Schultertasche, bindet eine Traube kleiner Schellen um die Fußknöchel und singt, wobei die Füße klingend den Rhythmus stampfen. Die Melodien steigen in die Luft, wie das Locken und Jubilieren der Vögel, fallen zur Erde zurück, werden sanft und beschwörend, sehnsüchtig und voll, um sich wieder ekstatisch emporzuschwingen. Gōpal singt mit zurückgeworfenem Kopf und halb geschlossenen Lidern, jeden Laut mit den Lippen ausformend. Dann sagt jemand: Komm, iß mit uns; Gōpal nimmt im Teich ein Bad und ißt mit. Im Schatten einer Hütte wartet er, bis die Sonne sanft geworden ist, dann zieht er weiter. Er schwatzt an jeder Ecke und sagt: Hör mal – und beginnt zu singen. Die Menschen bringen ungekochten Reis und Münzen. Wenn Gōpal abends nicht mehr zurückkehren kann, bleibt er nachts bei Bekannten. Auf dem Boden irgendeiner Hütte ist immer noch Platz. Oder er wandert durch die Dunkelheit nach Hause, weckt seine Frau auf, damit sie ihm noch zu essen gibt.

Gōpal schafft es, den ganzen Tag zu verträumen, mit Schlafen und Rauchen und Stillsein, irgendwo im Schatten, unter einem Baum oder im Hof bei Ziegen und Hühnern. Doch singt er, sammelt sich sein Geist in eine Stimmung konkreter Emotion, zu kleinen Ekstasen. Die Leute hören rauchend, sinnend, leise summend, redend zu. In der Landschaft der Dörfer klingt das Lied der Menschenstimme so natürlich wie das hölzerne Knattern der Palmwedel, durch die der Wind weht, wie das Lied der Vögel in der Morgen- und Abenddämmerung, wie das Lied der Wolken, der grasenden Kühe und Ziegen, wie das Lied der Weite. Alles scheint sich, in schönen Augenblicken, aufzulösen in Musik.

Die Baul-Sänger sind „frei wie der Wind", und auf diese Freiheit legen sie Wert, sind sie stolz. Die Gebräuche der Gesellschaft kümmern sie wenig, sie gehören keiner bestimmten Kaste an und achten weder hohe Kasten noch verachten sie niedrige, wenn sie in den Dörfern Gastfreundschaft annehmen. Ihr Lebensideal ist religiös, ihre Lieder singen von ekstatischer Liebe zu Gott, und diese Liebe pflegen sie ohne festgelegte Übungen, Riten oder Dogmen. Das Gefühl soll sich unmittelbar zu Gott erheben. Die Bauls lieben Gott, und mit gleicher Liebe lieben sie das Leben: Ist das nicht ein und dieselbe Liebe – die zur Erde, zur Frau, zu Gott?

Tinku

Ronjits kleiner Sohn hat Brech-Durchfall. Tinku hat den ganzen Morgen erbrochen. Gestern kam Ronjit und machte ein jämmerliches Gesicht. Was er für sein Kind tun werde? fragte ich. – Keine Ahnung! – Bring Tinku zum Doktor, antwortete ich. Vielleicht ist es eine Infektion. Hat er Fieber? Ronjit war nicht sicher. Mittags besuchte ich den kleinen Patienten. Er lag nackt in den Armen des Großvaters, vor ihm hockte ein Nachbar und murmelte Mantras, legte seine Hand auf den Kopf des Kindes, drückte geweihte Blätter von bestimmten Bäumen und Büschen in die Hand des Großvaters. Ronjit, seine Frau, die Nachbarn standen stumm und ratlos um die Szene herum. Verärgert kehrte ich heim. Gesundbeten! Mantras!

Am späten Nachmittag kam Ronjit wieder. Der Gesundbeter sage, wir müßten *hōm,* ein Feueropfer, feiern, damit Tinku gesund wird. Und zum Doktor bringen? fragte ich. Würde er gern tun, sagte Ronjit, aber er habe kein Geld. Also gab ich Geld für Arzt und Medizin.

Heute morgen höre ich, daß es dem Kleinen besser geht. Die Tabletten haben geholfen – oder die Mantras und das Feueropfer (das trotzdem gefeiert wurde)?

Nach ein paar Tagen wieder Tinku: Die Trockenmilch für ihn ist ausgegangen. Nichts mehr in der Dose, *kichui ne-i.* Das sagt mir Ronjit um acht Uhr morgens. Ich habe gesehen, daß er aus der Richtung seiner Hütte gekommen ist. Wie, frage ich, fängst du erst jetzt mit deiner Arbeit an? Andere Rikshafahrer stehen seit fünf Uhr morgens an der Straße. Es sei so kalt morgens, meint der Junge. „So so, dein Sohn weint, weil er keine Milch bekommt, und du bist zu faul, aus deinen Decken herauszukriechen. Du kriegst keinen Poisa von mir."

Poush Mela

hat begonnen, ein Jahrmarkt im Monat Poush, der Tausende von Menschen aus Calcutta und den Dörfern nach Sāntiniketan zieht. Riesenrad, Karussell, Trödlerladen, Zirkus, Geisterbahn – alles ist da. Auch *sādhus,* Mönche in orangenfarbenen Gewändern und schweren Turbanen wandern im Menschentrubel – dort scheinen viele besser zu gedeihen, als in der Einsamkeit eines Āshram. Die Grenzen zwischen Mönch, Bettler und Jahrmarktsgaukler sind fließend. Einige Mönche zeigen Tricks, andere deuten die Linien der Hand und stellen Horoskope, oder sie singen und spielen. Auch Bauls erscheinen in Scharen, grell orangenfarbene Turbane auf den Häuptern – stattliche Menschen! Die Minstrel-Tradition ist wach in ihnen. Einige haben es zu Geld und Ruhm gebracht. Sie singen für Plattenfirmen und Radiostationen und unternehmen Tourneen. Sie singen mit goldenen Uhren am Arm. Doch die meisten sind im Staub geblieben, Farbtupfer in der grün-braunen Dorflandschaft, und geben Stimme den Melodien, die in den Herzen der Menschen leben.

Anondo Gōpal Baul, der Zeitungsjunge, hat auf der Mela einen Teeladen aufgemacht. Seine Mutter ruft mich hinein. Im Hintergrund liegt Anondo und schläft mit Haarsträhnen im Gesicht.

Die ganze Nacht hat er mit seinem Vater gesungen, nun dröhnt ihm der Kopf. Er schläft mit seinem kleinen Bruder unter einer Decke, während alles um ihn herum redet und schreit, läuft und krabbelt. Auch Modon, mein Bengalisch-Lehrer, hat mit seinem Bruder einen Stand aufgemacht, ebenso Uma, der sich mit einigen Schuljungen zusammengetan hat. Ich höre, sogar eine gute Anzahl von Professoren verdient sich auf der jährlichen Mela einen Batzen Geld.

Ein junger Baul mit dickem Wuschelkopf tanzt schlangenhaft gleitend, während er singt, wirft er die Beine nach hinten, senkt den Oberkörper und schnellt ihn hoch. Ich mag diese Ekstasen des Jahrmarkts nicht, diese Lichträusche und Farbregen und Staubwolken, unter denen die Masse schwer und ausdruckslos wandert.

Heiliger Abend

„Mitten unter euch steht einer, den ihr nicht kennt." (Joh. 1,26) Wenn wir Ihn nicht erkennen können, dann kann sich jeder, der vorbeikommt, plötzlich als der Herr offenbaren. Wenn wir Ihn nicht erkennen können, wie Er mitten unter uns steht und strahlt, sind alle „Er": die große Menge, die arbeitet und sich müht. Wir kennen Ihn nicht, denn Er gibt sich nicht zu erkennen. Er will „einer" unter uns vielen bleiben, damit wir Ihn als den Einzigen in jedem Menschen suchen.

Am 24. Dezember morgens, mit Gōpal auf dem Gepäckträger, zum Kālī-Tempel von Konkalitola geradelt. Die Felder sind leer – grau. Nur ein Personenauto überholt uns, darin ist es schwarz von Köpfen. Später begegnen wir der großen Familie am Tempel.

Vor dem Tempelbesuch baden wir in der Kopai. Das Wasser ist kalt und klar, aber seicht geworden. Die Monsunregen sind längst abgeflossen.

Über uns kreisen zwei Bussarde, schrill rufend, dunkel abgesetzt vom Blau des Himmels.

Ich fühle das Wasser, wie es kalt am Körper vorbeirinnt, fühle das Blau über mir, spüre die Einsamkeit der abgeernteten Felder und die klare Stille der Luft und bete.

Weihnachtsbetrachtung

„So ist verflucht der Ackerboden deinetwegen.
Unter Mühsal wirst du von ihm essen
alle Tage deines Lebens.
Dornen und Disteln läßt er dir wachsen,
und die Pflanzen des Feldes mußt du essen.
Im Schweiße deines Angesichts
sollst du dein Brot essen,
bis du zurückkehrst zum Ackerboden;
von ihm bist du ja genommen.
Denn Staub bist du, zum Staub muß du zurück."
(Gen 3,17–19)

Das Jahr im Leben des indischen Bauern und Feldarbeiters beobachtend, spüre ich, wie das Gewicht des Fluches drückt. Unter Mühsal essen sie. Sie wissen nicht, ob der Vorrat bis zur nächsten Ernte reicht; ob sie auf dem Markt den Preis für Weizen und Reis erhandeln, den sie erwarten und brauchen; ob nicht Ratten und Ungeziefer einen Teil der Ernte vertilgen werden. Sie essen, sich ängstigend, daß sie eines Tages nicht essen können. Dornen und Disteln wachsen im Feld. Mit der Hand jätet der Bauer sie, sobald die Reihen der Reisschößlinge zwei Handbreit über der Erde stehen. Langsam geht er durch die Reihen und zupft, was Unkraut ist. Andere Dornen und Disteln wachsen im geheimen: Stehen die Reisschößlinge vielleicht schon in gelber Reife im Feld, fällt ein heftiger Regen, gegen die Ähren trommelnd, daß viele Körner zu Boden rollen und verloren sind; oder ein Wind drückt die Halme zu Boden, wo sie faulen. Oder die Flut kommt, der Fluß kennt seine Ufer nicht mehr. Oder der Regen bleibt aus, die Saat dorrt in der unzerstörbaren Sonne.

Im Schweiße seines Angesichts ißt er sein Brot. Schon im heißen Sommer geht der Bauer über den trockenen Acker, den Pflug in der Hand, das Ochsenpaar antreibend. Sobald die ersten vollen Monsunschauer die Erde durchnäßt haben, pflügt er wieder. Nur ein Tuch, das um den Kopf gewunden ist, schützt ihn vor der Sonne.

Und wenn der Bauer sein Leben beendet hat, tragen die Verwandten ihn auf einer Pritsche zum Verbrennungsplatz. Der tote

Körper wird auf den Scheiterhaufen gelegt, wo er langsam zu Asche und Staub verbrennt. Das Gesicht verformt sich vom Totenfrieden zur Grimasse, wird unkenntlich und zerfällt. Staub bist du, Mensch, und seht, Menschen, die ihr noch Atem habt, wie er zum Staub zurückkehrt.

Mir scheint, der Fluch Gottes gegen das gefallene Menschenpaar wird hier, in einer einfachen bäuerlichen Gesellschaft, unmittelbar Bild. Der Bauer in Indien kann zudem den Fluch als eine kosmische Macht - in Fluten und Dürren - erfahren. Den Fluch nimmt er, leidend, an. Vom Fluch des Menschengeschlechts spannt sich ein weiter, notwendiger Bogen zur Geburt Christi. Der Fluch wird zurückgenommen, des Menschen Verworfenheit aufgerichtet: „Ich verkünde euch eine große Freude, die dem ganzen Volk zuteil werden soll: Heute ist euch in der Stadt Davids der Retter geboren; er ist der Messias, der Herr." (Lk 2,10-11) In das einfache Leben der Menschen, die Leben unmittelbar von der Erde empfangen, sind diese Worte gesprochen worden: Hirten auf dem Feld sind die ersten Empfänger und menschlichen Verkünder der frohen Botschaft.

Nicht in der gepflegten Atmosphäre des Bürgertums, in einer Großstadt, unter Gelehrten, Priestern oder Intellektuellen ist Jesus zur Welt gekommen, sondern dort, wo Hirten auf freiem Feld lagerten und bei ihrer Herde Nachtwache hielten. Himmel begegnet Erde unmittelbar. Der Gottessohn wird eingepflanzt in die bloße Erde. Unter Menschen, die mit der Natur und beinahe wie die Natur leben und die Härten und Köstlichkeiten der Tage und Nächte, jeder Jahreszeit im dauernden Wechsel ertragen und auskosten, dort hat Gott Fleisch angenommen.

Der Prophet Jesaja hat sich diesem heilsgeschichtlichen Augenblick entgegengesehnt und ihn dem alttestamentlichen Volk versprochen. Die liturgischen Lesungen in den Tagen vor dem Weihnachtsfest erzählen von dem „Volk, das im Dunkeln lebt" und plötzlich „ein helles Licht" sehen wird (Jes 9,1). Und das einfache, hart arbeitende, leidende Volk Israel erwartet seine große Freude in dem einzigen Symbol der Fülle, das es kennt und an dem es sich ergötzen kann: der Fülle der Natur. „Du erregst lauten Jubel und schenkst große Freude. Man freut sich in deiner Nähe, wie man sich freut bei der Ernte . . ." (Jes 9,2). Eine andere weihnachtliche Lesung malt die Gnade, die Gott seinem Volk schenken will, in prallen Naturbildern aus:

„Dann spendet er Regen für die Saat,
die du auf den Acker gesät hast.
Das Korn, das auf dem Acker heranreift.
wird üppig und fett sein.
Auf weiten Wiesen weidet das Vieh an jenem Tag.
Die Rinder und Esel, die dir bei der Feldarbeit helfen,
bekommen würziges Futter zu fressen,
das man mit Schaufel und Gabel gemischt hat." (Jes 30,23–24)

Wie nah ist diese Erwartung der indischen Gefühlswelt. Genau schildern diese pastoralen Bilder das indische Sehnen und dessen Erfüllung gerade zur Weihnachtszeit. Gewiß, gebeugt ist der Bauer, Schweiß fließt von seinem Körper, doch umso tiefer sehnt er den Segen der Natur herbei, worin er den Segen Gottes empfängt. In der vorweihnachtlichen Zeit gehen die Bauern und ihre Kinder auf die Felder, um mit Sicheln den reifen Reis abzuernten. Sie bündeln ihn zu Garben, und am Abend kommt der Ochsenkarren, auf den sie hoch die Ernte stapeln. Bis in den Januar hinein sieht man die Bauern beim Dreschen. Sie schlagen kleine Bündel gegen einen Rost, durch den die Ähren auf die Erde rieseln. Um die Weihnachtszeit essen die Bauern zum erstenmal den neuen Reis; sie bereiten kleine, harte Kuchen aus Reismehl und süßem Palmsaft. Die Söhne kehren nach Hause zurück, wenn sie außerhalb des Dorfes zur Schule gehen oder arbeiten, damit die Familie versammelt ist und über die Ernte sprechen kann, sich gemeinsam freuend, wenn sie gut war.

Und wenn die Bauern dann ihre Herden auf die frisch abgeernteten Felder schicken, angeführt meist von Kindern mit einer Flöte am Mund, dann scheint mir, als müsse jeden Augenblick das Drama der Heilsgeschichte von neuem beginnen. Wie oft habe ich die kleinen braunen Gestalten in der mild blinkenden Wintersonne übers „freie Feld" ziehen sehen, den Kühen und Ziegen voraus, eingefangen, so schien mir, in ihre eigene Sphäre, aus der nur die Töne der Flöte, eine ewig gleiche Melodie, zu mir kamen. Es ist ein Bild, so leicht und ruhig, es wird unmittelbar Kontemplation. Die Engel verbergen sich im Licht.

Komol, der Früchtejunge, sitzt vor seinem Korb.

In Deutschland ist Schnee gefallen, die Wälder hängen tief. Die Menschen reiben sich die frierenden Hände und stoßen mit den Füßen. Das ist Weihnachten, wie wir es gewohnt sind. Aber ich meine, daß sich dort die Fülle des Augenblicks von Christi Geburt nicht so tief in der Natur ausdrückt wie in Indien. Sie schläft, liegt abgestorben und gleichgültig - keine Ernte. Die Augenblicke des Fluchs, der messianischen Verkündigung und der Geburt des Kindes im Bauernstall erkennt und preist die Natur hier, im ländlichen Indien.

Koruna, der Früchteverkäufer,

kommt fast jeden Tag und klingelt vor meiner Tür; da steht er neben seinem Fahrrad, das mit Bananen, Orangen, Äpfeln, Kokosnüssen kunstvoll beladen ist, und grinst von Ohr zu Ohr.

Koruna hat einen Sack voll Tricks, mit denen er seine Kunden reinlegt. Er beherrscht die Gestik der Entrüstung und Verzweiflung über zu niedrige Preisangebote, er zaubert die weinerlichste Miene auf sein Gesicht, während er die Früchte verlockend in den ausgestreckten Händen rollt und erzählt, wie arm er ist, wie viele jüngere Brüder er noch hat, die alle nur essen und nichts verdienen, wie reif die Bananen sind - morgen müsse er sie wegwerfen . . . Mit einem Packen kleiner Geldscheine in der Tasche kommt er zu mir, zählt sein Geld und berichtet dabei vergnüglich, wie viele Poisa er den Kunden abgeschwatzt hat; und jetzt steht bare Genugtuung über die Dummheit anderer - und über die eigene Listigkeit - auf seinem Gesicht.

Mir offenbart er diese Geschäftsgeheimnisse, denn wir sind Brüder, nicht Händler und Kunde. Er sitzt auf dem Fußboden und raucht Biris, was er nicht in Gegenwart eines Kunden zu tun wagte. Ich bekomme die Bananen zum üblichen Preis - ich feilsche nicht, sondern nehme den Preis vertrauensvoll an.

Wie häufig geschieht es mir: Ich begegne einem Menschen zum ersten Mal, es gibt Kauf und Verkauf, Händel, Formalitäten, jeder sucht seinen Vorteil; auf einer Reise komme ich zusammen mit Menschen und verhalte mich höflich und vorsichtig wie gegenüber allen Fremden: beaufsichtige mein Gepäck, erzähle wenig von privaten Dingen . . . man füllt die Zeit, sieht den anderen, ohne ihn anzublicken. Dann - manchmal - „erkenne“ ich einen Menschen: Er gehört zu mir! Und jener „erkennt“ mich. Ohne Entscheidung des Verstandes, nur der Intuition, der Weisheit des Gefühls folgend, sehen zwei Menschen spontan im anderen den Bruder. Innerhalb einer Stunde fällt jede Vorsicht, Formalität und Fremdheit ab, ein Bruder-Sein bleibt. Die Fähigkeit zu dieser spontanen Gefühlszuwendung, manchmal über Klüfte von gesellschaftlicher Zugehörigkeit hinweg, gehört tief zum indischen Menschen. Sie ist seine innere Schönheit: Die Fähigkeit zu vertrauen, sich brüderlich hinzugeben und aufnehmen zu lassen, ohne sehr viel vom anderen Menschen zu wissen und wissen zu wollen - nur weil sich die Blicke trafen, einen Augen-Blick lang eins waren und die Einheit liebten.

Heute kam Modon ins Zimmer, als Koruna bei mir saß und rauchte. Hastig drückte er die Biri aus und warf sie aus dem Fenster. Modon ist eine Respektsperson, in deren Gegenwart raucht Koruna nicht. Modon ist ein paar Jahre älter, hat studiert, kommt von einer recht wohlhabenden Bauernfamilie, während Koruna Analphabet ist und mit seinen Händen arbeitet, was als unansehnlich gilt. Korunas Prestige hebt sich gegenüber dem von Modon keineswegs dadurch, daß er mit seinem Früchtehandel erheblich besser verdient als Modon durch Nachhilfe-Unterricht. Prestige hängt stark von Symbolwerten ab.

Ich frage Modon, warum er Koruna nicht gestatte, in seinem Beisein zu rauchen. Er antwortet: Wenn Koruna mir Respekt erweisen will, warum soll ich ihn nicht gewähren lassen. Ist es nicht wichtig, daß Koruna Respekt zeigen lernt und sich auf diese Weise in die Gesellschaft einfügt? Warum soll ich dieses Gleichgewicht menschlicher Beziehungen stören? Wer es stört, zerbricht im anderen Menschen leicht die Achtung für menschliche Werte, er muß sich auf Verleumdung, Lügen, Respekt- und Treulosigkeit gefaßt machen.

Armut (II)

Ich sträube mich, diese Erfahrung als ein unumstößliches Gesetz anzunehmen. Denn ich glaube an die umwandelnde Kraft der

Liebe und eben an die Möglichkeit einer spontanen Brüderlichkeit. Doch wovor mich Modon indirekt warnt, gerade das ist bei meiner Beziehung zu Ronjit, dem Rikshafahrer, eingetreten. Ich habe ihn wie einen Gleichgestellten behandelt, auch vor anderen, und mit ihm geteilt, was teilbar war. Er ist nun unzuverlässig, nimmt sich unerträgliche Freiheiten heraus, spricht nicht klar und gerade mit mir und verachtet mich wegen der Strenge, mit der ich ihm jetzt begegnen muß. In Zukunft muß ich pädagogischer sein.

Liebe zu den Armen ist eine schwierige Liebe, weil sie sich unweigerlich mit finanziellen Verpflichtungen verbindet. Jemand wird krank, hat kein Geld für Arzt und Medizin – und ich gebe Geld. Hat man begonnen, gibt es kein Halten mehr. Aber ich *will* helfen, will nach Möglichkeit zu einem würdigen und etwas gesicherteren Leben von einigen Menschen beitragen. Also muß ich mich in dieses Dickicht finanzieller Nöte und Forderungen hineinbegeben, so gern ich engere menschliche Beziehungen frei hielte von finanziellen Belangen. Armut und Mangel sind ein wesentliches Element in der Existenz dieser Menschen, und sie spielen eine Rolle im Umgang mit ihnen. Wenn der eine nur gibt und der andere nur empfängt und verbraucht, verkümmert die Beziehung leicht zur Zweckfreundschaft. Ich gerate in die Versuchung, nicht nur zu raten und die Benutzung des Geldes ein wenig zu lenken, sondern zu befehlen und zu beaufsichtigen, vielleicht sogar mit dem Ärger eines Menschen, der es besser weiß. Und der andere ist versucht, zu gehorchen, nur weil er das Geld braucht, nicht aus besserer Einsicht. Der nächste Schritt führt manchmal schon zur Schmeichelei, zu kleinen Intrigen und Heucheleien, um in der Gunst zu bleiben.

Ich appelliere an die Reife und das Treue-Empfinden der Freunde; ich möchte sie dazu erziehen, daß sie nur annehmen, was sie sehr notwendig brauchen und nicht selbst aufbringen können. Einige sind so selbstbewußt oder so scheu, daß sie lieber ohne Medizin, lieber hungrig bleiben, lieber ohne Umhang weiterfrieren. Andere sind hemmungslos und entdecken jeden Tag neue Dinge, die sie „unbedingt brauchen", manchmal den unnützesten Kram. Geschenke stacheln ihre Gier an, sie beginnen zu träumen.

Als Joykrishna gerade sein College verlassen und eine sehr gering bezahlte Anstellung bekommen hatte, schickte ich ihm jeden Monat Geld für seine große Familie im Dorf. Als er Beamter und besser bezahlt wurde, schrieb er sofort, daß er nun kein Geld mehr brauche. Während dieser ganzen Zeit blieb unsere Freundschaft unberührt von jedem Händlergeist. Er besaß die moralische Kraft - den Selbstrespekt und die Demut - anzunehmen, was er brauchte, und nicht mehr, und nicht länger, als er es brauchte. Doch nur wenige Menschen sind so wie er.

Ronjits Verhalten schlug bald in Opportunismus um, an dem die Freundschaft langsam zerbricht. Als Tinku krank war, lieh sich Ronjit fünfzehn Rupien; er sagte selbst, als er darum bat: Ich gebe sie nach der Poush Mela zurück. Denn die vielen Besucher der Mela verschaffen den Rikshafahrern ein gutes Einkommen. Nach der Mela erkundigte ich mich. Ach, antwortete Ronjit, *so* gut sei das Mela-Geschäft diesmal nicht gewesen. Ich stellte ihm ein Ultimatum. Und er kam mit zehn Rupien. Ich nahm sie nicht an: „Nicht zehn, sondern fünfzehn Rupien bekomme ich von dir." Ärgerlich ging er hinaus, doch kam er am Abend mit fünfzehn Rupien.

Die Rückgabe einer Anleihe stößt bei vielen Armen auf psychische Hemmungen. Sie glauben nur an das, was sie vor sich sehen, was eine erkennbare Wirkung hat. Sie haben Geld in die Hand bekommen und dafür Reis oder Kleider oder Medizin gekauft. Das Geld tat seine Wirkung, und damit ist die Sache erledigt.

Danach die Geldsumme zu sparen und zurückzugeben, das ist, als gäben sie Geld aus, ohne etwas dafür zu bekommen: Das Geld hat keine spürbare Wirkung. So erfahren die Armen häufig nur den materiellen Wert des Geldes, nicht seinen moralischen Anspruch.

War es hart von mir, das Geld zurückzufordern? Täte ich's nicht, würde ich Ronjit zu einem Wesen erniedrigen, von dem nichts erwartet und gefordert werden kann, nicht einmal, daß er sein Wort hält. Mitleiden an der Armut bedeutet nicht Weichheit, Nachgiebigkeit; es umgreift pädagogische Strenge. Einfach geben, bis meine Taschen leer sind, wie leicht ist das!

Das religiöse Leben

ist eine Gratwanderung zwischen scheinbar gegensätzlichen Anforderungen. Der Mystiker empfiehlt uns, sich von allem Geschöpflichen zu befreien, im reinen Sein Gottes zu ruhen; Jesus verlangt aber auch die tätige Liebe zu Menschen und zur Natur – zur Schöpfung. Die Asketen wissen um die Notwendigkeit der Disziplin, der Regelmäßigkeit, der Ordnung im täglichen Leben, andere wiederum sagen, „alles zu lassen", heilige Gleichgültigkeit zu üben. Der eine Heilige fordert vor allem Demut, der andere Festigkeit, Willensstärke, Stehvermögen.

Die Gegensätze sind nur verbaler Art, denn mit Worten läßt sich das religiöse Leben, seine heilige Norm nicht beschreiben; dafür ist sie zu fein und zu schwer zu wägen. Das religiöse Leben besteht in dem ständigen Orten und Einpendeln auf diese subtile heilige Norm; hier liegen seine schöpferische Möglichkeit und die Aufgabe des Guru oder Seelenführers.

6. Frühlingsfeste

Der Wind dreht sich,

und die Luft wird weicher. Im Südwind beginnen die Nachtigallen zu rufen. Sie lärmen von vier Uhr früh an ums Zimmer, ihre herausfordernden Ekstasen singen mich aus meiner Einsamkeit. Tief beginnt ihr Lied und steigert sich, von Höhe zu Höhe kletternd, um schließlich abzusinken und in der Tiefe neu anzufangen - stundenlang. Die Mangoblüten springen als erste auf, ihr schwerer, süßer Duft hängt wie Wolken um Bäume und über Wegen, fast schwindelt mir, wenn ich einatme.

Saraswatī-Pūjā. Die Göttin der Gelehrsamkeit thront auf einem weißen Schwan und hält die Vinā, ein Musikinstrument, auf dem Schoß. Der Schwan ist das Symboltier von *viveka,* der Unterscheidungsgabe. Sucht der Schwan im Wasser kleines Getier zum Fressen, läuft das Wasser an den gezackten Seiten seines Schnabels wieder heraus, und das Getier schluckt er. So unterscheidet der Schwan zwischen Gutem, Eßbarem und Unnützem. So sollen alle, die Erkenntnis suchen, unterscheiden zwischen dem, was höher führt, und dem, was herabzieht. Göttin Sarashwatī schützt nicht die „trockene" Wissenschaft allein, die Vinā in ihren Armen zeigt ihre Liebe auch zu den Musen und Künsten. Hätten wir doch mehr vom Frühling, mehr von der Anmut des Schwans in unseren universitären Wissenschaften!

Dōl-jātrā. Auch der Kuhhirte Krishna (eine Inkarnation des Gottes Vishnu) ist ein Frühlingsgott. In der Vollmondnacht des Monats Phālgun geben sich der junge, dunkle, bezaubernde Krishna und das Milchmädchen Rādhā am Flußufer ein Stelldichein. Andere Mädchen, von der Musik angelockt, finden das Paar, und es beginnt ein Tanzen und Springen, Spielen und Lachen - ein Karneval der Freude, vergleichbar nur mit der himmlischen Freude, wenn die Seele bei Gott weilt und mit ihm tanzt und lacht.

Jedes Jahr feiern wir Dōl-jātrā mit karnevalistischem Treiben. Die Burschen bewerfen, durch die Gassen streunend, alle, denen sie begegnen, mit rotem und grünem Staub, und machen gute Miene, wenn jene sich revanchieren. Über und über mit farbigem Staub beschmiert, besuchen wir dann die Häuser unserer Lehrer und Verwandten, die wir nicht respektlos mit Staub bewerfen, wir streuen ihn auf ihre Füße als ein Zeichen der Ehrerbietung, während sie, als Geste des Segnens und des Wohlwollens, uns vom selben Staub einen Punkt auf die Stirn drücken.

Dōl ist die Schaukel, auf der Krishna und Rādhā zusammen saßen und fröhlich gespielt haben. In manchen Tempeln sitzen Figuren von Rādhā und Krishna auf einer reich geschmückten Schaukel, die Priester sanft auf- und abbewegen.

Annapūrna-Pūja. Der Frühling schenkt heitere Feste. Gerade erst ist die Ernte eingefahren; die Vorratskammern sind gefüllt mit Reis, wer denkt schon an Zeiten des Mangels? Zum Dank für gute Ernte verehren wir Annapūrna, die Reis-Göttin, eine der vielen Namen für Sivas Gattin. *Anna* heißt „Nahrung", und im besonderen „Reis". Die Göttin hält eine Reisschale in der einen Hand und einen Kochlöffel in der anderen. Daneben steht Siva, ihr Gemahl, als bettelnder Wanderer und empfängt Reis, damit er satt wird. Siva – das sind wir, sind alle Menschen, die von der Göttin Reis und Leben für das ganze Jahr erbetteln.

Siva-Rātri (März)

Die Nacht zu Ehren Sivas. Am Tag fasten wir, beim Einbruch der Dunkelheit beginnt die Pūjā. Ich erlebe sie in Narendrapur, dem Āshram der Rāmakrishna-Mission. Siva-Rātri fällt in diesem Jahr auf Aschermittwoch. Das gibt mir Anlaß zu vergleichenden Betrachtungen. Denn auch der Aschermittwoch ist ein Fasttag. „Bedenke, o Mensch, daß du Staub bist und zu Staub zurückkehrst", sagt der Priester zu jedem, der das Aschenkreuz empfängt. Der Mensch fastet, damit er seinen Körper spürt, schmerzlich spürt, und an dessen Sterblichkeit erinnert wird.

Die Verehrer Sivas streichen jeden Tag drei waagerechte Aschenstreifen auf ihre Stirn. Asche ist auch hier das Symbol des Irdisch-Vergänglichen, der Erde, aber auch der Reinheit, denn gibt es reinere Materie als die weiße, vom Feuer geläuterte, zu feinem Pulver verbrannte Asche? Asche ist so rein und reinigend, daß viele Inder damit ihr Zähne putzen und Kochtöpfe sauber reiben.

Die Āshramiten versammeln sich abends in einem Gebetsraum zur Pūjā. Dichtgedrängt sitzen die Schüler und ihre Lehrer auf dem Boden, in den vorderen Reihen die Mönche. Auf dem Boden zu sitzen hat den Vorteil, daß der Aufnahmefähigkeit eines Raums schier keine Grenzen gesetzt sind: Wir können immer noch ein wenig enger zusammenrücken. Vorn spielt ein Āshramit auf einem kleinen Harmonium und singt dazu. Vor dem blumenbekränzten Bild von Siva sitzt der Pūjārī, ein junger Mönch, umgeben von den Opfergaben – Früchten, Süßigkeiten, Blumen, Blättern des Belbaums. Schräg hinter ihm ein zweiter Mönch, ein schweres Buch in Händen, aus dem er die Sanskrit-Mantras vorliest, die den Opferritus begleiten.

Alle Gaben sind aufgeopfert und wieder weggetragen worden; sie sind nun Prosad, sakramentale Speise. Jeder von uns nimmt einige kleine Stücke davon in Empfang, *anjali* folgt. Einer nach dem anderen gehen wir nach vorn und gießen einige Tropfen Wasser – von jenem geweihten Wasser, das während der Pūjā benutzt wurde – über einen Linga, streuen eine Handvoll Belblätter darüber, verneigen uns bis zum Boden und machen dem nächsten Platz. Der Linga ist ein zylindrischer Stein mit runder Kuppe – ein Symbol des Gottes Siva. Einmal sehen ihn seine Verehrer als eine ideal-menschliche Gestalt: wie er auf Berg Kailas sitzt, mit leuchtendem Körper und strahlend-gesammeltem Antlitz, und meditiert; dann wieder verwerfen sie alle Vermenschlichungen Gottes und geben ihm die unfigürlich-abstrakte Form des Linga, eine reine Form, die die Grenze zur ungeformten, ungegenständlichen Wirklichkeit Gottes berührt.

Während des *ārati* schwenkt der Pūjārī, vor dem Bild Sivas stehend, eine Schale mit Feuer in langsamen und rhythmischen Kreisbewegungen. Er bietet Gott das Feuer an, zeigt ihm das Feuer, läßt es vor Gott tanzen und springen – Feuer, das Symbol der geläuterten Liebe zu Gott. Danach reicht er das Feuer im Raum von Mensch zu Mensch, und alle berühren die Flamme kurz mit beiden Händen, die sie dann zur Stirn führen und über den Kopf streichen: Wir „bekleiden" uns mit dem Glanz des Feuers, das von Gott gesehen und angenommen wurde und deshalb geheiligt ist. Danach nimmt der Pūjārī eine Blume in die Hand, das Symbol der Schönheit, ein Buch und schließlich eine Seemuschel und zeigt sie in ruhigen Kreisbewegungen dem Gott im Bilde. Die Muschel wird vor jeder Pūjā geblasen und ist deshalb das Symbol der göttlichen Verkündigung. Zum Abschluß schwenkt er einen langen parfümierten Wedel, um Gott Kühlung und Wohlgeruch zu schenken. Das Harmonium spielt laut und aufgeregt, mit der linken Hand läutet der Pūjārī eine Glocke.

Die Verehrung Sivas endet mit dem *hōma,* einem uralten, schon in vedischer Zeit gefeierten Feueropfer. Holz vom Bel- oder Kulbaum wird auf ein Blechgestell geschichtet, Butteröl (*ghī*) darüber gegossen, beides in Brand gesteckt. Der Pūjārī sitzt neben dem Feuer, taucht Belblätter in Ghī und übergibt sie mit einem Mantra den Flammen. Hundertachtmal wirft er Belblätter hinein und spricht laut den Mantra. Süßer Rauch von verbranntem Ghī erhitzt den Saal.

Bei der Pūjā und dem Anjali haben unentwegt das Harmonium gespielt und viele Sänger religiöse Lieder vorgetragen. Eine muntere, beinahe ausgelassene Stimmung. Die Jungen tuschelten und machten fröhliche Gesichter. Alle tragen weiße, faltenreiche Dhōtis und weiße, lang und lose hängende Panjabis und darüber noch dünne, weiße Gebetsschals, die hinter ihnen herflattern, wenn sie den Saal verlassen und auf den Gängen auf und ab gehen. Wie Prinzen aus dem Märchen sehen sie aus in ihrem sich immer anders in Falten werfendem Weiß.

Beim Hōma schweigt das Harmonium, sitzen die Jungen bewegungslos im Saal, aufgerichtet den Mantras des Priesters lauschend, die durch Rauch und Feuerknistern zu ihnen dringen.

Wenn Holz und Blätter niedergebrannt sind, kratzt der Pūjārī die schwarze, fettige Asche auf eine Schale, denn diese Asche ist heilig. Sie ist das Konzentrat des Opfers, die Essenz von Holz, Belblättern, Ghī und den Mantras. Zuerst zeichnet der Pūjārī einen Aschenpunkt auf Sivas Stirn, dann auf die Bilder von Rāmakrishna, Sāradā Devī und Swāmī Vivekānanda, zuletzt geht er von Reihe zu Reihe und drückt jedem von uns den Aschenpunkt auf, als ein Zeichen, daß wir beim Opfer anwesend waren und an dessen Gnade teilhaben.

In früher Morgenstunde brechen wir das Fasten mit einem Festmahl. Zwei Freunde bringen mich danach durch Gärten und an Teichen entlang zu meinem Zimmer; die Nacht Sivas sei belebt von vielen Geistern, sagen sie, ich solle nicht allein gehen. Ist Siva nicht auch der wilde Tänzer auf Verbrennungsplätzen, Gebieter über einen Schwarm von schrecklichen Tanzgefährten? Treiben sie sich in dieser Nacht nicht auf einsamen Wegen herum? Die beiden College-Studenten lassen ihrer Phantasie freien Lauf; sie erzählen von Geistern, denen ein Großvater oder ein Onkel einmal begegnet sein sollen.

Eine gute Lüge

Der Milchmann kommt morgens und ruft zum Hausherrn hinauf, weshalb er gestern keine Milch gebracht habe. Weil, sagt er, in der Nachbarschaft eine Heirat stattgefunden habe und die Mikrophone so laut plärrten, daß die Büffel verschreckt keine Milch gaben. Sind Büffel lärmempfindlicher als Menschen? Wie oft sehe ich junge Burschen, in Schlaf versunken, neben ihren krächzenden Transistorradios liegen. Der Hausherr sagt: Der Mann hat wenigstens Phantasie, wenn er lügt.

Blüten und Exkremente

Zu Besuch bei Ronjit: Ein Nachbar sitzt vor seiner Hütte, mit beiden Händen ein junges Wildschwein zu Boden drückend. Rund um das schreiende Tier hat er Blüten ausgelegt; Blüten schmücken auch das scharfe Messer und einen Becher zum Auffangen des Blutes. Töten als religiöser Ritus. Die Kinder laufen, vom Quietschen des Tiers angelockt, herbei und gaffen. Der Nachbar betreibt sein Geschäft, als seien er und sein Schwein allein auf der Welt. Ich frage Ronjit, ob er auch Wildschweinfleisch esse, da schüttelt er sich vor Entsetzen. Dieser Mann sei ein *dom,* ein Kastenloser – „die essen sowas".

Morgens, wenn die Männer im hohen Gras ihre Notdurft verrichten, streunen die Wildschweine über das Brachland und stürzen sich auf die frischen Exkremente. Manchmal wollen sie ihr Fressen unter dem nackten Hinterteil wegschnappen; die Menschen müssen sich mit Stöcken wehren.

Der Töpfer bei der Arbeit. Aus diesen kleinen Lehmtassen trinken wir in den Teestuben unseren Tee.

Hemonto, der Töpfer

Er sitzt am Straßenrand vor seiner Töpferscheibe und zieht mit vorsichtigen Fingern kleine Trinkschalen aus dem feuchten Lehm. Von acht Uhr morgens bis acht Uhr abends hockt er auf seinen Hacken und stellt eine Schale nach der anderen, jede genauso hoch, genauso breit, auf das Brett neben sich.

Er ist Angestellter der Töpferfamilie, vor deren Hütte er arbeitet. Große Wasserkrüge, kleine Töpfe für Yoghurt und Süßigkeiten, Tassen für Tee stehen und liegen überall in Stapeln und Reihen. Hinter der Hütte qualmt gemächlich der „Ofen", in dem die Lehmwaren gebrannt werden.

Die Töpfer reihen sie in mehreren Schichten bis zu einem Meter hoch rund um einen Mittelpunkt auf, den sie mit Kohle füllen. Über die Tonwaren breiten sie Stroh, und darüber packen sie eine feste Lehmschicht, die nur die unteren Ränder und die Kuppe offen läßt. Langsam, eine ganze Nacht lang, verglüht die Kohle, während der Rauch durch die Lehmschalen zieht, sie erhitzt und härtet. Der Rauch bleibt nämlich innerhalb der Lehmwände gefangen, bis er den Weg zu den unteren Rändern gefunden hat und entweicht.

In den Wasserkrügen speichern die Familien das Trinkwasser für den Tag. In dem bauchigen Dunkel wird das Wasser kühl und wohlschmeckend. Die lehmfarbenen Tassen tragen die Teeverkäufer in Taschen auf der Schulter, jedem Kunden füllen sie die kleine Tasse, der sie, hat er getrunken, zu Boden wirft, wo sie zerspringt. Die groben Tassen sind hygienischer und praktischer als Porzellantassen, die wieder eingesammelt und gespült werden müssen.

Auf seine Weise ist Indien also auch eine „Wegwerfgesellschaft". Die Menschen werfen auch die Bananenblätter weg, von denen sie ihre Reismahlzeit gegessen haben, oder Tüten aus getrockneten Baumblättern – Dinge, welche die Natur in Fülle vorrätig hat, und die, weggeworfen, sogleich zur Natur zurückkehren. Doch Blechdosen, Plastiktüten, Eisen, Glas, Papier sammeln Männer, schwere Säcke auf dem Rücken tragend, von Tür zu Tür ein. Sie rufen durch die Gassen und bezahlen einen guten Preis. Aus Zeitungspapier falten Familien, von Großvater bis Enkelkind, beim abendlichen Licht der Kerosinflamme kleine und große Tüten, welche die Geschäfte aufkaufen. Auch Schülerhefte und alte Rechnungsbücher findet man als Tüten wieder. Wir können von Indien die Möglichkeiten des „recycling“ lernen; die Armut ist hier Lehrmeisterin.

Hemontos Töpferscheibe wird von keinem Motor angetrieben. Die runde Mitte der Scheibe ist aus Stein, der Rest aus schwerem Holz. Unten läuft der Stein spitz zu, und diese Spitze steht in der Höhlung eines anderen Steins, der im Boden eingelassen ist. Auf der oberen Seite der Töpferscheibe, am äußeren Rand, ist ein rundes Loch im Holz. Da hinein steckt Hemonto einen Stab und dreht die Scheibe rund und rund, bis sie in Schwung gekommen ist und die Steinspitze frei und gerade in der Höhlung steht, sich drehend wie ein Kreisel. Dann legt Hemonto den Stab beiseite und formt den Lehm. Das Rad wird erst nach zwei oder drei Minuten langsamer. Das System ist so einfach und praktisch, daß ich mich wundere, warum irgend jemand auf der Welt ein anderes benutzt.

Wenn es dunkel wird, streut Hemonto weiße Kreise rund um das Loch auf der Scheibe, damit er es im Dunkeln finden kann. Den Lehm ertasten seine Hände im Dunkeln, auch das Schnürchen, mit dem er die fertiggeformten Schalen und Tassen vom Lehmblock abschneidet. Hemonto braucht seine Hände nicht zu sehen, während sie arbeiten. Lebhaft unterhält er sich, erzählt mir lange Geschichten, lacht dabei, fragt und denkt nach – während seine Hände im geschmeidigen Rhythmus weiterdrehen und -ziehen, so ruhig wie das lautlose Kreisen der Scheibe.

Hemonto arbeitet im Akkord. Rund zweitausend kleine Tassen am Tag. Das bringt ihm zwölf Rupien ein. Die meisten Handarbeiter verdienen weniger.

Der Saft der Bäume (April)

Nachmittags mit Debu zu dem Ajoy gefahren und gebadet. Mit dem Rad eine Stunde lang durch Dörfer und an Feldern entlang bis zum Fluß. Gegen vier Uhr ist das Licht wieder milde. Es prallt nicht vom Zenit auf die Landschaft, es streift sie lang und ruhig vom Horizont. Die Landschaft nimmt das Licht in sich auf, als wolle sie mitschwimmen auf seinen Wellen. Dieser Anblick ist die Belohnung für ertragene heiße Mittagsstunden.

Der Ajoy rinnt traurig in seinem weiten Sandbett. Da und dort weilt das Wasser tümpelartig. Wir legen uns rücklings ins Wasser. Debu sagt, man müsse ein paar Schluck Flußwasser trinken, das bringe Segen. Wir tauchen ganz unter, zweimal, dreimal. Wer in Indien den Kopf nicht unter Wasser gesteckt hat, der hat eigentlich nicht gebadet. Deshalb auch die Vorliebe für Bäder im Fluß oder Teich, in denen die Menschen den ganzen Körper mit Wasser umgeben können und spüren, wie Wasser sich an den Körper drängt - seine Schwere, seine Fülle spüren. Ein Urbedürfnis nach Chaos, aus dem man neugeschaffen und rein emporsteigt. Die Bäder unter der Brause oder am Brunnen, an dem wir einen Eimer Wasser über den Kopf kippen, reinigen und erfrischen zwar, aber nur den Körper, nicht das Gemüt.

Auf dem Rückweg stellen wir die Fahrräder am Weg ab und gehen zu einer primitiven Hütte mitten auf dem leeren Feld: die Dorfwirtschaft. In der heißen Jahreszeit zapfen die Bauern aus der Blüte der Palmyra (*talgach*) einen süßen Saft, der in dieser Hütte frisch verkauft wird. In der Frühe steigen die Männer die rilligen, schlanken Palmen hinauf, ritzen die Blüten an und hängen einen Tonkrug darunter. Während des ganzen Tages tropft der Saft hinein. Auf dem Rückweg sahen wir, wie die Männer die Palmen hinaufkletterten, um die gefüllten Krüge abzuhängen.

Den Saft der Palmyra trinken wir frisch; er wird auch zu Melasse (*gur*) gekocht und verdickt. Als zähflüssig-braunen Syrup oder in Form brauner Kugeln und Tafeln bieten die Märkte ihn an. Gur ist kräftig und nahrhaft, die Bauern essen ihn als Süßigkeit, oft nehmen sie ihn sogar in den Tee statt Zucker.

Während Debu und ich vor der Hütte auf dem Feldboden sitzen und aus Lehmbechern den schaumigen, übersüßen Saft trinken, erscheinen Bauern, einer nach dem anderen, an einer Stange über ihrer Schulter hängen zwei volle Tonkrüge. Sie geben den frisch gezapften Saft ab. Langsam dunkelt es. Aus dem Dorf gesellen sich Menschen um die Krüge. Der gärende Saft wirkt leicht berauschend.

Ostersonntag

Von Karfreitag bis Ostersonntag zu Besuch bei den Brüdern von Mutter Teresa in Nobo Jibon. Am Karsamstag kam Mutter Teresa in einem Krankenwagen, zusammen mit einigen Schwestern, und brachte den Brüdern Ostergrüße und Süßigkeiten. An jedem Oster- und Weihnachtsfest besucht sie die Häuser der Schwestern und Brüder in Calcutta und Umgebung. Es war früher Nachmittag, und die meisten Brüder lagen im Saal auf dem Boden und ruhten. Als sich das Wort verbreitete, Mutter sei angekommen, standen sie auf, wuschen sich das Gesicht und liefen auf den Flur. Da stand sie, eine Runde Brüder um sich versammelt, sprach und lachte. Die meisten Brüder waren leger im weißen Unterhemd und in Lungi gekleidet (jenen bunten Röcken, die bis zu den Fußknöcheln reichen). Sie waren aufgeregt wie Kinder, so ungezwungen wie Kinder zu ihrer Mutter sein dürfen. Mutter Teresa ist hier nicht der „Star", den Europa und Amerika aus ihr gemacht haben. Die einfachen Brüder wissen nicht einmal, wie berühmt die Gründerin ihres Ordens in der Welt ist.

Nach der Ostermette am frühen Sonntagmorgen versammeln wir uns im Speisesaal, schieben Tische und Bänke an die Wand – und dann gibt es Tanz, Trommeln und Gesang. Einige Brüder, Angehörige von Volksstämmen (*tribals*), stellen sich in eine Reihe, haken sich unter und beginnen mit kräftigen Tanzschritten Kreise zu drehen. Einem hängt eine Trommel vor der Brust, er schlägt den dumpfen Takt; dazu die immergleichen Worte, gesungen wie Schlachtrufe, wie Jubelgeschrei. Andere Brüder springen in die Reihe, der Kreis füllt und schließt sich, wächst zur Spirale weiter. Einer bricht aus, rennt zum Waschraum und kehrt mit einem leeren Eiseneimer zurück. Den Griff gegen den Rand schlagend, hüpft er wie ein junger Hund um die Brüder herum. Das ist die Osterfreude der Brüder.

Am Ostermorgen kommen die Kinder vom Howrah-Bahnhof, wie jeden Sonntag, um zu spielen und zu Mittag zu essen. Die Jungen machen ein Getöse, als wollten sie den Howrah-Bahnhof nach Nobo Jibon verpflanzen. Zäh und hart sind die Burschen und müssen es sein, um in der brutalen Atmosphäre des Bahnhofs ihr tägliches Überleben herauszuschinden. Ich habe keine Wehleider gesehen, wohl aber viele, die geistig gestört waren, wie jener Junge, der auf der Erde hockte und jeden Vorbeigehenden aufforderte, ihm zuzuhören; und jedesmal sang er die Nationalhymne vor. Alle Kinder suchen Körperkontakt, auch die Älteren greifen unsere Hände, umschlingen uns, drücken ihre Gesichter an unsere Brust und wollen uns nicht loslassen. Ihr Liebesbedürfnis, das während der Woche niemand befriedigt, stürmt auf uns ein. Sie wollen die Wärme, die Festigkeit des Körpers spüren, um ganz gewiß zu sein, daß da ein Mensch bei ihnen ist.

Ein Junge sitzt in einer Ecke, in ein schmutziges Tuch gehüllt, und rührt sich nicht. Fieber, murmelt er, es gehe ihm nicht gut. Der diensthabende Bruder kommt und fragt ihn aus und läuft schon weiter, während er über die Schulter ruft: „Geh du schön, dir fehlt nichts." Der Junge bleibt mit weinerlich-verstockter Miene. Ich ziehe den Bruder noch einmal herbei: Was mit dem Jungen geschehen werde. „Dem fehlt überhaupt nichts", sagt er ungeduldig, „der stellt sich krank, damit er hierbleiben kann!"

Ich bin erschrocken. Eine spontan geübte Caritas hätte den Jungen ohne ein Wort aufgenommen. Hat er kein Anrecht auf ein Bett, auf zwei Mahlzeiten und ein Dach über dem Kopf, er, der Betteljunge? Der Urimpuls der Liebe ist allumfassend: Er bedenkt nicht das Wie? und Warum? und Wie lange? Eine solche Liebe kann ein Mensch naturgemäß nur wenigen schenken, auch wenn viele in Not sind. Man hat die Caritas spezialisiert und institutionalisiert, damit mehr Menschen ihre Früchte genießen können. Doch bleiben dann die Werke der Liebe innerhalb dieses „Systems" befangen, setzen sich Grenzen, fragen und prüfen . . . sind nicht mehr spontan und allumfassend. Dieser Junge ist nicht schwer krank, also kann er nicht in Nobo Jibon bleiben. Obwohl auch er der Caritas, der inneren Aufnahme bedarf. Die Orden von Mutter Teresa, die beide jung und vom Geist der Gründerpersönlichkeit erfüllt sind, entgehen der Gefahr, den Grundimpuls der Liebe zu verlieren, noch in großem Maße. Die Orden sind, verglichen mit älteren, wenig strukturiert, noch dynamisch, in ihrem Wirken beweglich. Umso schmerzlicher mein Schreck.

7. Die lange, heiße Sommerzeit

Frohes, neues Jahr! (Mitte April)

Nach dem bengalischen Kalender beginnt heute das Jahr 1388. Es ist der erste Tag des Monats *boisak,* des ersten Sommermonats. In Europa fängt die Zählung der Jahreszeiten mit dem Frühling an, der ersten, die ganz in das neue Kalenderjahr fällt; die Totenstarre des Winters bricht, und neues Leben treibt aus der Erde. Das bengalische Jahr beginnt mit keiner hoffnungsvollen Zeit. Die Bauern sehen ihren Reis- und Weizenvorrat schmelzen, die dürre Jahreszeit setzt ein. Warten auf einen guten Monsun, auf Aussaat, auf Gedeihen. Im Dorf wird Arbeit rar. Die Teiche trocknen aus, die Brunnen verschlammen, ihr Wasser wird gefährlich. Hautkrankheiten brechen aus.

Neujahr war nie ein Tanz-und-Sekt-Tag wie im Westen. Früher empfand man, daß die Zurechnung einer Jahreszahl kein Ereignis ist, das einer Feier wert sei. Die Engländer brachten den Neujahrstrubel nach Indien. Doch hat das Land dieses profane Fest auf charakteristische Weise umgestaltet. In der Zeitung sehe ich das Bild eines Mannes, der einen Korb neuer Geschäftsbücher zum Kālī-Tempel trägt. Gerade erst (Anfang April) hat das neue Finanzjahr begonnen, und heute eröffnen die Geschäftsleute zeremoniell die Buchführung. Sie zeigen ihre Geschäftsbücher der Göttin Kālī und dem Gott Ganesh, dem „Überwinder aller Hindernisse“, und lassen sie vom Priester segnen.

Der Sommer

beginnt mit seinen Festen. Frühmorgens bei meinem Spaziergang steht die Sonne schon hoch und machtvoll über den Bäumen. Der Gang wird kurz; rasch zurück in den Schutz des Zimmers. Mit freiem Oberkörper sitze sich auf dem Holzbett und schreibe. Fällt der Strom aus, bleibt der Deckenpropeller stehen, die Hitze drängt sich an mich heran, schlägt über mir zusammen, macht den Atem schwer und die Konzentration mühsam. Nicht zu viel denken bei der Hitze! Vor allem sich niemals erregen.

In der Hitze sich einüben ins Bloß-Existieren, nicht über den Augenblick hinausdenken und den Augenblick nicht wegwünschen. Seine Schritte messen, den Atem messen, Worte und Gesten maßvoll halten.

Nachts auf der Veranda schlafen in offener Luft. Im Zimmer kühlt die Luft nur langsam ab; die Ziegelwände haben tagsüber Hitze gespeichert und strahlen sie nun aus. In einer Lehmhütte zu wohnen, wünschte ich mir: Das Strohdach hält die Hitze ab, die Lehmwände bleiben kühl.

Der Sommer schenkt kühlende Früchte. Den Magen kühl halten, sagen alle, dann kannst du weiterleben. Die Bel-Frucht, Mangos, Zitronen, Papaya, die Milch der grünen (unreifen) Kokosnuß kühlen den Magen, erfrischen den Körper. Gewisse Gemüsesorten tun dem Körper im Sommer wohl, etwa Spinat und Zwiebeln. Andere Früchte und Gemüsesorten erhitzen den Körper, Bananen zum Beispiel; auch Eier, Fleich und stark gewürzte Speisen soll man meiden. Wer die Regeln kennt und einhält, dessen Stuhlgang ist „rein" und regelmäßig; besonders im Sommer sei das wichtig. Die Leute sprechen offen darüber.

Der Schatten jenes Baumes gibt mehr Kühlung als der anderer Baumsorten, sagt mir ein Professor; du wirst sehen, in jenem Schatten weht immer eine kühlende Luft. Wir schlafen auf einer Matte, die aus feinem Stroh geflochten ist. Reibe sie vor dem Schlafengehen mit einem feuchten Tuch ab, rät jemand, dann ist sie kühl und strahlt Kühle aus. Neben uns liegt ein Handfächer aus den Wedeln der Palmyra; damit schlagen wir uns mit mechanischen Handbewegungen Luft ins Gesicht. Manche fächeln sich sogar schlafend Luft zu.

Der alte Obstverkäufer

tritt aus der Sonne in mein Zimmer, während ich bengalische Vokabeln lerne. Trällernd, rufend kommt er herein, setzt seinen Korb vom Kopf und beginnt sich in der Kühle wohlzufühlen. Er hockt auf dem Boden und wird leutselig; daß ich arbeite und dabei nicht gleichzeitig zuhören und antworten kann, spürt er nicht. Seine Arbeit hat er stets schwatzend zuwege bringen können. Heute trinkt er Wasser und sagt, laut aufstöhnend: *ha! ki sundor jol,* was für schönes Wasser! Es ist frisch und im Tonkrug natürlich gekühlt. Ich erwürbe mir *dharma,* religiöses Verdienst, weil ich ihm dieses schöne Wasser anbiete. Wasser ist so kostbar in diesem Land: Wer Menschen zu trinken gibt, häuft sich einen Schatz im Himmel an. Dann bittet er um Streichhölzer und steckt eine Biri in Brand. Er sieht meinen kleinen Altar mit Bildern von Jesus Christus und Rāmakrishna und schweift in eine Predigt aus. Der arme Mann, der sechs Kinder und keine Sandalen hat, versichert mir, Gott verlasse uns niemals, immer sei seine Gnade gegenwärtig.

Während er entspannt weiterschwatzt, vielleicht noch zwei Verse eines religiösen Lieds vorgetragen hat, fallen ihm die Augen zu, und er liegt zehn Minuten lang auf dem Fußboden, den Kopf auf seinen Korb gestützt, und schläft. Rafft sich dann erschrocken auf, murmelnd „die Hitze . . . die Hitze", hebt den Früchtekorb wieder auf den Kopf und tritt mit geradem, balancierendem Rückgrat in die Sonne hinaus.

Krishnacūra und Rādhācūra

stehen in Blüte – in Flammen. Der Krishnacūra-Baum trägt feuerrote Lippenblüten, die in dicken Büscheln außen an der Baumkrone hängen, fein umsponnen von farnartigen Blättern. Als wäre das Feuer des Himmels zur Erde gefallen! Wer, bei den Wurzeln stehend, in die Krishnacūra-Bäume hinaufblickt: wie aus zartem Grün das Feuerrot hervorflammt, und die weiße Matte des Himmels dahinter – der erschaut eine in der Hitze erstarrtes Traumbild, so unwirklich schön.

Der Rādhācūra-Baum hat robuste Blätter, zwischen denen gelbe Blüten-Kerzen hervorschauen.

Eine schöne Eingebung, die beiden Bäume, die zur selben Zeit erblühen und erlöschen, nach dem göttlichen Paar Rādhā und Krishna zu nennen. Krishna, der temperamentvolle Jüngling, der mit seinem Flötenspiel das einfache Milchmädchen Rādhā bezaubert, hat sich in diesem flammenden Rot inkarniert; die Geliebte folgt den Tönen, sucht Krishna sehnsüchtig in Wäldern und auf Wiesen. Von meinem Fenster geht der Blick auf einen Krishnacūra- und einen Rādhācūra-Baum, die eng beieinander stehen, die Zweige berühren sich, rote Lippen mischen sich unter gelbe Kerzen. Rādhā hat gefunden.

Jeden Mittag

fährt ein Rikshajunge an meinem Zimmer vorbei, blickt durchs Fenster und ruft: *barī jabo,* ich fahre nach Hause; dabei zeigt er mit der Hand vor sich hin. Und nachmittags kommt er aus der anderen Richtung: *kaje jabo,* ich fahre zur Arbeit; und dieselbe Geste. Jedesmal mit naiver Frische, als habe er täglich etwas Neues zu sagen. Ich rufe *acha!,* was so viel heißt wie „gut so", „freut mich", und blicke ihn an.

Zwei College-Studenten

aus Bōlpur kommen. Munter, redselig, sorglos. Sie kleiden sich modern, wie Großstadtjungen. Gutgebügelte Hosen, die sich nach unten glockenförmig ausweiten – die neue indische Mode, die in Europa längst vorbei ist; knallbunte, gebügelte Hemden. Eitel gekämmte, ölige Haare. Sie haben glatte offene Gesichter, in die das Leben noch nichts hineingeschrieben hat. Ihre Gesten schaustellerisch, großmannssüchtig. Wenn sie eine Melodie auf den Lippen haben, dann von Liedern der letzten Hindifilm-Erfolge. Ihr Verhaltensideal nehmen sie von den Helden dieser Filme, sie ahmen deren Gesten, deren problemloses „Hallo-jetzt-komm-ich"-Heldentum nach – nicht deren Taten, denn in ihrer Umgebung können sie keine Bäume ausreißen, keinen Büffel bei den Hörnern packen, keine schöne Dame aus einem brennenden Haus retten. Bleiben ihnen also nur Gesten und Schwatzen.

Schade, daß diese Jungen so veräußerlicht sind und so wenig ihre indische Wirklichkeit miterleben und miterleiden. Idealismus besitzen sie genug, doch der ist vergraben unter ihren lauten Träumen.

Die Bel-Früchte

hängen wie kleine Fußbälle am Baum. Reifgeworden fallen sie herunter und schlagen krachend auf dem Boden auf. Mit Mühe brechen wir die Schale auseinander, um an das goldgelbe, feste Fruchtfleisch zu kommen. Wir stoßen den Löffel hinein, spucken die Kerne in die Luft und kratzen die Schale aus. Ihre leeren Hälften sind als Futternäpfe für Hunde und Katzen willkommen.

Bel-Früchte stehlen ist der bevorzugte Sommersport der übermütigen Dorfjugend. Die Kinder werfen Steine in die Bäume, schütteln sie, klettern hinein. Aber nicht heimlich und vorsichtig – nein, wie eine Horde Affen fallen sie über die Bäume her, mit einem Lärm, daß empfindsame Früchte wohl allein deswegen herunterfallen.

Rabindranāths Geburtstag (8. Mai)

Am Straßenrand ein Rezitationswettbewerb für Kinder. Ein Jugendklub hat dort aus ein paar Bambusstangen und Stroh seinen Klubraum hergerichtet. Heute sind ein Mikrophon aufgebaut und einige Matten vor der Hütte ausgebreitet worden, worauf die Kinder sitzen, an der Seite ein Tisch und ein Stuhl für den Schiedsrichter, einen Lehrer der Universität. Ich staune, mit welch rhythmischem Pathos die Kinder vor dem Mikrophon lange Gedichte von Rabindranāth Tagore auswendig vortragen. Einige sind kaum dem Kindergarten-Alter entwachsen. Ja, Deklamieren, Schauspielern, Singen und Vorsingen – das entspricht dem bengalischen Temperament. Ein feinnerviges, künstlerisches Volk. Rollen spielen (auch oft in betrügerischer Absicht), Publikum um sich scharen, ein gauklerisches Leben führen, das Leben in tausend Worten und Bildern poetisieren . . . Es ist ein Ventil für seine Emotionalität, die sich im gerade-ernsten Leben nicht entladen kann.

Die Kleinen, die kaum Leben geschmeckt haben, und die Gedichte, welche sie deklamieren, kaum verstehen, bewegen sich, reden und leben schon im selben Typus, den ihre Eltern ausfüllen.

Das Gedächtnis der Kinder ist frisch; sie können eine Stunde lang vortragen, ohne zu stocken. Am Ende gibt der Lehrer winzige

Blechtrophäen als Preise. Die Kinder freuen sich, und die Stehengebliebenen setzen ihre Wege fort.

Am Abend in Sāntiniketan ein Gesang- und Tanzdrama von Rabindranāth, „Balmīki Protibha“. Das ist der offizielle Teil der Geburtstagsfeier. Sāntideb Ghosh, ein altbewährter Interpret von Tagore-Liedern, den der Dichter noch selbst geschult hat, spielt den Valmīki. Thema ist die entscheidende Lebensepisode Valmīkis, seine Bekehrung vom Räuberhauptmann zum Einsiedler und Dichter des „Rāmāyana“. Das Stück entstand um die Jahrhundertwende und wird heute auf die Bühne gebracht wie damals, als Rabindranāth selbst die Rolle des Valmīki spielte. Hunderte von Menschen sitzen auf der Wiese vor der Freilichtbühne, nochmal Hunderte stehen im weiten Kreis darum. Mich erstaunt die Naivität der Dramaturgie, die, ohne Sinn für ökonomisch gesetzte Bewegungen und Gesten, die Sänger in übertrieben realistischer Manier agieren läßt. Burleskes Bauerntheater ohne künstlerische Stilisierung. Für den Europäer das Schaustück einer vergangenen Zeit des Fühlens und Denkens, als beträte er ein Museum.

Am Ende erscheinen Saraswatī, die Göttin der Künste,auf der Bühne mit der Vinā in Händen und die Glückgöttin Lakshmī mit einem Goldtopf. Diese realistische Darbietung unmittelbar nach der Ikonographie könnte sich in Europa nicht einmal mehr ein Märchenfilm für Kinder leisten. In Sāntiniketan hat niemand gelacht, fand niemand die bleich dastehenden Göttinnen kitschig.

Hier ist die aufgeklärte Skepsis noch nicht in Fleisch und Blut übergegangen; Mythos und Bild verstehen die Menschen unmittelbar, ohne interpretierende (und rationalisierende) Ablenkung. Bild und Bedeutung sind eins. Eigentlich beneidenswert - noch „mythische Menschen“.

Die Frucht

Einem Rikshajungen, der drüben am Bahndamm wohnt, gebe ich eine große Bel-Frucht. Er wartet auf dem Weg neben meinem Gartenhäuschen; ich reiche ihm die Frucht durch den Zaun, und er greift mit beiden Händen danach, sie mir halb entgegenstreckend, nicht gierig, sondern empfangend. Und wie er sie mit geneigtem Kopf wortlos in beiden Händen hält, die Finger weit um die runde Frucht gespannt, da freue ich mich, daß ich sie ihm, dem Rikshafahrer, gegeben habe.

Ehrfurcht vor dem Leben

Trommelschläge locken mich mittags unter die heiße Sonne. Eine kleine Gruppe schwarzer Gestalten hockt auf dem Spielplatz. Eine Pūjā zu Ehren der Göttin Kalī. Ein Grenzstein ist rot mit religiösen und magischen Symbolen beschmiert, davor Töpfe mit ungekochtem Reis, Blätter, Wurzeln, Becher mit Öl und Milch. Ein sichelförmiges Beil, von roten Zeichen bedeckt, liegt wie eine Krone über allen Dingen. Halbnackt, unruhig drängt sich die Schar um den Priester, einen jungen Mann, der ungebärdig hin und her blickt, die langen Haare werfend. Die Männer reden hitzig auf ihn ein – er rechtet und streitet wütend zurück, während seine Hände sich mit den Dingen am Grenzstein zu schaffen machen. Zwei Männer, verrunzelt alt, stehen abseits und beugen sich über hohe Trommeln, schlagen heftige, ohrenzersprengende Rhythmen. Darüber eine Sonne, als sei der Himmel von Horizont zu Horizont nur Sonne.

Von den Angriffen der Sonne und der Trommeln unbeschwert, grast ein schwarzes Zicklein neben der Versammlung, rupft eifrig Gras, ohne zu wissen, daß sein Kopf vom Körper gehackt ist, noch bevor die Nahrung den Magen erreicht hat.

Der Priester bleibt plötzlich, die Hände vor dem Gesicht gefaltet, starr sitzen, während die Trommeln aufgeregter schlagen. Unwillkürlich kommen mir gewagte Zirkusnummern in den Sinn, bei denen Trommelwirbel für erhöhte Spannung sorgen.

Kinder schießen hierhin und dorthin, zeigen mit Fingern, balgen sich und lärmen, als sei tatsächlich eine Zirkusvorstellung im Gange. Ich frage sie, ob die kleine Ziege geschlachtet werde, und sie nicken und schlagen lachend mit der Handkante durch die Luft, wie später der Schlächter mit seinem Beil. Sie freuen sich darauf, das Tier sterben zu sehen.

Beinahe jeden Morgen schlachten Männer ein Schwein auf der

Wiese, während Kinder im Kreis um das schreiende Tier stehen. Bei Kālī-Pūjā, wenn Ziegen dutzendweise vor den Tempeln gemetzelt werden, springen Kinder über die Blutlachen, tauchen den Finger hinein und tupfen das Blut auf ihre Stirn.

Soll ich über die Unbekümmertheit gegenüber dem Tod erleichtert sein? Tod ist Teil der Wirklichkeit, warum ihn verstecken, verschweigen, als feierliche oder vulgäre Besonderheit betrachten? Nein, nicht der Tod wird hier angenommen, sondern das Leben verachtet und entheiligt. Es geschieht etwas im Menschen, besonders im jungen, der gerade erst zu leben beginnt, wenn er sieht, wie andere Geschöpfe das Leben verlassen - besonders, wie sich Tiere durch Menschenhand zu totem Fleisch und zur Ware wandeln. Den Schaden kann nichts gutmachen. Das muß den jungen Menschen ein aggressives Gefühl der Überlegenheit gegenüber anderem Leben in die Seele drücken.

Die unverhohlene Brutalität der indischen Gesellschaft gegenüber Menschen, die sich einer kriminellen Tat auch nur verdächtig machen, bringe ich damit in Verbindung. Topos, Sohn eines Polizei-Inspektors, der im Polizeiamt wohnt, hört täglich die Schreie der mutmaßlichen Diebe, der Raufbolde, denen die Polizisten Prügel versetzen. Wer auf frischer Tat ertappt wird, erregt den handfesten Zorn des Volkes. Er muß froh sein, wenn er lebendig davonkommt. Anscheinend gebietet niemand Einhalt, am wenigsten die Polizei, wenn das Volk einem solchen Unglücklichen die Knochen bricht. Vorkommnisse dieser Art berichten die Zeitungen täglich.

Im letzten Jahr sah ich in Tārāpīth, wie eine Horde Jungen mit Bambusstöcken auf zwei Männer losging, die Mädchen beim Baden gehänselt hatten. Dem einen wurden die Kleider vom Leib gerissen, so daß er zu seiner Beschämung nackt vor den Mädchen stand. Der andere fiel auf die Knie und jammerte mit erhobenen Händen um Schonung.

Die Nähe zur Natur, zu den elementaren Dingen des Lebens, die ich im indischen Menschen so liebe, die mich kräftigt und wesentlich macht, drückt sich auch in jenen unmittelbar ausgelebten Aggressionen, Rache- und Zorngefühlen aus.

Sommer

Abends kann ich mich nicht zur Meditation hinsetzen. Ich wandere im Garten auf und ab. Die Hitze macht den Kopf dumpf. Die Nerven vibrieren und verschwenden den Rest an Energie. Ich hocke unter dem Kran im Garten und lasse einige Minuten lang Wasser über den nackten Körper rinnen. Wasser beschwichtigt die Nerven. Yoga und Meditation erhitzen den Körper von innen; um das innere Feuer nähren zu können, muß der Körper kühl und gesund bleiben.

Gōpal,

der Baulsänger, kommt jeden Mittwoch. Er badet, hält seinen Mittagsschlaf, dann singt er. Zu essen bekommt er, was gerade da ist: zwei Bananen, einige Scheiben trockenes Brot, eine Zitrone, die er mit Salz bestreut und aussaugt. Eine dicke Bel-Frucht lege ich in seine Tasche für die Kinder. Als ich sein verwaschenes, löchriges, vom Schweiß fast fauliges Unterhemd sehe, gebe ich ihm mein neues, denn ich habe zwei.

Wenn Gōpal singt, schließt er die Augen, legt den Kopf zurück; sein Gesicht wird fein, andrängende Gefühle bewegen es von innen. Die Lippen formen jedes Wort wie ein Töpfer seine Krüge formt.

Manchmal sagt er: Ich bleibe diese Nacht. Er braucht nur eine Matte auf dem Fußboden. Die Mosquitos stören ihn nicht: Er breitet seinen Dhōti vom Kopf bis zu den Füßen aus und schläft im Sirren und Surren und Saugen der Insekten sogleich ein. Im Dunkeln höre ich ihn von Zeit zu Zeit „Mā Tārā", „Mā Kālī", „Joy Mā", „Horibōl, Horibōl" rufen, wie laute Stoßseufzer; er betet zur Göttin Kalī. Sobald man in der Nacht aufwacht, erklärt er, solle man an die schwarze Göttin denken und sie anrufen. Beim ersten Lichtschein ist er auf den Beinen, duldet auch mich nicht auf dem Bett. Die Menschen sollen mit dem Licht aufstehen. Er entzündet Räucherstäbchen, schwenkt sie feierlich und ernst vor den Bildern von Jesus Christus und Rāmakrishna, schwenkt sie über die Bücher, über meine Schreibmaschine, die Kiste mit Mappen, die der süße Rauch neu weiht und heiligt.

Ich mag Gōpal; er ist ein freier Mensch. Er läßt sich von Konventionen nicht unterkriegen. Arme Menschen schaffen das selten, sie schwören auf gewisse gesellschaftliche Praktiken, als hinge das nackte Leben von ihnen ab. Gōpal kann lachen, über die Welt, über sich selbst, und er beklagt sich nie über sein ärmliches Wanderleben.

Mangos

sind die bekanntesten Früchte Indiens. Süß und weich und saftig sind sie. Unter der dünnen Schale dieser mehr als apfelgroßen, ovalen Frucht liegt das goldene Fruchtfleisch, das wir in Scheiben vom Fruchtkern scheiden. Sāntiniketan ist für seine Mango-Haine bekannt, in denen die Volksschüler im Kreis um den Lehrer sitzen und Unterricht empfangen, wie zu Rabindranāths Zeiten. Im Garten des Hausherrn wachsen vier Mangobäume. Der betäubend süßen Blütezeit folgt das langsame Anschwellen und Fruchtwerden des Stempels. In den Stürmen und Gewittern des Sommers fallen die harten, unreifen Mangos pflaumengroß vom Baum, dutzendfach, hundertfach: *tup-tap tup-tap!* Oft ziehen die Burschen mit langen Stöcken durchs Gefilde, steigen affenartig die Bäume hinauf, um die grünen Mangos herunterzuschlagen. Lieber essen sie die Früchte klein, hart und sauer, anstatt zu riskieren, daß andere sie dick, weich und süß essen werden.

Inzwischen sind die Mangos fast reif. Die Aktivität der jungen Bande steigert sich zur Hektik. Am Zaun steht sie und schreit: *am poreche?* Sind Mangos gefallen? Als gestern ein Gewitterregen fiel, liefen Aroti, die Magd, und der Koch noch im Regen in den Garten, um die Früchte aufzuraffen, damit ihnen niemand zuvorkomme. Kaum war der Schauer vorbei, entlud sich das zweite Gewitter in Gestalt einer Horde Nachbarkinder, die über Zaun und Tor krabbelten, zick-zack durchs nasse Gras schossen, fuchtelnd, kreischend . . . während der Koch auf der Veranda saß, eine Biri rauchte und sagte: *koi?* Wo denn? Es sind gar keine Mangos gefallen.

Wenn die dicken, reifen Mangos ins Gras plumpsen, hört sich das an wie· *dhub-dhab dhub-dhab.* Die Bengalen lieben die Lautmalerei; sie ist Teil ihrer Kindlichkeit.

Nach jedem Sturm ziehen auch arme Frauen durch Gärten und über die Wege, oft ein kleines Kind auf der Hüfte haltend, um abgebrochene Zweige einzusammeln, gefallene Blätter zusammenzukehren und in Säcke zu stopfen: Brennmaterial für drei oder vier Mahlzeiten.

Romesh

war mehrmals auf seiner Riksha am Zimmer vorbeigefahren, mich mit seinem Kindergesicht anlachend. Als er vor einer Woche den Weg entlangkam, hielt ich ihn an und fragte, ob er mir den Glastank für meine Kerosinlampe kaufen könne; der alte war, als ich in der Dunkelheit danach gegriffen hatte, zerbrochen. Romesh setzte sich selbstbewußt, ohne aufgefordert zu werden, auf den Fußboden. Er sprach frei und wortreich, mich kindlich anlächelnd. Ich gab ihm drei Rupien und sagte, das werde genügen, seinen Lohn bekomme er, wenn er die Sache abliefert. Heute nachmittag! versprach er.

Drei Tage vergingen, vier. Wenn abends der Strom ausfiel, flackerte nur ein Kerzenflämmchen im Zimmer, zu schwach für rechtes Lesen und Schreiben. Dann sah ich ihn auf der Straße mit Fahrgästen. Ich folgte ihm auf dem Rad, und als seine Gäste im Haus verschwunden waren, stellte ich ihn zur Rede. Zuerst wollte er mich nicht erkennen, dann sich an die Sache nicht erinnern, bis er das große: Ach so! mimte. Ja, antwortete er, er habe den Tank nicht finden können, in keinem Geschäft. Er habe das Geld einem Freund anvertraut, der sich weiter um den Tank bemühe. Ich solle noch ein paar Tage Geduld haben.

Am Vortag hatte ich Swopon gebeten, den Tank zu kaufen, und er war in einer Stunde damit zurückgekehrt. Romesh log also.

„Gib das Geld her, sofort!“ rief ich.

„Wieso, ich hab es doch nicht.“

Er fing an zu schreien, trat fuchtelnd auf mich zu. Sein hübsches Kindergesicht verzerrte sich. Ich konnte seinem Redefluß nicht standhalten. Das Ergebnis war, er zog ab, ohne das Geld zurückzugeben. Und ich hatte, dem ersten Impuls folgend, versucht, den Konflikt mit Drohen und lauten Worten – mit Gewalt –

zu lösen, und natürlich gegenüber der Schläue des Einheimischen den Kürzeren gezogen. Innerlich erregt ging ich weg.

Ich berichtete Modon, meinem Bengalischlehrer, den Vorfall. Modon ist alles andere als ein Raufbold; er ist sensibel und ernst. Aufbrausend sagte er: Was! Den Burschen kauf ich mir. Das darfst du nicht auf dir sitzen lassen.

Gestern abend fuhren wir mit den Rädern nach Bōlpur auf der Suche nach Romesh. Schon nach zehn Minuten sah ich ihn am Wegrand stehen und auf Kundschaft warten. Modon sprang vom Rad, packte ihn beim Arm und sagte: *taka de!* Her mit dem Geld! Er redete ihn mit dem Personalpronomen *tui* an, das man im Gespräch mit Kindern und Dienern gebraucht, das häufig herablassend klingt. Modon schüttelte ihn am Arm, schoß Schimpfworte auf ihn ab, drohte, schrie, nannte ihn Dieb und Wegelagerer, was ihm, dem schmutzigen, kleinen, lausigen Rikshajungen, der sich seine Poisa mit Pedalestrampeln verdienen muß, einfalle, fremde Menschen auszunehmen . . .

Im Nu hatte sich ein Kreis von Gaffern gebildet, was zu Modons Gunsten arbeitete. Der Streit war nun nicht nur eine Geld-, sondern auch eine Prestigeangelegenheit. Selbst der schmutzige, kleine Romesh mag nicht vor allen als Dieb dastehen. Eine Hand hatte er schon in der Tasche, während sein Mund noch Nein schrie. Modon schnappte zuletzt das Geld aus seinen Fingern und verließ die Kampfrunde.

Romesh blieb die wenig beneidenswerte Aufgabe, ihr klar zu machen, daß er unwürdig behandelt wurde, aber dennoch Recht hatte.

So löst man hierzulande Konflikte, im Land, das die gewaltlose Aktion gegen Ungerechtigkeit entdeckt hat. Als ich aufs Rad stieg, bebte mein Körper ein zweites Mal; ich hatte den Kampf wieder einmal verloren.

Felder

Die Ochsenkarren rollen knarrend auf die Felder, hoch mit Mist beladen. Die Bauern düngen und ackern, bereiten das Feld für den großen Regen vor. Frühmorgens verlassen sie die Dörfer, ackern bis Mittag. Ins Dorf zurückgekehrt, nehmen sie ein Bad im Teich, essen die Mahlzeit und schlafen, dösen den Nachmittag hindurch. Der Abend gehört der Begegnung mit Freunden an den Ecken, dem Tabak, dem Gang zum Basar, dem Wiegen und Necken der Babys.

Vor Sonnenuntergang fuhr ich mit dem Rad aufs Feld. Ich liebe es, über die Weite zu blicken. Das ist ein guter Beginn für die Abendmeditation. In einem Teich stehen Büffel, bewegungslos, nur ihr schwerer, schwarzer Kopf und der Höcker auf dem Rücken schauen heraus. Der behäbige Genuß, ganz vom Wasser umgeben zu sein. Zwei Männer sitzen am Teichrand und rauchen. Sprechen nicht, mühen sich nicht, bleiben still und einfach wie die Landschaft. Ein glückseliger Augenblick.

Bablu, der Wäscher,

kommt und bittet um fünf Rupien, seine kleine Tochter Robi sei krank. Hat er wirklich keine Ersparnisse, nicht einmal fünf Rupien, um Medizin zu kaufen? Immer wieder muß ich aufwachen, um die Armut zu *sehen*. Bablu ist doch kein Faulenzer. Er arbeitet den ganzen Tag; am Teich wäscht er, im Haus weicht er die Wäsche ein, erhitzt sie mit Wasserdampf, bürstet die Flecken und bügelt schließlich die saubere Wäsche ... Und keine fünf Rupien für die Gesundheit seiner Familie.

Bablu weiß nicht, daß sein Lohn ungerecht ist, daß er ausgebeutet wird. Sein Vater bekommt vierzig oder fünfzig Poisa für ein gewaschenes und gebügeltes Hemd, seine Brüder, seine Verwandten – alle bekommen den gleichen Lohn. Mehr weiß er nicht. Viele *babus,* große Herren, in Sāntiniketan geben ihn murrend, als seien sie es, die ausgebeutet werden.

Bablu trägt ein blitzsauberes Terrylinhemd und sorgfältig gebügelte Hosen. Kein Loch, keine Flecken, keine zerschlissenen und ausgefransten Stellen. Das ist das Bedürfnis in ihm – dem Wäscher, dessen Beruf wenig geachtet wird, weil er „schmutzig" sei, der eine geringe Schulbildung besitzt und kaum genug mit seiner schweren Arbeit verdient – das Bedürfnis, nicht wie ein armer Schlucker herumzulaufen; das gebügelte weiße Hemd ist Ausdruck seiner Selbstachtung, die er nicht verlieren will, auch wenn er keine fünf Rupien für die Gesundheit seiner Familie übrig hat.

Ich denke an einen anderen jungen Mann, Uttom, der von seiner Familie aus dem Haus geworfen wurde, weil er keine Rupien zum Lebensunterhalt beisteuert. Er kann keine Arbeit finden. Er schläft bei einer befreundeten Familie, ißt manchmal bei diesem Freund, manchmal bei jenem und meist nur trockenes Brot, das ihm jemand spendiert. Aber eine Hose in modischem Zuschnitt und ein gutes Hemd trägt er dennoch, und sein Haar ist geölt und sorgfältig gescheitelt. Und er lächelt liebenswürdig, spricht niemals von seinen Lebensumständen.

In gewisser Weise ist für diese Menschen das saubere Hemd wichtiger als das tägliche Brot oder als die Medizin für das kranke Kind.

Bablu sitzt auf meinem Holzbett und zählt an seinen Fingern auf: Ich rauche nicht, ich trinke nicht, nehme weder Kautabak noch Schnupftabak, ich spiele keine Karten. Das ist der Lasterkatalog des einfachen Mannes. Ich trinke nicht einmal Tee nachmittags. Nur meinen Kindern schenke ich einen Biskuit. Ich verschwende überhaupt keine Poisa. Wenn ich nachmittags ein Hungergefühl im Bauch habe, trinke ich zwei Glas Wasser, um es zu betäuben. Bablu fügt hinzu, verschämt: Nur zu früh geheiratet habe ich. Ich hätte unverheiratet bleiben sollen wie du. Ehefrauen seien wie Elefanten: Beide sind teuer. Elefanten fressen Unmengen von Heu und Stroh. Ehefrauen essen zwar weniger, wollen aber jeden Tag etwas Besonderes haben: einen Armreif, einen Nasenring, eine neue Bluse . . . Mit der Heirat beginnen alle Probleme – sagt er – und deshalb muß ich mir jetzt Geld ausleihen.

Die Frauen

Ronjon, den schmächtigen, knabenhaften Verkäufer eines Tuchgeschäfts, würde jeder, der ihn beobachtet, für schüchtern und arglos halten. Heute sagt jemand: Arglos? Vier Frauen hat er, und jede Nacht einen Riesenkrach mit einer von ihnen. Alle Frauen arbeiten als Dienstmädchen in den Häusern der Sāntiniketaner Professoren, verdienen also ihren eigenen Lebensunterhalt, le-

An einer Straße in Bōlpur leisten Frauen schwere körperliche Arbeit.

ben auch in getrennten Hütten und wissen kaum, wer ihre Nebenfrauen sind.

In der Öffentlichkeit bleiben die Geschlechter streng getrennt. Der Ehemann berührt seine Ehefrau in der Öffentlichkeit niemals, ich habe erlebt, wie der Ehemann nach langer Abwesenheit zur Familie zurückgekehrt ist und seine Frau im Beisein von Familie und Gästen nicht einmal mit einem Wort begrüßt hat. Der Bruder berührt seine Schwester nicht einmal am Arm. Gehen Ehemann und Ehefrau gemeinsam zum Markt, ins Kino, zu einer befreundeten Familie, bleibt die Frau häufig zwei Schritte hinter dem Mann zurück, und im Gespräch gesellt sich der Mann zu anderen Männern, die Frau schlägt sich zur Gruppe der Frauen.

Frauen auf der Straße anzusprechen, und sei es um einer Auskunft willen, gilt als anzüglich. Frauen sollen sich so wenig wie möglich in der Öffentlichkeit zeigen. Sie sind am Herd zu Hause, unter den Kindern. Neuverheiratete Frauen besuchen nicht einmal den Markt - der Ehemann kauft allein Fisch und Gemüse, bevor er zur Arbeit geht.

Unter dieser Oberfläche eines starren Moralkodex herrscht bei den ärmeren Menschen oft ein Chaos persönlicher Beziehungen und Moralvorstellungen. Die Armut zeigt ihre desintegrierende Macht. Wenn nur - nach außen hin - die Ehre gewahrt bleibt! Die ehrlicheren und selbstbewußteren Menschen halten aber - gerade weil sie arm sind - an einem makellosen Leben fest. „Die Armut ist nicht meine Schuld", hat Bablu einmal gesagt, „die wird mir niemand vorwerfen. Doch Lüge, Betrug, Gier und Ausschweifungen soll mir niemand nachsagen können. Wenn ich mal sterbe, soll niemand sagen können, ich sei ein schlechter Kerl gewesen. *ki sundor chele!* werden sie sagen: Was für ein schöner Junge ist er gewesen!"

Damals im Zug streckte sich ein junger Ehemann auf der Bank aus und legte den Kopf auf den Schoß seiner Frau. Es war abends, sie fuhren müde vom Markt zurück. Da war nichts Peinliches in dem kleinen Bild. Ich war gerührt, wie schlicht und verhalten sich Eros ausdrücken kann, gerade wenn die Barrieren zwischen den Geschlechtern traditionell hoch sind. Solche Bilder habe ich selten erlebt.

Im Zug

Mir gegenüber eine Frau mit einigen kleinen Kindern. Die ewige Hausfrau, sie kommt innerlich nicht aus ihrer Küche heraus – verteilt Essen und schenkt Wasser ein, wischt dort einen Mund ab und ermahnt gleichzeitg in eine andere Richtung, zupft den dritten am Ohr, weil er die Hand zum Fenster hinausgestreckt hat. Die Kinder ducken sich schweigend, während die Mutter regiert.

Armut (III)

Als seine Frau zur Entbindung im Krankenhaus lag, bat mich Arun um Geld für den Doktor. Er versprach mir, es in drei Monaten zurückzugeben.

Arun ist Schreiner. Sein Schuppen liegt an der Straße nach Bōlpur. Mit seinem Gehilfen arbeitet er meist neben dem Schuppen im Schatten eines Baums. Zu zweit ziehen sie den Hobel über die Bretter, nackt bis auf die kurze Hose, schwarz glänzend im Schweiß. Mit den bloßen Füßen halten sie die Bretter fest, an denen sie arbeiten; der Druck der Zehen ersetzt ihnen Schraubstock und Klammern.

Drei Monate sind längst herum, sechs Monate. Arun hat über seine Rückzahlung kein Wort verloren. Er lacht und ist freundlich, hält mich manchmal, wenn ich spätnachmittags vorbeikomme, an und trinkt Tee mit mir. Schließlich habe ich das Thema angeschnitten. Er ist nicht erstaunt, nicht beleidigt. Wie ein Ehrenmann sagt er: „Sei unbesorgt. Natürlich kriegst du das Geld zurück."

In den nächsten zwei Monaten habe ich ihn jede Woche einmal oder zweimal angesprochen. Jedesmal hatte er Ermutigendes, Vertröstendes zu sagen. Einmal hieß es, sein älterer Bruder schulde ihm einen Batzen Geld, übermorgen werde er in sein Dorf gehen und es abholen. Das nächste Mal berichtete er bedauernd, die Frau seines Bruders habe einen Unfall gehabt, sie liege mit Brandwunden im Krankenhaus. „Konnte ich meinen Bruder in dieser Situation um das Geld bitten?" Im Gegenteil, der Bruder habe ihn um mehr Geld angegangen. Aber ein großes Möbelstück werde in den nächsten Tagen fertig, und er habe einen guten Preis ausgehandelt. Er werde zumindest eine Anzahlung machen. In der folgenden Woche murmelte Arun, kaum von seiner Arbeit aufblickend, er habe sehr viel Holz kaufen müssen. Das Geld sei weg. Aber er werde das Geld *bestimmt* geben. „Darf ein jüngerer Bruder seinen älteren Bruder anlügen!" Ob ich ihn für einen unehrlichen Menschen hielte?

So weiß er mich von Mal zu Mal hinzuhalten; er baut Hoffnungen auf, nennt Ort und Stunde, so daß ich nicht schimpfen kann. Die Stunde verstreicht, er kommt nicht zu mir, um zu erklären, sich zu entschuldigen. Immer muß *ich* gehen, um zu drängen. Inzwischen fühle ich mich an der Nase herumgeführt. Wie ein Bettler gehe ich und halte die Hand auf! Während Arun vielleicht hinter meinem Rücken lacht.

Statt mir das Leben sauer zu machen, Ärger Raum zu geben, warum verzichte ich nicht einfach? Schließlich ist er arm und muß hart arbeiten, um seine Familie durchzubringen. Und er hat niemals gelernt zu sparen. Seine Geschäft geht, wie bei allen Armen, *tup-tap* - was in die Kasse hineinkommt, geht sofort wieder raus, für die Familie, für neues Holz.

Verzichte ich auf die Rückgabe, dann hört Arun auf, ein Freund zu sein, ein „Partner" - dann ist er der gerissene „Arme", und ich bin der gefoppte „Reiche"; dann sind Ungleichheit, Unterschiede, die tiefe Kluft zementiert. Ich hätte ihm das Geld von vornherein schenken oder es verweigern sollen. Beides hätte das freundschaftliche Verhältnis nicht gestört. Geld zu leihen ist in Indien der beinahe sichere Weg, das Herz der Menschen zu verlieren, Lüge, sogar Haß zu ernten. Dabei hatte ich nur in einer Notlage helfen wollen und ihm die Demütigung eines Geschenks oder einer Verweigerung ersparen wollen. Als Handwerker, der sogar einen Helfer beschäftigt, hat er doch seinen Stolz.

Gestern bat, nein, befahl ich Arun, zu mir zu kommen. Und er kam. Ich sagte ihm, daß ich nicht länger um das Geld bitten würde. Dessen sei ich müde geworden. Doch solle er zwei Dinge bedenken: Falls er sein Versprechen nicht einlöst, kann ich ihm niemals wieder helfen, wenn er in eine Notlage gerät. Und zweitens, er verliert seinen *dharma*. Das ist der vernichtendste Satz, den ich einem einfachen Inder sagen kann. Er werde „sein Dharma verlieren" – seine Religion –, sich außerhalb des großen schützenden Gesetzes der Pflicht und Moral stellen. Das berührt seinen Lebensnerv. Er mag lügen, andere übers Ohr hauen, das plagt sein Gewissen nicht; doch dann zu hören, er werden seinen Dharma verlieren, ist wie ein Fluch. Die Macht von Worten. Aruns Rhetorik brach zusammen, Tränen stiegen in seine Augen. Er machte wilde Versprechungen, und so ging er fort . . .

Familienplanung

Ronjits drittes Kind ist zur Welt gekommen, ein Sohn. Der Vater wirkt nicht glücklich, als er die Nachricht bringt. Vor einem Jahr hatte Ronjit versichert: Es bleibt bei zwei Kindern. Ein Mädchen, ein Junge, das ist ideal. Ronjit ist Anfang zwanzig; wie viele Kinder wirst du haben, hielt ich ihm vor, wenn du vierzig bist und in dieser Geschwindigkeit weitermachst. Wie willst du sie ernähren? Wie kleiden, später zur Schule schicken und die Mädchen in die Ehe geben – du als Rikshafahrer!

In Armut ist Ronjit aufgewachsen, zusammen mit drei, vier älteren Geschwistern und drei, vier jüngeren Geschwistern. Kaum waren sie körperlich ausgewachsen, haben die Eltern einen Ehepartner ausgesucht und ihre Kinder verheiratet. Die Brüder haben vor der Heirat ihre zukünftigen Frauen nicht zu Gesicht bekommen; die beiden Elternpaare haben unabhängig von ihren Kindern verhandelt und sich entschieden. Vor der Heirat sprechen junge Männer überhaupt selten mit erwachsenen Mädchen, und wenn, dann mit Scheu und Abstand. Die Töchter sind nach ihrer Heirat weinend in die Heimat des Ehemannes gezogen, die Söhne nahmen die Frauen zu sich und blieben bei den Eltern; mit ihnen und den anderen Geschwistern wohnen und schlafen die Ehepaare im selben Zimmer.

Ronjits Sinn ist noch unreif – auf die Pflichten eines Ehemanns und Vaters unvorbereitet. Lieber treibt er sich mit Kameraden seines Alters herum, als seiner Frau Gesellschaft zu leisten oder für die Erziehung der Kinder zu sorgen. Mit ihnen spricht und spielt er eher wie ein älterer Bruder, nicht mit dem erzieherischen Ernst eines Vaters.

Ein Jahr lang fast kostet ein Baby nichts; die Mutter gibt ihm Brustmilch, bis die ersten Zähne kommen und es Reis essen kann. Dann erscheint ein zweites Kind und drittes - bevor dem Vater bewußt wird, daß Kinder krank werden, Arzt und Medizin brauchen, jedes Jahr neue und größere Kleider anziehen, leichte im Sommer, wollene im Winter, von Jahr zu Jahr mehr essen: und alles kostet Geld. Die Frustration kommt zu spät: Drei, vier, fünf nackte, staubige, dürre, quengelnde Kinder springen an dem Vater hoch, jede Stunde mit anderen Bitten. Kaum ein Tag, an dem nicht eins der Kinder krank auf der Matte liegt. Knatschen in der Nacht, niemals ungestörter Schlaf; die Kleinen liegen zwischen Vater und Mutter, und der Abstand wird immer größer.

Dabei hätte Ronjit nur eins und eins zusammenzählen müssen, um zu wissen, wie sich sein Leben entwickeln würde: Hat er nicht erfahren, wie mühselig das Leben seines Vaters und seiner Mutter war, weil sie so viele Kinder durchbringen mußten; hat er vergessen, wie oft er abends hungrig ins Bett ging, wie zerrissen sein Hemd und seine Hose oft waren, nur weil er viele Brüder und Schwestern hatte, die gleiche Ansprüche stellten? Warum hat er daraus nicht die Lehre gezogen und beschlossen: Nur zwei Kinder für mich!

Sie können eins und eins nicht zusammenzählen. Sie sehen überquellende Häuser, gedrängt volle Busse und Züge, Schlangen vor den Wasserpumpen, Bahnhofsschaltern, Kinos und Geschäften. Und sie klagen: *ki bhīr!* Was für Menschenmassen!... und helfen selbst gedankenlos mit, diese Massen zu schaffen.

Eines, nur dieses eine erfüllt mich in Indien manchmal mit Wut: daß die Menschen eins und eins nicht zusammenzählen können.

Ich muß mir aber auch eingestehen, daß ich europäisch denke; der arme Inder ist nicht praktisch - das ist Teil seiner Armut. Er „plant" seine Kinder nicht, er plant überhaupt nichts. Kinder sind die Freude des Augenblicks: Wenn der Vater sie auf den Schoß nimmt, sie wiegt und neckt, ihr Lachen hört, sieht, wie sie in seine offenen Arme laufen, weiß er von keiner Not. Kinder sind die einzige Zerstreuung der vielen leeren Stunden. Was „haben" diese Menschen „vom Leben"? Gelegentlich einen Film, manche trinken *mod,* heimgebrauten Alkohol, manche kauen Tabak, andere hören Radio . . . Kinder sind der *rosh,* der Saft des Lebens, trotz aller Not, trotz allem. Der Augenblick gilt, der Augenblick ist schön.

Die Propaganda der Regierung für Familienplanung ist allen, selbst dem analphabetischen Dorfbewohner, bekannt. Familienplanung heißt beinahe ausschließlich: die „Operation", nämlich Sterilisation. Leider scheinen die armen Menschen nicht die Disziplin und die Vorsicht zu besitzen, so daß auch weniger eingreifende Methoden zur Verhütung führten. Ronjit sagt jetzt:

„Ich will, daß sich meine Frau sterilisieren läßt, und ich habe ihr geraten, es sofort nach der Geburt im Krankenhaus machen zu lassen. Aber ihre Eltern waren dagegen, haben einen furchtbaren Lärm gemacht. Sie hat auf ihre Eltern gehört."

Die instinktive Furcht des Dorfbewohners vor dem Messer im Fleisch: als berührte jeder Schnitt das Herz.

„Wer gibt deinen Kindern Reis?" frage ich zurück. „Du oder deine Schwiegereltern? Sie verbieten die Sterilisation, aber geben sie später deinen Kindern Reis?"

„Gewiß nicht", sagt Ronjit kleinlaut.

„Die Verantwortung für die Familie liegt ganz bei dir."

Der Junge kommt, wie die meisten, nicht vom Willen und Urteil seiner Eltern und älteren Verwandten los. Selbst wenn er Verantwortung fühlt, ist er zu schwach, sich gegen den kollektiven Widerstand seiner Umgebung durchzusetzen. Die Dynamik des eigenen Entschlusses und eigenen Weges ist nicht Teil der indischen Mentalität. Der Inder sucht den Bereich emotionaler Bejahung und Geborgenheit der Familie und gesellschaftlichen Umgebung.

Ich erinnere mich an Joykrishna, der eine mittlere Beamtenstellung in Calcutta bekleidet und einen guten Teil seines Gehalts an seine Eltern und Brüder im Dorf abführt, damit sie essen können. Sein älterer Bruder bestellt die Felder, den spärlichen Besitz der Familie. Inzwischen hat er sieben Kinder. Die Familie drängt Joykrishna zu immer größeren Abgaben, und er spart sich jede Rupie vom Mund ab. Ich habe ihn gefragt: Warum *gibst* du immer nur - bedingungslos? Fordere deinen Bruder dazu auf, nicht noch mehr Kinder in die Welt zu setzen! *Du* trägst jetzt schon die ganze Bürde der Ernährung dieser vielen Kinder, nicht ihr Vater oder Großvater. Deine Bürde wird unerträglich schwer werden, wenn die Kinder aufwachsen.

Joykrishna wurde sehr verlegen. Er verstand, daß ich recht hatte; er sagte: Ich kann meinem *dada* (älteren Bruder) keine Vorschriften machen.

Da stoße ich gegen die hierarchisch gefügten Verhältnisse der indischen Familie: der *ältere* Bruder hat Autorität über den *jüngeren,* auch wenn der eine ungebildet und der andere gebildet ist; der Ältere ist jeweils der *gurujon* - spielt die Rolle des Guru und Lebensführers - für den Jüngeren. Vom Jüngeren erwartet und akzeptiert kein Familienmitglied Ratschläge oder Vorschriften.

Nobokumar, der Eierverkäufer

kommt des Wegs, *dim, diiim, diiiim* rufend. Er wohnt in einem Dorf, vier Fußstunden von Sāntiniketan entfernt. Morgens gegen drei Uhr verläßt er seine Hütte, barfuß über die dunklen Wege, den Korb mit Eiern am Arm. Ein Fahrrad besitzt er nicht. Durch die Morgendämmerung dringen seine ersten Rufe, und gegen Mittag hat er, mit weichen Händen, das letzte Ei aus dem Korb gehoben. Die Blätter, in denen sie gebettet lagen, kann er fortwerfen. Am frühen Nachmittag hat er seine Hütte wieder erreicht. Auf dem Rückweg legt er - ein verschämtes Eingeständnis - eine Reihe von kleinen Pausen ein, weil die Beine schmerzen. Am darauffolgenden Tag wandert er durch die Nachbardörfer, um von den Bauern frische Eier einzukaufen,die er am nächsten Morgen wieder, laut rufend, anbietet. Der junge Mann steht vor mir auf der anderen Seite des Zauns und lächelt kindlich. Das ist mein Einkommen, das ist mein Leben, sagt er.

In vier Tagen komm ich wieder vorbei, bestimmt, sagt er. Fünf und sechs Tage vergehen, eine Woche, und Nobokumar kommt nicht. Wenn er schließlich auftaucht, wird der kindliche kleine Mann seine Ausrede bereit haben.

Die reifen Mangos

fallen vom Baum. Der Koch des Hausherrn verbietet mir, den Kindern, die sich am Zaun die Nase blutig reiben, von den Früchten zu geben. Er krakeelt schon, wenn sie die gefallenen Mangos schweigend anstarren. Die Kinder kommen von der Siedlung am Bahndamm. Das seien Wildlinge, sagt der Koch, Rowdys, schmutzige Burschen . . . und da ich ihn unbeeindruckt anblicke, fügt er hinzu: Das sind Kastenlose, die Mütter machen Toiletten sauber!

Also esse ich auch nicht. Er rafft und füllt seine Körbe. Er schreit und verteidigt. Der Koch ist ein armer Bauer; seine Felder ernähren ihn und seine Familie nicht. Schade, wie sich der Charakter eines Menschen verändert - oder anders offenbart - sobald er *besitzt.*

Jogonnath

Auf dem Rückweg von meinem Abendspaziergang steht ein Nachbarjunge am Rand; ich halte das Rad an und unterhalte mich. Ob sein Auge, das vor ein paar Tagen geschwollen gewesen war, noch schmerze. Schließlich setzt sich Jogonnath auf den Gepäckträger, und wir radeln auf die blutrote Sonne zu. Jogonnath sagt hinter mir:

„Du bist ein sehr guter Mensch."

„Warum?"

„Du liebst mich sehr."

Der kleine Strolch rührt mich. Er hat schlicht und unmittelbar ausgesprochen, was er empfindet. Warum habe ich in Europa solche Worte selten gehört? Warum wird schon dem Kind eine Scheu eingegeben, seine Gefühle offenzulegen? Die Angst vor der Verwundung, der Lächerlichkeit, als gebe sich, wer Gefühle zeigt, eine Blöße.

Nebenan

wohnen ein Mönch - und seine Frau. Das kam so: Der Mann war Angestellter mit einem recht guten Gehalt; er und seine Frau bauten ein Haus, ihre Kinder wuchsen auf. Plötzlich in den besten Mannesjahren ergriff den Mann die Sehnsucht nach Gott. Er gab seine Stellung auf, verließ Frau, Kinder und Haus und ist in Benares Mönch geworden. Zwanzig Jahre lang hat er sich nicht blicken lassen; niemand von seiner Familie kannte seine Adresse. Seine Frau blieb bitter zurück, vermietete einen Teil des Hauses. Ihre Kinder unterstützten sie. Alt und gebrechlich geworden, ist der Mönch zurückgekehrt und wohnt mit seiner Frau allein im Haus. Er trägt weiterhin die ockerfarbenen Gewänder des Sannyāsī, sein Gesicht ist mild und leuchtend. Auch seine Frau sehe ich manchmal in Mönchsgewändern, in der Bereitschaft wohl, im monastischem Geist neben ihrem Ehemann zu leben.

Noch einmal Familienplanung

Ronjit schreibt - in meinem Zimmer, auf Papier, das ich ihm gab - den folgenden Brief an seine Schwiegereltern: Warum habt ihr nicht erlaubt, daß meine Frau sterilisiert wird? Ich hatte euch oft darum gebeten. Martin-da hat auch nachgefragt und war furchtbar ärgerlich, als er hörte, daß sie die Operation nicht bekommen hat. Er hat aufgehört, mit mir zu sprechen. Er sagt, nach der Operation kannst du wieder zu mir kommen.

Der Feigling fühlt sich nicht stark genug, für seine Überzeugung selbst geradezustehen und schiebt mich mit Lügen vor. Die armen Menschen brauchen immer eine „Autorität", jemanden, der größer ist als sie selbst, auf den sie sich berufen, von dem sie Rat und Weisung empfangen können, den sie, zur Selbstverteidigung, auch blamieren, wenn etwas mißlungen ist. Positiv bewirkt dieses Bedürfnis nach Abhängigkeit die Fähigkeit zum tiefen Gottvertrauen und zur Eingliederung in die Familie; negativ das beinahe vollkommen fehlende dynamische Sozialverhalten und den Mangel an Zivilcourage.

Bishu

arbeitet in einer kleinen Fahrradwerkstatt. Er bekommt hundertfünfzig Rupien im Monat. Am Rand von Sāntiniketan, am Ufer des Bewässerungskanals, steht seine Hütte. Dort ist Brachland, unfruchtbarer, karstiger Boden, nur die Hütten der Armen können dort emporwachsen. Bishu ist ein ruhiger Mann mit stoppeligem Gesicht; trotz seiner Jugend sind Furchen und Ernst darin eingegraben. Manchmal fahre ich an seiner Hütte vorbei, und er grüßt herüber, sein nacktes Söhnchen auf dem Arm haltend.

Bishu verehrt die Göttin Kālī. In der Zeit der Kālī-Pūjā soll er Visionen schauen und Prophezeiungen aussprechen. Mutter Kālī hat ihm einmal gesagt:

„Baue mir dort, wo du wohnst, einen Tempel."

„Wie kann ich dir einen Tempel bauen, Ma? Ich bin arm."

„Laß mich sorgen."

Die Familien in den Hütten ringsum warten auf Mutters Tat.

Bishu arbeitet in der Werkstatt von frühmorgens bis abends acht Uhr. Die frühen Nachmittagsstunden, die heißeste Zeit des Tages, verbringt er auf der Veranda seiner Hütte, nackt bis auf ein Lendentuch, und spielt mit seinem Sohn. In diesen Stunden kommen keine Kunden. Der Besitzer der Werkstatt zahlt Bishu nicht regelmäßig von Woche zu Woche seinen Lohn. Bishu hat nachgefragt und keine Antwort bekommen. Dann schickt Bishu einen Freund zum Besitzer. „Was soll Bishu essen, wenn du nicht bezahlst?" fragt jener. Der Besitzer nickt mit dem Kopf, doch schaut er nicht von dem Fahrradschlauch auf, den er gerade flickt.

Der Besitzer der Werkstatt ist selbst ein junger Mann, der ein paar hundert Rupien in die Hand bekam, um diese Werkstatt aus Lehm und Stroh zu bauen und die notwendigen Werkzeuge zu kaufen. Er hat Zulauf und beschäftigt schon zwei Angestellte, die er nach Herzenslust auspreßt.

Bishu und seine Familie leiden Hunger, wenn er seine Bezahlung nicht oder nicht pünktlich bekommt. Wohin kann er gehen? Er hat keine Wahl. Mā, Mā, sagt er, Mutter Kālī anrufend, auch inmitten unseres Gesprächs. Mā, Magō, Mā – immer wieder, die Augen niederschlagend.

8. Wenn der Regen fällt

Borsha, die Regenzeit (I) (Mitte Juni)

Zuerst steigen am südwestlichen Horizont Wolken in den Himmel, türmen sich höher und höher zu einer Unendlichkeit auf, segeln in den Zenit, wo sie sich langsam zusammenbrauen und zur grauen Masse ausbreiten, bis uns die Sonne ganz genommen ist. Abwechselnd jäher Wind und trübe Stille. Einige Tage später: der erste Platzregen. Das stürmische Versprechen von Vater Himmel, daß er Mutter Erde noch liebt.

Die Stimmung wechselt rasch von dräuender Dumpfheit vor dem Regen, wenn die Wolken drücken und die Natur verstummt wie ein schwer beladenes Tier – zur strengen Heftigkeit des Regens – zur dampfenden Schwüle nach dem Regen. Öffnet sich das Auge der Sonne wieder, schillert die Luft wie Perlmutt.

Die rissige Erde wird wieder geschmeidig, die Frösche quaken vergnügt... und vor Feuchtigkeit zünden die Streichhölzer nicht mehr.

Der Schneider

lebt in einer Lehmhütte am Straßenrand. Vorn ist sie offen wie ein Verkaufsladen, dort sitzt er hinter seiner Nähmaschine und erwartet Kunden. Daneben in einem schmalen Anbau wohnt die Familie – Frau und vier Kinder. Der Anbau ist gerade breit genug für ein Bettgestell. Über eine Schnur sind schmutzig-zottelige Kleider und Lappen geworfen. Durch das Strohdach blickt der Himmel. Da ist kein Wille sichtbar, das Leben in Würde zu meistern – oder zu erleiden. Die Kinder, die vor dem Laden im Staub spielen, haben verkrustete Hautabszesse, verschmierte Gesichter, ungeölte Haare. Der älteste Sohn mag nicht mehr in die Schule gehen, mag auch den Beruf des Vaters nicht erlernen. Er arbeitet in einer Fahrradwerkstatt für fünfzig Poisa am Tag; dafür kann man sich zwei Tassen Tee kaufen. Der Schneider redet in einem fort, während er meine Hose flickt: von Gott und Gottes Gnade und von der eigenen Armut. Uralte, eingefleischte Redewendungen. Dann zeigt er auf diese und jene Körperstelle, überall dorthin, wo's ihm wehtut. Aber zum Arzt geht er nicht. Woher soll er das Geld nehmen? – Und was werden deine Frau und deine Kinder essen, wenn du krank wirst? frage ich. Er zuckt mit den Schultern. Die Zwickmühle der Armut.

Familienidylle?

Ronjit ist mit Frau und Kindern von seinen Schwiegereltern zurückgekehrt und lädt mich ein, das Neugeborene zu sehen. Gerade hatte die Familie zu Mittag gegessen und hockte auf der Veranda. Bulbul, das dreijährige Mädchen, Tinku, der anderthalbjährige Sohn, krabbelten nackt und braun um die Eltern herum. Das Baby lag mit dickem, blindem Gesichtchen an der Brust der Mutter, die herabblickte, als müsse sie jeden Atemzug des kleinen Geschöpfs mitatmen.

Traute Familienatmosphäre. Alles in Braun und Muße aufgelöst. Die braunen Lehmwände, das von Sonne und Alter gebräunte Stroh des Daches, das Sackleinen, auf dem wir sitzen. Ronjit raucht eine Biri und blickt leer vor sich hin, die Mutter säugt ihr Kind. Mehr wollen sie nicht tun, mehr wollen sie nicht wissen. Sie haben gegessen, sie ruhen sich aus. Kein Ehrgeiz, keine tiefe Unruhe des Geistes, keine heftigen Gefühle. Die Eltern, selbst noch Kinder, kennen nur die Sonne oder den Schatten des Augenblicks.

Die Süße ihrer Kinder kosten sie wie Bienen, angezogen von Farbe und Duft. Die Biene ahnt nicht, daß die Blüte hinwelken wird oder vom Stengel brechen kann. Die Eltern kennen kaum die Verantwortung und Gewissensnot der Elternschaft. In diesem Augenblick lebt die Familie wie Menschen im Paradies: naturhaft und in Harmonie mit der Natur. Das Böse aber wird angreifen bei der nächsten Krankheit, bei Unfall oder Zank, wenn die Ansprüche der Kinder wachsen und die Eltern faltig und gebrechlich werden. Im Augenblick dieser Idylle ist es das Natürliche, von der Hand in den Mund zu leben, denn so lebt die Natur, sorglos wie die Blumen des Feldes und die Vögel des Himmels . . .

Gemeinschaft

Ich fahre mit dem Rad nach Bōlpur und frage den Jungen, der mich überholt: Wohin willst du? Eine Unterhaltung entspinnt sich. Ein andermal steige ich an einem Teeladen ab und suche jemanden, der mir Gesellschaft leistet; ich sage: Komm, trinken wir einen Tee. Und der Bursche, den ich nur vom Ansehen kenne, willigt sofort ein. So leicht ist es, mit Menschen Gemeinschaft zu haben. Unterhaltungen entstehen an Bushaltestellen, in Bussen, Straßenbahnen, Zügen, in Geschäften und Märkten wie Feuer, das um sich greift. Man wird seine Gefühle los, besonders Unmut und Ärger. Witze fliegen über die Köpfe weg von einer Ecke des überfüllten Busses zur anderen, rundum Gelächter und Schwatzen. In diesem Land bin ich niemals verloren gegangen, trotz des Wirrwarrs der Massen. Immer habe ich einen zweiten gefunden, wenn ich ihn brauchte. Nur die Allerärmsten sind allein. An ihnen geht jeder vorüber wie an Steinen.

Alles greift ineinander, nicht wie die Zahnrädchen einer Maschine, sondern wie Lianen, die sich an Bäumen emporwinden und selbst anderen Sträuchern ein Pfad zum Licht werden, greift ineinander in unordentlicher Vielfalt wie der organische Wildwuchs des Urwalds.

Borsha (II)

ist die Jahreszeit der Poeten. Die Natur erholt sich von der strengen Nüchternheit des Sommers. Rauschend fällt der Regen, in dicken Tropfen, die die Blätter der Bäume und die Gräser wippend bewegen. Die Nässe über der Natur, durchwirkt von dem schlichten Licht der Sonne, verbreitet eine Atmosphäre der Unwirklichkeit. Das Feste löst sich auf in schimmernde Nässe, Feuchtigkeit verteilt sich in Millionen Teile, die sich verstreuen überall.

Die Phantasie reitet auf den Tropfen, hüpft mit den Gräsern, schwärmt aus den winzigen Teilen der Feuchtigkeit und formt ihre eigenen flüchtigen Gestalten.

Das menschliche Leben, den freien Himmel gewohnt, flieht unter Dächer und wird müßig. Endlos Zeit, mit den Wolken zu ziehen und mit den Zehen im aufgeweichten Lehm zu spielen. Der Kuli aber, der Feldarbeiter, der Rikshafahrer arbeiten im strömenden Regen, weil es der Befehl oder die Not, Geld zu verdienen, fordern.

Rath Jātrā (Anfang Juli)

In der Wallfahrtsstadt Purī holen die Priester die Statue von Gott Jagannāth aus dem Tempel und führen ihn auf einem großen Wagen in Prozession durch die Straßen. Andere Städte, so auch Bōlpur, haben die Prozession übernommen. Die frommen Männer der Stadt ziehen den Wagen mit der Statue an dicken Strikken; alle jungen Männer raufen sich darum, eine Weile am Strick ziehen zu dürfen: Das bringt Gottes Gnade herab. Trommler schreiten voraus, Tänzer folgen dem Wagen. An den Straßenrändern Menschen – Menschen! Die Santhal-Mädchen tragen festlich-bunte Sarīs, eine Unzahl klickender Armreifen und Ringe an den Ohren, am Nasenflügel und an den Zehen. Die jungen Männer, prunkend in knallfarbigen Hemden und langen, nach unten weiten Hosen, marschieren in johlender Fröhlichkeit durch die Menge. Begeisterung blickt aus tausend Augenpaaren, wie aus Spiegeln, die Sonnenlicht empfangen, weiterstrahlend kreuz und quer, her und hin in wirrer Vielfalt. Ich weiß gar nicht, ob ich mich angegriffen fühle oder eingeladen.

Prasselnd beginnt es zu regnen. Auch der Himmel muß sich verschwenden. Da hüpfen die Menschen wie die Tropfen, ausgelassen wie die Elemente.

Schweineschlächter

Während meines Morgenspaziergangs schießt ein junger Mann, einen armdicken Knüppel erhoben, um die Ecke, auf ein schweres schwarzes Schwein zu, das am Wegrand wühlt. Weit ausholend haut er es auf den Schädel, daß es grell aufkreischt. Ein anderer läuft herbei, und sie schleppen das bestialisch schreiende Tier an den Hinterfüßen zu ihrer Hütte. Sie haben es schlachten wollen, es war ihnen davongerannt. Nun knüppeln sie es mit Schlägen auf Schnauze und Schädel tot.

Eine Szene, auf archetypische Weise grauenhaft. Es waren muskulöse Burschen, nackt bis auf ihre kurzen Hosen. Ihre Knüppel schwangen sie mit vorbehaltlosem Zerstörungsdrang. Ihr Wesen war ganz im Schlag. Kain hat den Abel mit einem solchen Knüppel erschlagen. Er ist das primitivste Gewaltinstrument, dem primitivsten Zerstörungsinstinkt hörig. Von außen zerbricht er die Form, die Knochen, das Gesicht, das gerade und schön Gewachsene. Das Messer ist raffinierter, es zerstört von innen, gezielt, kaum sichtbar.

Warum schlachten die Männer das Schwein nicht mit einem schmerzlosen Schnitt durch die Gurgel? Mir erklärt jemand: Das Schwein beißt um sich, man kommt an die Gurgel nicht ran, deshalb die langen Knüppel.

Fußwallfahrt nach Tarakeshwar (21. Juli)

Gestern abend sind wir, fußwund und totmüde, von der Wallfahrt nach Tarakeshwar zurückgekehrt. Sie beginnt in Seoraphuli, einem Dorf am heiligen Fluß Ganges; jeder Pilger nimmt ein Bad und füllt dabei zwei Tonkrüge mit Gangeswasser. Diese Krüge trägt er zu Fuß und ohne Unterbrechung eine Nacht lang bis nach Tarakeshwar - das sind rund 45 km Weg. Im Sivatempel von Tarakeshwar gießt der Pilger das Wasser über das Steinsymbol des Gottes Siva, den Sivalinga, und nimmt einen Rest Wasser mit nach Hause.

„Und wenn es regnet?" hatte ich Modon, meinen Bengalischlehrer, gefragt, der mich zur Wallfahrt einlud. „Dann wirst du naß. Einen Regenschirm darfst du nicht mitnehmen."

„Und wenn ich mich erkälte, wenn ich Fieber bekomme?"

„Bedenke, daß du eine Wallfahrt machst. Wir müssen ganz auf Gott vertrauen. Der wird für uns sorgen."

„Aber Sandalen muß ich tragen. Ich bin kein Dorfjunge wie du. Du bist's gewöhnt, barfuß zu laufen."

„Wenn du Sandalen tragen willst, dann bleib zu Hause."

„Ein paar Lappen darf ich doch mitnehmen, falls ich mir die Füße wundlaufe?"

„Nein."

„Aber eine Taschenlampe, damit ich die Straße vor mir erkenne. Du bist schon als Kind im Dunkeln herumgelaufen."

„Kein Aber; entweder vertraust du auf Gott oder nicht. Nichts nehmen wir mit außer den Kleidern am Körper und Geld für Fahrt und Verpflegung."

Wie extrem die Inder sind, dachte ich. Entweder reisen sie mit Sack und Pack, nehmen ihren halben Hausrat mit, oder sie lassen alles zurück, werfen Sicherungen und Vorsicht in den Wind und sagen: Gott wird geben, was wir brauchen.

Eine Woche lang laufe ich nun barfuß herum, vor allem über den Kieselweg neben dem Haus, um die Fußsohlen abzuhärten. Ich kaufe einen weißen Dhōti, ein dünnes Handtuch und ein weißes Unterhemd: Eine Wallfahrt darf der Pilger nur in unbenutzten Kleidern beginnen. Während ich die Vorbereitungen treffe, befürchte ich, der Anstrengung nicht gewachsen zu sein. Wenn ich krank werde? Nicht mehr weiter kann? Doch weiß ich auch: Ich habe keine Wahl mehr. Von außen wurde mir die Idee der Wallfahrt zugetragen, ich erkenne darin eine Aufforderung Gottes. Von Zeit zu Zeit ist ein besonderer Akt des Vertrauens notwendig, um geistig nicht bequem zu werden.

Am frühen Morgen versammeln wir uns in einer Hütte und wechseln in die neuen, weißen Kleider. Die Bambusstangen, an die wir die Krüge hängen werden, sind mit Bändern, Glöckchen, heiligen Zeichen, Blumen geschmückt. Wir nehmen sie in die Hand und besuchen zuerst einen kleinen Kālī-Tempel. Vor dem Gottesbild legen wir die Bambusstangen nieder – wie Ritter fast, die ihr Schwert weihen, bevor sie in die Schlacht ziehen.

Zu sechst gehen wir dann zum Bahnhof. Jeder trägt ein wenig Geld in den Bund des Dhōti gewickelt, die bunte Bambusstange auf der Schulter und das dünne Handtuch um die Hüfte geknotet. Nichts sonst. Doch: Bishu hat ein Dutzend Biris und Streichhölzer mitgenommen. Biris rauchen, darauf können sie, sagt er, nicht verzichten. Die gehören zum täglichen Brot.

Auf der Fahrt nach Seoraphuli steigen immer mehr Pilger ein, die Glöckchen an ihren Stangen rasseln und bimmeln, wenn sie sich in die vollen Abteile stoßen. Der bengalische Monat *srabon* ist Sivas Geburtsmonat. Während des ganzen Monats ist die Wallfahrt nach Tarakeshwar unterwegs; und der heutige Sonntag gilt als besonders heilig.

Der heilige Fluß, die Gongā, ist von *ghats,* zementierten Stufen, die zum Wasser hinabführen, gesäumt. Täglich steigen fromme Menschen in den Fluß, um zu baden und im Wasser stehend zu beten. Ein Bad ist nicht nur Reinigung, sondern heiliger Ritus, rituelle Reinigung und Erneuerung. In Indien gehört zum Bad das vollkommene Untertauchen, das Verschwinden, „Sich-Auflösen" im Element des Wassers, aus dem der Beter „neugeboren" emporsteigt.

Wir kaufen Tonkrüge und hängen sie an die Enden unserer Bambusstange. Brodelnd umgibt uns die Begeisterung von tausend jugendlichen Pilgern. Im Volk zeigt sich Inbrunst nicht in kontemplativer Innenkehrung, eher im Geschrei, in impulsiv-lauter Entäußerung. Man macht dem Herzen Luft, erlebt sich im Schwung, in seiner jugendlichen Kraft.

Es beginnt zu regnen. Die weiten Fluten der Gongā träumen schwer unter dem tiefen, böigen Himmel. Niemand sucht jetzt Schutz unter dem nächsten Dach; die Gesichter werden naß, die Kleider. Wir haben das Haus, die Heimat verlassen: Nun stehen wir im Regen und werden, ohne die Erquickung des Schlafs, ohne Unterbrechung, aufrecht wandernd, die ganze Nacht über die Landstraße laufen.

Mit den Tonkrügen an der Stange steigen wir zum Fluß hinab, in Dhōti und Unterhemd stehen wir bis zu den Schultern im Wasser, damit sich die Tonkrüge füllen, tauchen ins schwere Wasser hinab und steigen ans Ufer zurück, das glitschig ist vom knöcheltiefen Schlamm. Mit Lehm werden die Öffnungen der Krüge verschmiert. In den Lehm stecken wir Räucherstäbchen, und so ziehen wir tropfnaß los. Es ist dunkel geworden, rasch ist das Dorf durchlaufen, die dunkle Landstraße liegt unter unseren nackten Sohlen.

Tausende von Pilgern, alle in weißer Kleidung, drängen sich in dichten Gruppen auf der Straße. Im Laufschritt, wie Soldaten beim Angriff, aggressiv und begeistert stoßen die Gruppen vor, andere überholend, sich Platz schaffend. Einzelne Pilger schieben sich dazwischen, ältere trotten am Wegrand. Jede Gruppe besitzt ihren Wortführer, der die Gebetssprüche ruft, auf die der Rest antwortet. Die derben Bauernjungen schreien, wie sie die Ochsen beim Pflügen anherrschen, wie sie zankend die Stimme erheben, so rufen sie nun Siva an, den Gott. Er wird *wirklich* für sie – nicht in der inneren Schau, in der Mühe der Versenkung, erfahrbar wird Gott ihnen in der Verausgabung und Hingabe ihrer Körperkraft, ihrer Stimmen, ihres Temperaments. Einen Tag und eine Nacht lang haben sie die ereignislos schläfrige Atmosphäre ihres Dorfes, das bedrückende Einerlei ihrer Probleme verlassen, um zu *leben.* Daß sie sich nicht zu orgiastischen Feiern, zu vulgären Spielen versammeln, sondern auf eine Wallfahrt gehen, das zeigt, wie stark diese jungen Männer ihrer religiösen Tradition verbunden sind. Und daß eine Wallfahrt diese Verausgabung aller Kräfte verlangen darf – nicht nur von der religiösen Elite, den Mönchen, sondern auch vom Volk – das zeigt, wie groß das Opfer ist, welches die Menschen um Gottes willen zu bringen bereit sind.

Ich denke an viele „Wallfahrten" in Europa – per Eisenbahn oder Autobus. Das Wort „Pilgerzug" ist eine unsinnige Wortbildung. Ein Pilger geht zu Fuß – oder er pilgert nicht. Er geht über die Erde Schritt für Schritt und leidet Hunger und Durst, Sonnenhitze und Kälte, und die Belohnung des Leidens ist die innere Läuterung, das in seiner pilgernden Unbehaustheit sich bewährende Vertrauen in Gott. Ist er geläutert, hat er Gottes Schutz gespürt, dann darf er sein Ziel erreichen und sich freuen, daß er angekommen ist.

Bombom tarok bom bhōle bom tarok bom – ruft der Wortführer, und andere fallen ein, *tarok,* den Retter, anzurufen. Das sind Worte, die sich kraftvoll sprechen lassen. Dann beginnt die Litanei: *bhōla baba!* (vergeßlicher Vater) – *dari baba* (bärtiger Vater) – *jota baba!* (langhaariger Vater) – *ganja baba!* (Ganja-rauchender Vater) – *patla baba!* (dünner Vater) . . . Und jeder Anrufung folgt die Antwort der Gruppe: *parkarega!* Führ uns hinüber – hinüber zu Deinem Tempel, hinüber zur Erlösung! Das klingt nicht wie Marienlitaneien, an die sich mein Ohr gewöhnt hat. Das klingt fast wie Lästerung; machen sich die wilden Burschen über Gott lustig? - Nein! Siva ist ein vielseitiger Gott: Die einen verehren ihn als den bärtigen, langhaarigen Yogī, der selbstvergessen in Weltzeiten dauernde Meditation sinkt, andere als den furchterregenden Gott, der auf Friedhöfen und Verbrennungsplätzen sein Unwesen treibt, eine Horde jaulender Geister um sich geschart, der Ganja raucht und närrische Tänze aufführt. Die Mythen malen Sivas Schrecklichkeit in krassen Einzelheiten aus und lehren: auch im Schrecken ist Gott. Gott *ist* fürchterlich! Blick um dich, wie alles stirbt und fault, wie Waisen darben und Witwen verzweifeln, wie Dürren und Fluten ins Leben einbrechen und es aussaugen. Gott läßt es geschehen - Gott schickt sogar das Leid, drängt es uns auf. Diesen Gott verehre! Lerne, seinen Schrecken furchtlos in die Augen zu blicken - dann hast du die Welt überwunden.

Wem ist es gegeben, diesen strengen Befehl zu erfüllen und einen so fremden Gott zu lieben? Nur dem Yogī, einem Heiligen, dem starken Menschen. Das Volk scheut das Unbekannte und Fremde, seine Phantasie hat lahme Flügel. So werden auch die Götter in die dörfliche Umgebung, irdisch und derb wie sie ist, „eingemeindet". Siva wird an die Erde gebunden, zunächst an seine Tempel, seine Bildstöcke, er lebt in allen ovalen Steinen (den Sivalingas), die unter alten Bäumen aufgestellt werden, er ist im Sturm, in den heftigen Monsungüssen, auch in den kitschig-bunten Abbildungen der Hausaltäre ... Das Volk geht mit ihm um, wie mit einem Dorfkameraden - und ist er das nicht? -, doch ist es gleichzeitig bereit, sich für ihn die Fußsohlen blutig zu laufen, weil dieser Dorfbursche Gott ist.

Die Litanei geht mit einem Frage- und Anwortspiel weiter: Wohin geht ihr? fragt der Wortführer; und die Antwort: Nach Haus zum Vater! - Warum denn? - Um Wasser zu gießen! - Was für Wasser? - Gongā-Wasser! - Wo gießt ihr's aus? - Auf des Vaters Haupt! ... Mit solchen Rufen und Gegenrufen, herausfordernd geschrien - mit voller Lunge erwidert, schieben sich die Gruppen rasch über die Landstraße. Geteert ist sie zwar, doch haben die Monsunregen von zwei oder drei Jahren die Teerdecke ausgewaschen, Löcher gerissen, die Straße holprig gemacht. Schaufeln voll Splitt und Schotter sollten sie ausfüllen und flicken, so daß nun knöcheltiefe Löcher mit Steinhaufen abwechseln. Der scharfe Splitt beißt in die Fußsohlen, der Schotter ritzt sie auf. In der Dunkelheit stolpere ich durch Löcher und stoße die Zehen gegen aufgehäufte Steine. Der Schmerz springt bis in den Hals. Warum das alles? denke ich am Anfang. Ich grolle dem Geschrei und Gedränge. Wie bei einem Fußballspiel, denke ich. Ich grolle der Begeisterung, dem Geschwätz, das zwischen den Gruppen hin und herfliegt, den Litaneien, die mir so wenig betrachtend erscheinen. Komme ich Gott so näher? Werde ich Ihn in dieser Umgebung tiefer erfahren? Und ich ängstige mich, daß die Füße zu bluten beginnen. So viel stellt sich mir entgegen, während die Füße Schritt vor Schritt setzen und die Augen versuchen, die Dunkelheit zu durchdringen. Zum Glück regnet es nicht mehr. Unterhemd und Dhōti hat der erhitzte Körper getrocknet. Das Gesetz des Pilgers ist: allen inneren und äußeren Widerständen zum Trotz weitergehen, nicht stehenbleiben, nicht warten, niemals umkehren – das bedeutet: nicht zweifeln, sondern unbedingtes, sich über alles hinwegsetzendes Vertrauen gewinnen.

Dörfer liegen schwarz am Straßenrand, in manchen Hütten das schwache Licht einer Kerosinflamme. Aber Teebuden sind erhellt, denn die Pilger dürfen zwischendurch trinken und Brot essen. Und während wir weitergehen, macht sich langsam die „zweite Wallfahrt" auf den Weg: jene der Händler, der caritativen Organisationen. Sie teilen freies Essen aus, warten mit Medizin, Verbänden und guten Worten auf Fußkranke und Erschöpfte. Mir kommt wieder zu Bewußtsein, daß Hindus traditionell ihre Barmherzigkeit Mönchen, Tempelbesuchern, Pilgern schenken – während Christen ihr Herz mehr auf Kranke, Arme, Entrechtete und Verirrte richten. Auch Rikshas sind unterwegs, um die „Opfer" der Wallfahrt abzuholen und zum Tempel zu fahren. Viele Frauen geben ermüdet auf und fahren traurig mit einer Riksha weiter. Zu Anfang sah ich sie, laufend und schreiend, mit ihren Männern und Brüdern wetteifern. Dieses eine Mal haben sie ihre Zurückhaltung und stille Unterwürfigkeit abgeworfen und sind mit den Männern vorangestürmt.

Nach Mitternacht erreichen wir den ersten Tempel, in dem wir einen kleinen Teil des kostbaren Wassers ausschütten. Wir hängen unsere Stangen an ein Gerüst, denn die gefüllten Krüge dürfen während der langen Nacht niemals den Boden berühren, essen trockenes Brot mit Tee, und dann marschieren wir sechs weiter: *Bombom tarok bom* ... Einmal höre ich meinen Namen: Zwei Rikshafahrer aus Sāntiniketan sind auch auf Pilgerschaft. Sie sitzen gerade am Wegrand und reichen eine Pfeife mit Ganja rund. Das belebt ... Gott Siva ist der Ganja rauchende Vater. Soll man ihn nicht nachahmen?

Einer unserer Gruppe, ein junger Bauer, wird immer schwächer. Nein, sagt er laut, nein, eine Riksha nehm ich nicht! Er sieht eine lange Reihe Schläfer am Wegrand ausgestreckt. Nein, sagt er, nein, ich leg mich nicht schlafen! *Bombom tarok bom* ... ruft er und bittet uns einzustimmen. So geht's besser, seufzt er und trabt weiter. Meine Fußsohlen haben gehalten. Wunderbar, denke ich. Als ich in den südindischen Bergen wanderte, damals, waren die Füße nach zwanzig Kilometern mit blutigen Blasen bedeckt. Ich bin schon über dreißig Kilometer gepilgert. Hilft das Vertrauen doch? Besser: Hilft Gott dem Vertrauenden? Das hatte Modon gesagt und Bishu bekräftigt, der arme Fahrradflicker, der gerade einen wunderschönen Gesang anstimmt. Mein Groll ist von der Müdigkeit des Körpers langsam zerrieben worden. Ich sammle mich auf die Schritte, damit sie nicht langsamer werden, damit sie nicht mehr schmerzen als unvermeidlich ist. Und mit den Kilometern tritt eine innere Ruhe in mich ein, nach Tausenden von immergleichen Schritten beachte ich das zerstreuende Getümmel um mich nicht mehr. Innerlich werde ich wie meine Schritte: immergleich.

Als helle Streifen am Horizont erscheinen und die Natur wieder sichtbar machen, stockt der unordentliche Pilgerschwarm. Eine Schlange hat sich gebildet, die sich zum Tempel schleppt. Noch ist er nicht sichtbar, nicht einmal die Tempelstadt; um uns liegen frisch bestellte Reisfelder, Palmenwälder, kleine Dörfer. Kommt die Schlange ins Stocken, setzen wir uns auf die Straße. Die Fußsohlen flammen, selbst darauf zu stehen, schmerzt. Polizisten sorgen mit Stöcken, daß niemand aus der Schlange ausbricht. Die kleine Stadt Tarakeshwar erscheint; enge Gassen, in denen räudige Hunde sich kratzen, Händler, die allerlei Vergünstigungen beim Tempelbesuch versprechen. Nach drei oder vier Stunden kommt die eine Sekunde, auf die wir diese Nacht zugepilgert sind: Die Krüge in Händen haltend, treten wir ins Heiligtum. Uns

Regenzeit. Die Reisschößlinge werden in vorbereitete feuchte Beete umgepflanzt. Im Hintergrund sitzt der Aufseher.

packen Männer beim Hemd, gegen ein Geländer gedrückt, gießen wir hastig das Gonga-Wasser auf den Sivalinga; im nächsten Augenblick zurückgerissen, werden wir zum Ausgang gedrängt. Aufseher treiben mit Bambusrohren an. Heftige Rufe: Weiter! Weiter! Klatschende Stockhiebe.

Zigtausend Pilger sind vor uns gekommen, zigtausend folgen. Das war nicht die stille, fromme Atmosphäre unserer Kathedralen. Ist sie deshalb nicht geweiht gewesen? Beim Hinausgehen habe ich einen Pilger zwischen vielen Füßen am Boden liegen gesehen, die Stirn auf den Stein gepreßt, während Schluchzen seine Schultern schüttelte.

Im großen Teich neben dem Tempel nehmen wir ein Bad, waschen die verschwitzten, schlammbespritzten Kleider. Und dann kehren wir im Zug nach Hause zurück.

Die Reisfelder

stehen handbreit unter Wasser. Sie sind in Parzellen unterteilt, zwischen denen schmale Dämme laufen; sie hindern das Wasser, abzufließen oder sich in niedrigen Teilen des Feldes zu sammeln. Gleichzeitig dienen die Dämme als Fußwege.

Die Bauern pflügen. Ein Ochsenpaar antreibend, waten sie durch den schweren Schlick. Zuerst bricht eine Art Egge die harten Klumpen unter dem Wasser auf, dann lockert der Pfahlpflug die Tiefe. Gleichzeitig sind die Saatkörner in sorgfältig vorbereitete Beete gestreut worden. Sobald die Pflanzen zwei Handbreit hochgewachsen sind, ziehen die Bauern sie aus dem Boden und stecken sie, jeweils drei oder vier gemeinsam, auf den großen Feldern genügend weit auseinander in die nasse Erde. Bis zu den Schenkeln hocken die Männer im Wasser und Schlamm, den ganzen Tag lang. Doch höre ich sie lachen und schwatzen; nach der langen Wartezeit des Sommers haben sie endlich wieder Arbeit.

Ist die Transplantation beendet, singt die weite Landschaft im hellen Grün. Bald schon wandern die Bauern die Reihen entlang, um Unkraut zu rupfen. Kraut und Unkraut sollen nicht wie im biblischen Gleichnis gemeinsam reifen.

Borsha (III)

Die Wolken hängen wie eine Drohung am Himmel und beugen uns unter ihrer Last. Ein Wind stößt durch die Bäume, und sogleich beginnt der Platzregen - oder die Wolken stieben auseinander, und die Sonne glänzt wie im Sommer. Die Temperatur sinkt und steigt mehrmals am Tag; stickige Schwüle wechselt mit der lauteren Frische nach dem Regen.

Die Menschen klagen über Erkältungen und Magenkrankheiten. Das Trinkwasser wird gefährlich, denn die Brunnen und Pumpen spenden Wasser, das gerade erst durch die Erde gesickert und noch nicht genügend abgesetzt und rein ist.

Sobald der Regen nachläßt, schwärmen Mosquitos mit verjüngter Kraft durch die tropfende Natur. Sie leben vom Regen, sie leben vom Blut der Tiere und Menschen, deren Haut durch die Nässe weich geworden ist. Wie sie surren und sirren, diese Biester, über die Haut tanzen und hüpfen, sich niederlassen und saugen, gleichzeitig an Händen und Füßen, am Gesicht und, durch den Stoff, an Beinen und Armen. Der Körper muß immer in Bewegung bleiben, um sich zu wehren; die Füße reiben gegeneinander, die Hände streichen über Beine und Gesicht, unablässig. Behende weichen sie Schlägen aus, und selbst ein Schlag tötet sie selten - nach einer Schrecksekunde steigen sie mit zornig erhöhtem Summen in die Luft. Erst nachdem sie sich vollgetrunken haben mit unserem Blut, werden sie unbeweglich. Ein Schlag zerquetscht sie, und ich ekle mich vor dem eigenen Blut, das breiig mit Fadenbeinen und Flügeln vermischt an der Haut klebt.

Das große Erlebnis der Regenzeit ist die Natur, die satt vom Regen ihren fetten Bauch streicht. Sie glänzt zufrieden, wie ein Völler nach dem Mahl. Dampfend steigt die Feuchtigkeit von der Erde hoch, schwelt im Gebüsch, schillert regenbogenfarben in den Baumkronen. Tief und seufzend atmet die Natur, kämpfend mit ihrer Fülle, bis die Nässe die Wurzeln der Bäume, Sträucher, Gräser und Reisschößlinge erreicht und sie aufjubeln, ihr frisches Grün in die Luft werfend. Tropisch wuchert, wildert Leben, hastig die Nässe nutzend. Es schafft Vorräte und sammelt Kraft nach Innen.

Auf der Bank

Der Bank-Manager ist krank. Sein Vertreter sitzt in einem Sessel, dessen Schwere dem hohen Amt angemessen ist, und liest die Post. Angestellte holen Mappen, Stempel, Schreibgerät hervor und ordnen sie auf dem Tisch. Hinter dem Vertreter will jemand einen Schrank öffnen, doch steht der Sessel im Weg. Der Vertreter, im Vollbewußtsein seiner Macht, rührt sich nicht und läßt den Jemand sich zwängen und abmühen. Als jener ihn bittet zu rücken, sagt er etwas Unwirsches, ohne von seinen Papieren aufzublicken.

Die obere Garde der Beamten trägt Schuhe und Strümpfe (sei es noch so heiß), der höchste Beamte geht auch bei vierzig Grad Hitze mit Anzugsjacke und Krawatte in sein Büro. Er hat ein Dienstauto mit Fahrer und zwei oder drei hilfreiche Geister um sich, die seine Aktentasche voraustragen und ihm die Türen aufhalten. Das Amt besitzt in diesem Land nicht nur Funktion und Verantwortung, sondern auch seine nach außen erkennbaren Symbole und gesellschaftliches Prestige. Der Lebensstil, den das Amt vorschreibt, ist bis in Einzelheiten festgelegt und umgreift sogar private Beziehungen. Joykrishna erzählte mir, daß ehemalige Klassenkameraden vom College, die höher gestiegen sind als er, ihn nicht einmal mehr grüßen.

Diese Sucht nach Amt und Position ist tief verwurzelt in der feudalen Mentalität. Selbst der niedrigste Schalterbeamte auf der Post kann die Kunden auf vielfältige Weise schikanieren, und seien diese Kunden angesehene Männer und Frauen. Der Kunde auf der Post und der Bank, der Besucher in den Büros des Staates ist immer der „Niedrigere“ und muß sich der Willkür des kleinsten Beamten beugen – es sei denn, der zückt einen Geldschein oder er macht Beziehungen zu höheren Schichten der Bürokratie geltend. Denn *eins* reißt die mutwilligsten Beamten aus ihren Sesseln hoch: die Furcht. Droht jemand, der die Macht hat, seine Drohung zu verwirklichen, kippt die Fassade der Arroganz und Gleichgültigkeit um und kehrt sich ins Gegenteil, in eine oft widerliche Erbötigkeit.

Diese subtilen „Machtkämpfe“ lassen nicht ahnen, daß Beamte

(*civil servants* auf Englisch) der Öffentlichkeit dienen sollen. Für die Not der Armen sind die meisten blind.

Landstreit

Der Bruder von Aroti, der Dienstmagd meines Hausherrn, ist zusammengeschlagen worden. Auf den Feldern reift der Reis. Das ist die Zeit der Landstreitigkeiten, die zur Ernte ihren Höhepunkt erreichen. Häufig bestellt der Besitzer nicht selbst sein Feld, sondern gibt es landlosen Familien, die für ihre Arbeit einen Anteil der Ernte behalten. Plötzlich verlangen die Teilernter höhere Anteile, oder die Besitzer machen ihnen ihre Rechte streitig, Gewohnheitsrecht kämpft gegen Legalität, politische Parteien wiegeln Arbeiter, Teilernter und Besitzer gegeneinander auf; die Polizei wacht, doch wird sie häufig bestochen und ergreift Partei, oder sie erscheint erst, wenn der Schaden schon entstanden ist.

Arotis Bruder hatte Wasser von anderen Feldern auf seines geleitet. Eines Abends umringten ein paar Burschen den Mann auf seinem Feld und schlugen zu.

Die Jungen der Nachbarschaft haben sich spontan zusammengetan, Geld gesammelt und den verletzten Mann in einem Taxi zur Distrikthauptstadt gebracht. Das ist die Kehrseite der traurigen Begebenheit. Aroti hat zunächst geweint, fletscht aber mittlerweile die Zähne und ruft nach Rache.

Armut (IV)

Daß ich freiwillig einfach und bedürfnislos lebe, wird gerade von den Armen selten verstanden. Gebildete Menschen kennen das Vorbild von Mahātma Gandhi, die Armen aber wissen nur eins: Man gibt aus, was man hat, und man versucht so viel wie möglich zu bekommen, um besser leben zu können. Ihre Armut zwingt sie zu dieser Mentalität. Warum besitze ich nur zwei Hosen und drei Hemden? Warum sitze ich auf dem Fußboden und schreibe auf den Knien? Im Grunde wollen die Armen, daß ich „standesgemäß" lebe, daß heißt, wie andere, die gebildete, intellektuelle Arbeit verrichten, damit ihre Wertvorstellungen nicht durcheinander geraten. Sie wollen, daß ich die Symbole des Standes zeige, den sie mit meiner Arbeit verbinden. Hierarchie-Mentalität lebt eben nicht nur in denen, die befehlen und väterlich schützen, sondern auch in jenen Menschen, die gehorchen und Schutz suchen.

Einige haben verstanden, daß ich mich außerhalb der Hierarchie stelle. Sie behandeln mich entweder herablassend, als sei ich ihr Diener, oder mit brüderlicher Hochachtung.

Mönchsleben

Ähnliche Verwirrung stifte ich mit meinem Verständnis des religiösen Lebens. Die Menschen fragen: Bist du verheiratet? - Nein. - Willst du nicht heiraten? - Nein. - Dann schütteln sie den Kopf; der Milchmann gab mir ein Ultimatum: Entweder heiratest du, oder du „verläßt die Welt", „gehst in den Dschungel" und lebst einsam als Mönch. Sie sehen mich zwar allein leben, beobachten meine religiösen Übungen, wissen, daß ich keine Filme besuche - ihr größtes Vergnügen - und doch wollen sie in mir keinen *sādhu* erkennen: weil ich täglich stundenlang *tip-tap* mit der Schreibmaschine arbeite. In ihrem Verständnis arbeitet der Mönch nicht, wirkt nicht gezielt unter Menschen; er meditiert, und für seinen Lebensunterhalt bettelt er.

Bangla Bandh (11. September)

Generalstreik in Westbengalen als Protest gegen eine Verfügung der Zentralregierung in New Delhi. Millionen von Rupien Verlust für Wirtschaft und Staatskasse. Die Geschäftsleute schließen ihre Läden, sich dem politischen Druck beugend. Gestern liefen nämlich Gruppen von Parteimitgliedern Slogan-rufend durch die Straßen, um die Menschen zu nötigen, am nächsten Tag zu streiken. Rikshafahrer, Kulis, Bauarbeiter, Feldarbeiter haben an diesem Tag keine Arbeit und keinen Lohn. Sie hüten sich, dem Willen der Politiker und ihrer Helfer offen zuwiderzuhandeln. Wer weiß, wozu man sie später einmal braucht. Es mit niemandem zu verderben, ist das Überlebensprinzip.

Eine Gruppe junger Männer, unversehens zu einem freien Tag

gekommen, vergnügt sich auf ihre (und dazu noch einträgliche) Weise: Sie zieht von Haus zu Haus und singt *bhojons,* religiöse Lieder zu Trommel, Schellen und Handharmonium. Es berührt mich zu sehen, daß vielen jungen Leuten diese Art von Vergnügung die nächstliegende ist. Andere sehe ich beim Kartenspiel oder um den Schnapskrug versammelt.

Spiele der Gewalt

Eine Veranstaltung des modernen Hindu-Ordens Bhārat Sevāshram Sangha. Sein Gründer, Swāmī Pranabānanda hat zu einer Zeit, als das indische Volk die Unabhängigkeit von der Kolonialherrschaft suchte, Gewalt als Mittel im Kampf gegen Unterdrükker empfohlen. Drei Männer demonstrieren mit langen Bambusstangen Methoden des Angriffs und der Verteidigung. Aggressiv gehen die Burschen aufeinander los, stoßen grob zu. Das ist kaum gespielt. Ärger und Rache werden frei, und die dicht im Kreis sich drängenden Zuschauer haben ihren hämischen Spaß. Traurig gehe ich weiter. Die religiösen Gesänge, Ansprachen, das Feueropfer, welche sich anschließen, interessieren mich nicht mehr.

Am selben Tag lese ich in der Zeitung von „Dacoits" – Banditen – die von Dorfbewohnern eingekreist und zu Tode geprügelt worden sind. Nachts hatten sie das Dorf überfallen, am nächsten Morgen wurden sie wiedererkannt . . . Beinahe täglich lese ich von Lynchjustiz in der Zeitung; die anarchische Tradition der Rajputen, räuberischer Reiterbanden, die Teile des Landes in ihrer Macht hielten, scheint unterschwellig weiterzuleben. So leicht werden Aggressionen entbunden, geraten Menschen aneinander. Ein unvorsichtiger Radfahrer muß nur gegen einen Fußgänger stoßen, und schon gibt's Schläge. Ist es da notwendig, daß Mönche dem Volk Kampfspiele vorführen und Selbstjustiz als Ideal hinstellen?

Überbevölkerung

Müßten junge Leute aus Deutschland unter den Bedingungen der Armut, des Klimas, Transportes, die in diesem Land herrschen, ihr Leben fristen, ich glaube, die meisten würden sehr rasch frustriert und erschöpft aufgeben. Hunderttausende von Männern kommen täglich aus den Vororten und dem Hinterland von Calcutta, um in ihren Büros zu arbeiten – zwei Stunden Anweg in überfüllten Zügen und Bussen, meist stehend, oft in der Menge eingekeilt, im Sommer über und über schwitzend, in der Monsunzeit von überschwemmten Straßen aufgehalten. Dann Dienst in schlecht ventilierten Bürohallen, wo zwanzig oder dreißig Menschen gleichzeitig neben zerfledderten Stößen von Mappen, inmitten von Gelaufe und Gerede, arbeiten. Zwei Stunden Rückweg in überfüllten Zügen und Bussen, meist stehend, oft in der Menge eingekeilt ... Manchmal, erzählt mir Joykrishna, fallen abends die Züge aus; das heißt stundenlanges Warten, er kehrt um zehn oder elf Uhr heim; oder er muß auf dem Bahnsteig, kartenspielend, dösend die Nacht verbringen, zusammen mit Tausenden von anderen Angestellten.

Ein junger Arzt aus Burdwan erzählt mir: Das große Krankenhaus dieser Stadt ist ständig dreifach überbelegt. Die Kranken liegen in Zimmern eingepfercht, liegen in den Korridoren auf dem Fußboden. Gestank, Schmutz, Lärm Tag und Nacht. Die Verwandten hocken um den Kranken herum, versorgen ihn mit Essen und Medizin und machen das Krankenzimmer zur Bahnhofshalle. Zu wenig Ärzte, zu wenig ausgebildete Pfleger, die in Frustation ersticken, falls sie diesem Andrang gerecht werden wollen, oder gleichgültig das Leiden rundum ansehen. Die ländlichen Krankenhäuser sind besonders bedrückende Orte. Viele haben keinen Arzt, der Apotheker verteilt Standardmedizin: für alle Magen- und Bauchleiden dieselbe Tablette. Zu Hunderten versammeln sich morgens die Kranken, warten in der Hitze, in der Kälte im Freien, während sie noch leiden.

Die Übergewalt der Zahlen! Was gilt *ein* Mensch bei so vielen? Ein Arzt aus New Delhi, der früher in Amerika praktiziert hatte, berichtete, in seinem Krankenhaus werde ein Patient viel früher aufgegeben, als es in Amerika möglich sei, ein Menschenleben gelte weniger.

Da sah ich vor einigen Tagen in einem Dorf zwei Minuten von meinem Zimmer entfernt eine Schar wartender, ratloser Menschen, viele Mütter mit Kindern auf dem Arm. Was geschehen sei, fragte ich Arun, den Schreiner. „Ein Kind ist verschwunden."

Überall habe man gesucht, gerufen, gefragt. Die Mütter faßten nach ihren Kindern, als könnten sie sich vor ihren Augen auflösen. Die Polizei war verständigt worden. Leben war erstarrt in Angst und Schmerz – dieses Kindes wegen.

Dieses kleine Geschöpf bringt ein Dorf zum Erstarren? Zu Dutzenden laufen sie nackt und schmutzig auf den Wegen! Gewiß – doch jedes Kind hat eine Mutter und einen Vater. Und jede Mutter, jeder Vater wird, sieht er irgendwo ein Kind, an sein eigenes erinnert. Menschen schieben sich, mit spitzen Ellbogen stoßend, in den Bus – doch ist ein Kind dabei, lassen sie es gemeinsam mit der Mutter vor und versorgen es mit einem Platz. Auf langen Zugfahrten begnügen sich Reisende mit einem Sitz in praller Sonne, ertragen Durst, Unruhe, damit ein Kind, das sie nicht kennen, Schatten, Wasser, Zufriedenheit hat . . . Die Übergewalt der Zahlen macht vor den Kindern und ihren Müttern halt. Die Masse ist doch nicht gesichtslos.

Bäume

Wenn Äste abgehackt, Bäume gefällt werden, schneidet das in mich hinein. Wie jemand, der kein Blut sehen kann, muß ich weitergehen außer Hörweite. Ein Gefühl der Ohnmacht befällt mich. Warum verstehen die Männer mit Hackmesser und Beil nicht, daß auch ein Baum Leben hat?

Ehrlichkeit

Bablu, der Wäscher, kommt nachmittags und fragt: „Weißt du, warum ich dich besuche?“ Nein, ich weiß es nicht. „In der Tasche des Hemdes, das du mir heute morgen zum Waschen gegeben hast, hat ein Zehnrupien-Schein gesteckt.“

Bablu druckst; er sagt: „Im Augenblick kann ich ihn nicht zurückgeben. Ein paar Tage später. Oder ich arbeite ihn ab. Als meine Mutter den Geldschein sah, ist sie damit sofort zur Apotheke gelaufen und hat Medizin gekauft. *Bhagobon,* Gott, habe das Geld gegeben, sagt sie.“

Wer behauptet, alle Menschen in Indien seien korrupt, auf ihren

Vorteil bedacht, der hat wenig von diesem Land gesehen. Ich kenne viele andere Beispiele der Ehrlichkeit. Für arme Menschen ist unbedingte Ehrlichkeit oft ihr einziges Prestige, der größte Schatz. Ihrer Ehrlichkeit und Zuverlässigkeit wegen dürfen sie den Kopf auch den „großen Herren" gegenüber hochhalten. Niemand soll behaupten können, sagt Bablu, daß ich ein schlechter Kerl bin.

Nobokumar, der Eierverkäufer, wollte ein Geldgeschenk für Medizin zunächst nicht einmal annehmen, als sein kleiner Sohn krank war. Das nächste Mal brachte er zwei Eier extra und schenkte sie mir. Seine Ehre gebot ihm, daß er sich erkenntlich zeigte. Und dann sagte er, niemals werde er mich vergessen, bis ans Ende seiner Tage werde er mir Gutes wünschen. „Um eins bitte ich dich aber: Wenn ich nochmal in Not bin und Hilfe brauche, dann mußt du mir erlauben, dir das Geld zurückzugeben, jede Woche ein wenig."

Durgā-Pūjā ist nicht mehr weit,

dem Brauch entsprechend möchte Bablu seinen beiden größeren Kindern neue Kleider schenken. Ich habe für ihn eine „Bank" angelegt: eine Schachtel, zugeklebt und mit seinem Namen beschriftet; durch den Schlitz steckt er, wenn er kommt, ein paar Münzen. Hoffentlich wird die Summe reichen, wenn das Fest kommt. Zu Hause kann er nichts zurücklegen. Er gibt alles seiner Mutter ab, die für die Großfamilie die Einkäufe macht und Ausgaben bestreitet. Sie würde täglich sagen: Gib her! Denn es fehlt immer an Geld.

Bablus Kinder können noch nicht verstehen, daß die Familie arm ist. Trägt ein Nachbarkind ein neues, buntes Hemd, rennen sie zu ihrem Vater und quengeln: Ich will auch eins haben! Und Bablu muß sie beruhigen, ihnen goldene Berge fürs nächste Jahr versprechen. Seiner Frau kann Bablu erklären, daß er kein Geld hat, um ihr einen Sarī zu kaufen – während ihrer acht Ehejahre hat er keinen einzigen Sarī kaufen können. Seine Frau trägt die alten Sarīs, die sie in die Ehe mitgebracht hat, oder die ungewaschenen Sarīs von Bablus Kunden. Doch seine beiden älteren Kinder darf er zur Durgā-Pūjā, an dem alle Nachbarkinder neue bunte Sachen tragen werden, nicht enttäuschen. Seit Monaten lastet diese Pflicht auf ihm.

Mittags am Straßenrand

Ein junger Mann setzt sich auf die Bank vor einem Teeladen und verlangt eine Tasse Tee. Sein Korb steht neben ihm auf der Erde. Er hat alle Fische verkauft. Bevor er ins Dorf zurückkehrt, trinkt er eine Tasse Tee und ißt ein Stück trockenes Brot, worauf er Salz streut. Zuletzt kauft er eine einzige kleine Süßigkeit, wickelt sie sorgfältig in Papier und legt sie zwischen die Eisenschalen seiner Handwaage, dorthin, wo der Fischgeruch nicht leicht dringt. Für sein kleines Kind in der Hütte, denke ich. Dann nimmt er eine Biri, entzündet sie an den glühenden Kohlen des Ofens, wickelt sein Handtuch um den Kopf, hebt den Korb darauf und macht sich rauchend auf den Weg.

Viswa-Karma-Pūjā (Mitte September)

zu Ehren von Viswa-Karma, dem Gott der Arbeit. In den Fabriken bekränzen die Arbeiter ihre Maschinen und Werkzeuge. In den Fabrikhallen steht die Statue von Viswa-Karma, einem kraftvollen, hellhäutigen Gott, der auf einem Elefanten reitet. Der Elefant ist Symbol der Ausdauer und Stärke. Die Rikshafahrer bleiben zu Hause, waschen und polieren ihre Fahrzeuge und legen Blumengirlanden um die Lenkstange. Dann feiern sie eine kleine Pūjā in ihren Hütten. Ein Priester geht reihum und spricht Mantras. Dafür bekommt er ein kleines Entgeld. Wer Rikshas vermietet, soll an diesem Tag den Fahrern ein gutes Essen spendieren.

Gestern ist Ronjit um die Mittagszeit zu mir gekommen; er hockte im Zimmer, bis Modon, mein Bengalilehrer, gegangen war. Ich merkte, er braucht Geld und würgt an seinem Stolz. Ich lenkte das Gespräch aufs Thema, um ihm die Worte leichter zu machen. Ja, morgen müsse er Manik, der seine zweite Riksha mietet, zum Essen einladen; ja, auch die Pūjā möchte er feiern, dafür braucht er Früchte, ein paar süße Sachen, Milch, Räucherstäbchen . . .

„Bekomme ich auch was?“ fragte ich.

Hate poisa ne-i! Er hat kein Geld „in der Hand" – da war's heraus.

Ich will nicht, daß er die religiösen Feste aus Geldmangel übergeht. Mit fünf Rupien verschwand er. Dafür bin ich für heute mittag eingeladen, um von dem Prosad zu essen.

Morgens besuche ich Bablu am Teich. Er kann sich an diesem Tag nicht freimachen, seine Wochenroutine sieht keine Feiertage vor. Ich lade ihn zur nächsten Teestube ein, wo wir Süßigkeiten essen und ein Glas Tee trinken, damit auch seine Arbeit heute die verdiente Ehrung erfahre.

Bablu steht bis zu den Knien im Teich, als ich ankomme, und schlägt die nassen, eingeseiften Tücher, wie gewohnt, auf ein flaches Brett, das am Teichrand in die Erde gepflockt ist. Neben Bablu müht sich seine kleine, alte Mutter am Waschbrett, bis zum Bauch im tropfenden, langen Sarī im Wasser stehend. Mit jedem Schlag läßt sie laut und stöhnend die Luft aus dem Mund fahren. So gehe es leichter, erklärt sie. Sie ist zu alt für diese schwere Arbeit, viel zu gebrechlich.

Eine Weile beobachte ich die ruhigen, rhythmischen Bewegungen von Bablus Händen, während er die Tücher schlägt, wringt und ans Ufer wirft. Im Gleichtakt mit Einatmen und Ausatmen bewegt er den Körper, wissend um die Ökonomie der Kräfte – das ist beinahe eine asketische Übung.

Tanzen und Singen

Besuch einer Veranstaltung vom Kala-Bhavan, der Kunstakademie von Sāntiniketan. Die Kunststudenten führen Tänze aus Manipur, Orissa, Assam und Gujrat auf. Sie singen und musizieren selbst zur Begleitung. Alles mit Schwung und Freude an Bewegung, Rhythmus und Schaustellung. Die Unbefangenheit und natürliche Grazie der Tänze und Gesänge beweisen mir wieder einmal das musische Temperament der Inder. Der weiblich-musische Pol ist im indischen Charakter stärker ausgeprägt als der männlich-tätige. Tanz, Gesang und Drama freuen den Inder wie einen jungen Deutschen das Autofahren. Mit Tanz und Gesang meine ich hier nicht die Umtriebe in Diskotheken und Tanzlokalen, ich meine Volkstanz. In diesem Land gilt er nicht als museales Kulturerbe oder als eine Tradition, die nur kulturbewußte Menschen aus „gutem Haus“ pflegen; nein, beinahe sind Tanz und Gesang noch spontaner Ausdruck einer festlichen Freude, sie erfüllen also ihren ursprünglichen Sinn. Das gilt besonders für die Volksstämme. Ich habe die Hochzeitstänze des Santhals erlebt. Christliche Santhals, höre ich, durchtanzen die Christ- und Osternacht, taumelig vor Freude.

Erlebt man in deutschen Familien, daß eine Tochter oder ein Sohn für den Gast ein Lied singen? In Bengalen ziert niemand sich, fast alle haben Stimmen, die man gern anhört. Das erinnert mich daran, wie eng in Indien die Künste beieinanderliegen. Lyrik war bis zum letzten Jahrhundert ausschließlich Lied: Wort und Melodie gehörten zusammen. Auch heute vertont ein Dichter seine Gedichte häufig noch selbst. Rabindranāth Tagore hat Hunderte von Liedern komponiert. Ich habe erlebt, wie ein Professor während eines philosophischen Vortrags Zitate religiöser Dichter nicht sprach, sondern vorsang. Vom Lied zum Tanz ist es nicht weit; in den bengalischen Jatras (mythologischen Volksdramen) gehört beides zusammen. Der Schauspieler spricht, singt und tanzt.

Das moderne Musical hat diese Einheit von Schauspiel, Gesang und Tanz zurückgewonnen. Dessen Inspiration sind aber nicht die Feste des Volkes; es lebt eher von dem Alles-können-Müssen, das den Leuten im Showbusiness abverlangt wird.

Not und Nötigung

Im Zug von Calcutta liegen Reissäcke in den Gängen. Während er langsam auf den Howrah-Bahnhof zufährt, werfen Burschen einen Sack nach dem anderen neben die Gleise und springen zuletzt nach, rasch um sich blickend, ob Bahnpolizisten sie gesehen haben. Gleichzeitig laden sie sich die Säcke auf den Kopf und verschwinden.

Es ist die hohe Zeit der Reisschmuggler. Die neue Saat ist noch unreif, die Vorräte sind knapp, also steigen die Preise. In dieser Zeit verkaufen Bauern den gehorteten Reis in der kaufkräftigen Großstadt. Die Regierung verbietet den Bauern, Reis vom Land in die Städte zu schieben, wobei in den Dörfern ein künstlicher

Mangel entsteht; sie verbietet ihnen, Reis zu horten, was den Preis künstlich treibt. In den Bahnhöfen und an den Bushaltestellen, an den Durchfahrtsstraßen sind Polizisten stationiert, um Schmuggel zu unterbinden. Wir Reisenden im Zug schauen gleichgültig zu. „Sind schließlich arme Leute", murmelt einer.

Elf Uhr morgens vor dem Howrah-Bahnhof. Alle möchten so rasch wie möglich im Büro, am Arbeitsplatz sein. Ich muß ein Taxi nehmen, um vor der Schließungszeit die Bank zu erreichen. Ein flinker junger Mann sorgt mit herrischem Geschrei dafür, daß zügig ein Taxi nach dem anderen vollgestopft losfährt. Jeder Fahrgast muß bezahlen – und zwar nicht zu wenig. Er muß außerdem die Umwege, die zugunsten der anderen Fahrgäste gemacht werden, in Kauf nehmen. Ein Taxi allein für sich zu bekommen und nach dem Taxometer zu bezahlen, ist in Stoßzeiten unmöglich. Hat er ein Auto gefüllt, erscheint der flinke Kerl am Fenster des Taxifahrers, erklärt, welchen Preis er mit jedem Fahrgast ausgehandelt hat und fordert, die Hand durchs Fenster gestreckt, seinen Lohn. Der Fahrer will ihn mit drei Rupien abspeisen, die Hand zuckt erbost zurück, ein sarkastisches Zischen, dann eine Sturzflut von Schmähungen. In Gegenwart aller Fahrgäste rechnet der Kerl vor, wieviel der Fahrer an seiner Fuhre verdient. Er krakeelt jetzt auf Hindi ebenso fließend wie er zuvor auf Bengalisch die Leute zusammenraffte. Eingeschüchtert streckt der Fahrer einen Fünfer hinaus, doch erst als ein weiterer Schein dazukommt, stößt die Hand zu, wie eine Schlange, die beißt. Der Bursche winkt dem Taxi, abzufahren, und hat sich im nächsten Augenblick einem anderen Auto zugewandt.

Armut entblößt manchmal die menschliche Gier in ihrer schamlosen Rohheit. Schade, der junge Mann könnte die Kraft seiner Persönlichkeit, seine Dynamik zum Wohl seiner Gesellschaft einsetzen, gäbe man ihm die Gelegenheit, sprich, eine passende Anstellung.

Meditation

Den Tag so einrichten und leben, daß ich morgens frühzeitig aufstehen kann, am besten wenn es noch dunkel ist. Welche Freude, noch vor der Erschaffung des neuen Tages aufzustehen und die

Meditation zu beginnen: Betend bin ich Mitschöpfer des Lichts und der erfrischten Natur. Der Beter steht früh auf, um dem Tag und seinem Werk zu einem heiligen Anfang zu verhelfen. Der Betriebsame kann seinen Arbeitsfluß nicht hemmen, die Nachtruhe nicht ehren; er wehrt sich gegen die Nacht und schläft dann in den Tag hinein. Wer spät aufsteht, dessen Meditation wird hastig und wirr.

9. Mit den Armen leben

Die „Armen“ und die „Reichen“

leben nicht nebeneinander als zwei verschiedene oder gar verfeindete Menschengruppen, wie uns manche politischen Ideologien glauben machen. Die Armen greifen tausendfach in das Leben der Reichen ein. Mögen jene noch so schimpfen über ihre Unzuverlässigkeit und Unselbständigkeit, die Reichen brauchen die Armen auf Schritt und Tritt. Das wissen sie und ängstigen sich häufig um das Wohlergehen ihrer ärmeren Untergebenen so sehr wie um das der eigenen Familie. Auch die armen, ungelernten Menschen sind nicht austauschbar, ihre Dienste können nicht wahllos von den Tausenden von Arbeitssuchenden übernommen werden. Ein wenn auch noch so geringes Vertrauensverhältnis und eine gegenseitige Anpassung sind notwendig. Nicht selten habe ich erlebt, daß Diener und Dienerinnen wie ein Sohn oder eine Tochter der Familie behandelt werden. Dhono im Haus von Professor Ashin Das Gupta zum Beispiel spielt mit Amil, dessen Sohn, wie mit einem jüngeren Bruder, und Amil nennt ihn *dada,* älterer Bruder.

Der Diener, der Arme, schützt häufig seinen Brotherrn gegen die Machenschaften anderer Menschen aus der armen Schicht, gegen Händler, Handwerker, Kulis – nicht aus Opportunismus, sondern aus Treue. Trotzdem ist das Bewußtsein, zu einer bestimmten Schicht des Volkes zu gehören, sehr stark. Die eigene Gruppe bedeutet nicht nur Begrenzung, ein undynamisches Gefangensein, sondern auch Heimat und Schutz, die man nicht ohne weiteres verlassen kann. Treue gegenüber Menschen aus der oberen Schicht bedeutet nicht, daß man sich ihnen gleichstellt, ihr Freund wird, sondern gerade die Einwilligung in die eigene Stellung.

Die Tradition schwemmt aus früher Zeit die Lehre mit, daß jeder Inder auf dem Platz, an dem er durch Geburt gestellt ist, ausharren und das Beste daraus machen soll. Und „das Beste“ bedeutet immer „das religiös Beste", nämlich *moksha,* die Befreiung. Der Hindu sieht sozialen Aufstieg nicht als Ideal an, nur spirituellen Aufstieg, bei dem er in seiner sozialen Schicht verbleibt - oder als Mönch die gesellschaftliche Hierarchie verläßt. Die Raffgier, Korruption, das Strebertum vieler Städter - deren Mentalität einem Besucher aus dem Westen ins Auge springt - sind nicht charakteristisch für die Mehrzahl der Bevölkerung, die auf den Dörfern lebt. Dort ist *dharma,* die religiöse Pflicht, Richtschnur des Lebens; und jeder hält daran auf seine Weise fest. Zänkerei und der übliche Mangel an Lebensdisziplin und systematischem Handeln machen oft einen chaotischen Eindruck; nebenher ist aber viel deftiger Überlebensinstinkt vorhanden, viel Familiensinn und vor allem eine feste Vorstellung, was moralisch billig und was moralisch verwerflich ist. Aus diesen Gleisen kommt ein Mann vom Lande schwer heraus. Er bewahrt sich seine Selbstachtung durch ein geradezu starres Einhalten der überkommenen Lebensweise: *Das* ist Dharma, *das* ist richtig, *das* ist falsch! Eine Starrheit, die bis zur Methode, das Feld zu pflügen, und der Verwertung des Kuhdungs geht. Sozialer Aufstieg ist nicht im Horizont dieses Denkens und Fühlens.

Wie Bäume mit tiefen Wurzeln

sind die Menschen im Dorf. Sie lassen sich nicht verpflanzen, sie können aus keiner Erde ihre Nahrung ziehen als aus ihrem Mutterboden. Unser Ideal der menschlichen Gleichwertigkeit, mehr noch, der Brüderlichkeit, würde unbedacht und nutzlos angewandt, gäben wir einem armen Mann ein gutes Hemd und eine neue Hose, drückten ihn auf einen Stuhl neben uns und täten so, als sei kein Unterschied zwischen ihm, dem „Armen", und uns, den „Reichen". Der Reiche mag mit einiger Anstrengung seine Überheblichkeit, seine Gewohnheit zu befehlen, überwinden und schlicht das Gute in den Menschen suchen - doch der arme Mann würde vor Scham versinken und wüßte kein Wort herauszubringen, seine Bewegungen wären befangen und nichts ersehnte er mehr, als zu seinesgleichen zurückzukehren.

Weniger sein materieller Mangel als der an Schulbildung, Lebenserfahrung und praktischem Wissen geben den Ausschlag für seine selbst tief empfundene „Ungleichheit". Als einzelner sehe ich darüber in meinem Umgang mit armen Freunden hinweg. Ich stelle mich auf ihren Erfahrungs- und Wissenshorizont ein und verkehre so mit ihnen.

Als alleinstehender Europäer, dessen Arbeit - mein Schreiben und Lesen - nicht ins indische Leben verwoben ist, habe ich in den Augen der armen Menschen keinen „Status"; das ist meine Chance, ihnen nahe zu kommen. Ich habe das Privileg, mit Professoren, Mönchen, Künstlern ebenso freundschaftlich zu verkehren, wie mit Bauern, Dienern, Rikshafahrern, Handwerkern.

Früher glaubte ich, es sei möglich, einen armen Menschen aus seinem Lebenszusammenhang herauszulösen und ihn als „Gleichwertigen" in die Gesellschaft höher gebildeter Menschen zu verpflanzen - ich glaubte sogar, es sei meine Pflicht als Christ. So habe ich zwei- oder dreimal Ronjit mitgenommen zu Ashin Das Gupta und seiner Gattin. Als feinfühlige Menschen haben sie dem Rikshafahrer wie mir einen Stuhl angeboten, ihm Tee eingeschenkt und sogar einige Male das Wort an ihn gerichtet. Er brachte aber nur ein Stammeln hervor und war sichtlich erleichtert, als er wieder vor der Tür stand.

Einen anderen jungen Mann nahm ich nach Madras mit, um ihm die Stadt zu zeigen. Meine Freunde stellten die üblichen Fragen nach Familie, seinem Beruf, seinen Lebensumständen, und er begann zu lügen, um seine Armut und „niedrige" Herkunft zu verbergen. Er wurde eitel und komfortsüchtig, begann Zigaretten zu rauchen statt Biris, kämmte sein Haar zwanzigmal am Tag, verlangte, daß der Deckenpropeller angestellt werde, wenn alle anderen die Hitze erträglich fanden. Die neuen Erfahrungen prägten ihn nicht positiv. Nach einem gemeinsamen Gang durch die Straßen von Madras erklärte er, „alles" gesehen zu haben, und zog es vor, den nächsten Tag zu verschlafen. Ich empfand die Reaktion charakteristisch für die geringe Flexibilität der Armen, deren Bereitschaft, Neues zu assimilieren, rasch erlahmt. Tag für Tag verbrauchen sie ihre Energien für die Beschaffung der Reismahlzeit, der Medizin, des Saatgutes . . . Da bleibt wenig Freiraum für Neues.

Wie mit den Armen leben?

Brüderlich und pädagogisch vernünftig ist es, den Armen innerhalb ihres Lebenskreises *zunächst* ein Gefühl ihres Wertes zu geben, ihre Selbstachtung zu heben, ihre „niedrige", schlecht entlohnte Arbeit ernst zu nehmen und sie zu einem Bewußtsein der Verantwortung gegenüber ihrer Arbeit und den Menschen, für die sie arbeiten, zu ermuntern. Brüderlich und pädagogisch vernünftig ist, sie nicht mit Reichtümern zu überschütten – das wirft den charakterfesten Menschen aus dem Sattel. Wenn ich mich entschlossen habe zu helfen, dann darf ich nur das Notwendige und zur Erfüllung der Grundbedürfnisse Brauchbare geben; muß wenn möglich, eine, wenn auch noch so geringe Beteiligung oder Gegenleistung verlangen, damit der Freund nicht das Gefühl bekommt, ein Geschenk zu erhalten und deshalb entweder sich selbst oder das Geschenk zu verachten beginnt. Man sollte alles tun mit Blick auf die Unterstützung der Selbstachtung einerseits und andererseits auf die Gefährdung, die plötzlicher „Reichtum" für arme Menschen bedeutet.

Der Arme sehnt sich meist nach „Prestige-Gegenständen", Dingen, die er herumzeigen kann, die aber seinen Magen nicht füllen, seinen Lebensstandard nicht heben. Gib mir eine Armbanduhr! Gib mir ein Terrylinhemd! Gib mir ein Transistorradio! Man muß streng darauf sehen, daß er nicht auf sein Prestige bedacht ist, sich also über seine armen Nachbarn erheben will, als sei er plötzlich etwas „Besseres". Er muß vorsichtig und deutlich auf seinen Grundmangel aufmerksam gemacht werden: auf seine schlechte Nahrung, löchrige Kleidung, fehlende Winterbekleidung, schmutzige, schlechte Unterkunft, mangelhafte Hygiene und medizinische Versorgung. Er muß diesen Mangel einsehen und ihn zu beheben wünschen. Die von mir bereitgestellten Mittel setzen sich nicht „von allein" in einen besseren Lebensstandard um: Der Arme muß eine sehr schwierige Leistung vollbringen, muß aus altgewohnten Bahnen des Handelns und Wollens heraustreten, um für etwas Neues Platz zu schaffen. Und das fällt schwer.

Schwierige Brüderlichkeit

Verweigere ich dem armen Freund eine Armbanduhr, ein Radio, dann muß ich das mir selbst zunächst verweigern, sonst bin ich unglaubwürdig und kein Bruder. Also habe ich nichts im Zimmer außer meinen Büchern, Mappen und der Schreibmaschine. Ich esse nur so viel, wie notwendig ist - und ich kann meine Freunde immer darauf hinweisen, daß ich selbst nicht mehr habe und gebrauche, als meine Grundbedürfnisse verlangen.

Brüderlichkeit zielt auf *Gerechtigkeit.* Die Armen in meiner Umgebung wissen nicht, daß sie zu kurz kommen, weil sie nur einen winzigen Lebensausschnitt überschauen. Ich möchte die armen Freunde nicht „besser" behandeln, sondern gerecht. Die Achtung, welche ihnen zusteht, sollen sie bekommen; meine Hilfe will nur der Ausgleich sein für die zu niedrige Bezahlung ihrer Arbeit. Die armen Freunde selbst haben kaum Verständnis für mein Gerechtigkeitsbewußtsein: Das ist meine Einsamkeit.

Wer Gerechtigkeit sucht, führt ein schöpferisches Leben. Gerechtigkeit schließt ein, daß ich den Armen nicht erlaube, *mich* durch ungehörige Forderungen, Gier und Betrügereien auszubeuten, daß meine Selbstachtung erhalten bleibt. Der Balance-Akt der Gerechtigkeit ist nur im Gebet zu bewältigen, sonst verliert man das Seil, und der nächste Schritt tappt daneben. Gerechtigkeit üben verlangt vor allem eins: mutige Nüchternheit; sonst bin ich im Handumdrehen in einem Gewirr von Schenkungen, Hilfsmaßnahmen und Reformen verwickelt, die sehr rasch meine Mittel verschlungen und die Armen aus ihrem Lebenstrott hinausgeworfen, ihnen aber keinen neuen Boden unter die Füße gegeben haben. So verdiente ich mir die Unzufriedenheit, gar den Haß der Armen, die eine bequeme Geldquelle versiegen sähen, und ich bliebe bitter zurück, sähe ich doch meine Energien und Mittel vergeudet und für meinen guten Willen nur Unzufriedenheit, gar Haß zum Lohn.

Hemonto, die Zeit des Taus

Inzwischen ist es Mitte Oktober; der Wind wechselt und weht aus Süden. Die Luft wird trocken und licht. Nicht mehr die schwammige Luft der Regenzeit, vollgesaugt mit Feuchtigkeit. Auch der Kopf wird klarer. Hemonto heißt diese Jahreszeit - die Zeit des Taus. Die Mittage flammen noch lichterloh in der Sonne, doch kühlt die Luft ab, sobald die Sonne hinter den Palmen und Feldern verschwunden ist. Bisher hatte uns feuchte Hitze bis in die Nacht umklammert gehalten.

Wenn ich am frühen Morgen in den Garten trete, glitzert die Natur frisch wie Licht auf einem klaren See. Die Gräser beugen sich schwer unter dem Tau, die Blätter der Bäume, diese massive Blätterfülle erscheint leicht und durchsichtig wie Kristall. Die Morgenspaziergänge dehnen sich aus. Was die Meditation begonnen hat, setzt der Spaziergang fort: die Durchdringung des Materiellen mit den Augen des Geistes.

Hemonto ist Übergangszeit. Der Reis auf den Feldern braucht kein Wasser mehr. Die tiefhängenden dunklen Wolken haben sich ausgeregnet. Der Himmel ist silbrig blau Tag für Tag; nur manchmal hochfliegende weiße Wolken, die sich im Licht baden. Früh bei Sonnenaufgang und abends nach Sonnenuntergang strömt Tau auf die Erde. Die Menschen bedecken den Kopf, sie bleiben am liebsten unter einem Dach. Denn der kühle Tau bringt Schnupfen, Kopfweh und Fieber. Das Sprichwort sagt, der Tau des Monats Kartik werfe selbst einen Elefanten um.

Sailendu,

ein Kind aus der Nachbarschaft, kommt ins Zimmer. Hübsch gekleidet im bunten Hemd und in sauberer kurzer Hose, das Haar sorgfältig geölt und gescheitelt. Wohlerzogen und ernst sitzt es vor mir und antwortet auf meine Fragen. Sailendus Vater fährt eine gemietete Riksha. Vier Geschwister sind früh gestorben, Sailendu ist das einzige Kind, das den Eltern geblieben ist. Sie schikken den Jungen nicht zur Schule, er darf nicht einmal der Mutter helfen. Sie sagt: Bleib du zu Hause und spiel! wenn sie Reis, Dal und Öl kaufen geht. Sailendu kommt, mitten im Sommer, mit guten, neuen Lederschuhen zu mir; er schnürt sie von den nackten Füßen und hält sie hoch, damit ich sie bewundern kann. Ein Geschenk meines Vaters, sagt er. Was macht ein Junge, der in einer Lehmhütte wohnt und immer barfuß gegangen ist, mit

Lederschuhen? Nach zwei Tagen werden sie ihm eng und unbequem erscheinen.

Wie ein Juwel umsorgen die armen, geschlagenen Eltern ihren Sohn, damit er nicht auch verloren gehe. Wie der junge Buddha wird er von Wissen und Leid ferngehalten. Was aber wird er später, wenn er seinen Lebensunterhalt verdienen muß, anderes tun können, als in die Pedale einer Riksha zu treten, sich die Hände mit Öl zu beschmieren und vor Anstrengung zu schwitzen?

Hunger

Das Nachbarhaus wird angestrichen. Mit Stahlbürsten kratzen Arbeiter die alte Farbe ab. Über und über mit weißem Staub bedeckt, stehen sie auf den Gerüsten, die nur aus verknoteten Bambusstangen bestehen. Barfuß balancieren sie auf den dicken Stangen und arbeiten.

Einer singt träge.

Mittags, als die Arbeiter zu ihren Hütten gefahren sind, um zu essen, bleibt ein Bursche zurück und döst, auf dem Gras liegend. Ich frage ihn, ob er schon gegessen habe.

„Nein“, sagt er. *Poisa ne-i!* „Kein Geld.“

„Bringst du von zu Hause kein Essen mit?“

„Nein.“

„Und was machst du mit dem Geld, das dir der Meister gibt?“

„Für gestern bin ich noch nicht bezahlt worden.“

Der staubverschmierte Junge bleibt im Gras liegen. Ich erschrekke, daß da jemand in meiner Nähe kein Mittagessen hat. Er arbeitet doch den ganzen Tag, und trotzdem kein Essen. Man sieht dem Jungen nicht an, daß er Hunger hat. Mager ist er nicht, gequält sieht er nicht aus. Er macht kein Aufhebens von seinem Mangel.

Niemals kann ich gewiß sein, ob ein Mensch, dem ich begegne, an diesem Tag essen kann; ich sehe es ihm nicht an.

Ich winke den Jungen in mein Zimmer. Dort ißt er zwei Scheiben trockenes Brot, zwei Bananen und einen Becher dicke Milch – was gerade im Zimmer ist.

„Sag den anderen nichts davon“, warne ich, und der Junge nickt.

Nobokumar

verdient an einem Ei acht Poisa. Rund dreihundert Eier kann er in einer Woche verkaufen und damit fast fünfundzwanzig Rupien verdienen. Im Monat weniger als hundert Rupien für seine Frau, seinen Sohn und sich selbst. Er besitzt ein Stück Land, das seine Familie bei guter Ernte drei Monate im Jahr mit Reis versorgt. Ich bezahle für mein Essen – nur Reis, Dal und Gemüse (also Eier, Brot und Früchte nicht mitgerechnet) – im Monat hundertfünfunddreißig Rupien. Wovon leben diese Menschen?

Einmal kam er und sagte, seine Frau sei krank. Der Arzt habe ihr geraten, Apfelsinen zu essen. Zwei Apfelsinen hatte Nobokumar zuunterst im bauchigen Eierkorb versteckt; er kramte sie hervor, wiegte und rollte sie wie dicke Edelsteine auf seinen Fingern und vergrub sie wieder. Ich mußte sehen, was er gekauft hatte, um das Opfer, welches er gebracht hatte, recht zu begreifen.

Kommt Nobokumar, setzt er sich auf den Fußboden und wischt sich den Schweiß von Gesicht und Nacken. Er fragt, wie's mir gehe, ich frage zurück. Es geht ihm nie „schlecht“. *Sonsar colche,* antwortet er. Sonsar heißt „Welt“, aber auch „Familie“, „Familienleben“. Die Welt geht weiter, das Familienleben geht weiter, will er sagen. Wer heiratet und Familie hat, der ist im Netz der Welt, von Sonsar, eingefangen und muß zappeln.

Einmal hatte ich ihm versprochen, ihn in seinem Dorf zu besuchen. Wann kommst du? fragte er häufig. Nach der Hitze, hatte ich geantwortet; dann: Nach dem Regen. Aber ich kann dir zu Hause nichts anbieten, jammerte er. Ich komme auch nicht, um zu essen, sagte ich. Essen kann ich auch hier. Einen Augenblick war Nobokumar erleichtert, dann lächelte er wieder in kindlicher Trauer: Etwas *muß* ich doch anbieten!

Zum Schluß unseres Gesprächs gibt er mir die Eier, und ich hole Geld. Wieviel? frage ich. Jedesmal fängt er an zu rechnen, denn er behält nicht im Kopf, wieviel fünf oder sechs Eier kosten. Aus tiefen Betrachtungen auftauchend, nennt er den Preis. Wirklich? frage ich, und dieser Narr wird unsicher und rechnet wieder, diesmal mit Hilfe der Finger. Jeder kann ihn beschwindeln.

Offene Verhältnisse

Am frühen Morgen macht der Fleischhauer seine Geschäfte. Er hockt auf einem hohen Podest und hackt das Fleisch von zwei oder drei gehäuteten und ausgeweideten Ziegen, die von dem Dachbalken hängen. Der Kopf ist abgetrennt und liegt wie eine Trophäe zu den Füßen des Schlächters. Die frisch abgezogene Haut wartet zusammengefaltet auf den Gerber. Die Eingeweide liegen auf dem Podest verstreut, und ein paar Hunde lungern mit heraushängenden Zungen rundum, werden immer wieder laut vertrieben. Häufig sehe ich eine Ziege angebunden neben dem Stand selbstvergessen Gras mümmeln. Der Fleischhauer hält sie in Reserve. Kommen mehr Kunden als erwartet, nimmt er sein Messer, reißt das kauende Tier hinter seine Bude, wirft es zu Boden – die eine Hand hält den Kopf fest, die andere Hand führt das Messer durch die Gurgel.

Vor aller Augen häutet der Fleischer das Tier am Straßenrand und hängt es an den Haken. Kunden kommen und schauen, Fliegen summen, Hunde knurren, Blutgeruch. Der Fleischer schlägt Beine ab und wickelt das blutige Fleisch in Zeitungspapier. Er schneidet an der Leber oder an anderen Organen, die noch im Brustkasten hängen.

Indien ist ein Land der „offenen Verhältnisse“. Leid und Sterben, Zank und Elend, Schmutz und Gier, Schlaf und ekstatische Freude verstecken sich nicht hinter Pietätsgebärden. Offen, roh zeigen sie sich dem Tag. Vor aller Augen brennt die Leiche auf dem Scheiterhaufen bis zur äschernen Unkenntlichkeit. Auf freiem Feld defäkieren die Dorfbewohner. Bettler greinen, Polizisten schlagen auf ertappte Bösewichter ein – auf der Straße. Der Kleinhändler auf dem Bürgersteig liegt der Länge nach über seinen Waren und schläft tief.

Das „Private“, eine „Privatsphäre“ brauchen nur wenige Inder. Einmal kann sich die Armut diesen Luxus nicht leisten, dann hat der Inder, der eng in die Familie eingebunden ist, in ihr aufgeht, nicht das emotionale Bedürfnis für eine Privatsphäre.

Diese Offenheit läßt eine schonungslose Ehrlichkeit gegenüber der Schattenseite des Lebens erkennen. Sie existiert – warum sie also zudecken, verschweigen, beschönigen? Mutter Kālī, die grausame Göttin, die eine Girlande aus Schädeln trägt und den frisch abgeschlagenen Kopf eines Dämons in der Hand hält, ist ein Phänomen, das diese Ehrlichkeit gegenüber dem Leben brutal herauskehrt.

Bishu, der Fahrradflicker,

feiert Kālī-Pūjā in seiner Hütte. Er tut sich mit seinen Freunden zusammen und kauft eine Statue der Göttin. Ein junger Brahmanen-Freund feiert die nächtliche Pūjā mit. Die Lehmhütte hat zwei Zimmer: den Schlafraum und einen kleinen Gebetsraum. Als ich in den Gebetsraum eintrete, sitzt Bishu vor einem Harmonium – neben sich die neue Statue der Göttin Kālī – und singt. Dabei blickt er von Zeit zu Zeit bewundernd auf die Göttin: Wie schön sie gestaltet ist, wie göttlich sie aussieht! Er singt und blickt auf sie, wirft die Hände in die Luft, und plötzlich übermannt ihn das Gefühl: Er lehnt den Kopf zur Seite und beginnt zu schluchzen. Verzweifelt spielt seine rechte Hand auf dem Harmonium die Melodie weiter, aber er kann nicht weitersingen. Ma, Ma, Magō! Ma . . . schluchzt er, Mutter Kālī rufend. In dieser Hütte wohnt jemand, der weint aus Liebe zu Gott.

Bishu und seine Freunde haben zwei Tage gefastet: das heißt, nichts gegessen, nichts getrunken außer Wasser. Es ist später Abend, bald soll die Pūjā beginnen. Bishu hält seinen Kopf in den Händen und stöhnt vor Schmerzen. Er blickt auf die Göttin und raunzt: „Nimm mein Kopfweh weg, ich will's nicht, heut kann ich's nicht gebrauchen, hörst du?" Er spricht Kālī mit *tui* an, wie Bengalen Kinder, Diener und vertraute Freunde ansprechen.

Die genaue, für die Pūjā vorgeschriebene Zeit ist gekommen: Mond und Sterne stehen richtig. Barfuß, beim Dröhnen der Trommeln gehen wir in Prozession zum Teich, um Wasser zu schöpfen. Dipok, der Brahmane, spricht Mantras und überwacht das zeremonielle Wasserschöpfen. Bishu nimmt den Krug in Empfang und setzt ihn auf den Kopf. Er wendet sich zum Rückweg und beginnt, rasch auszuschreiten, beide Hände am Krug. Seine Augen sind geschlossen, das Gesicht bleibt ausdruckslos. „Es ist über ihn gekommen. Die Göttin hat Besitz von ihm ergriffen.“ Und die Trommler werfen sich mit aller Kraft auf ihre Instrumente. Bishu läuft, fast hüpfend, mal hastig, mal schleppend in die eine Richtung, macht einen Haken und nimmt eine andere - wir alle hinterdrein. Bishu beginnt zu schwanken und zwei Jungen stützen ihn, während er hin und her mit raschen Schritten läuft. Als wir vor der Hütte ankommen, nach einem langen Tanz, bleibt Bishu starr vor dem Gebetsraum stehen, blickt durch die offene Tür auf Mutter Kālī - die Trommeln schweigen. Jemand stellt eine Frage. Bishu antwortet. Weitere Fragen, Bishu antwortet. Von zweien gehalten tritt er schließlich in den Gebetsraum ein, hebt den Krug vom Kopf und stellt ihn vor die Göttin hin. Danach bricht er hinterrücks zusammen, von Freunden gerade noch aufgefangen, und bleibt liegen. Als er sich nach einigen Augenblicken aufsetzt, ist er wieder „er selbst“.

Der Segen der Schwestern

Zwei Tage nach Kālī-Pūjā feiern wir *bhaiphōta;* die Schwestern wünschen ihren Brüdern Glück, ein langes Leben und tun ihnen mit allerlei Leckerbissen Ehre an. Narayan lädt mich zu sich nach Hause ein: Seine beiden Schwestern würden auch mich als *bhai,* Bruder, ansehen. Denn niemand interpretiert in Indien „Bruder“, „Schwester“, „Vater“, „Mutter“, „Onkel“ nur im strengen Sinn der Blutsverwandtschaft.

Als Narayan kommt, um mich abzuholen, fragt er: „Hast du dein Bad schon genommen?“ Denn vor jeder Feier ist das Bad der Reinigung Pflicht; es erfrischt den Körper, soll den Menschen aber auch innerlich vorbereiten.

In dem kleinen Hof von Narayans Haus sitzen wir auf der Veranda und warten, bis die Betriebsamkeit der Frauen abebbt. Sie baden und schmücken sich, hantieren in der Kochecke, schwatzen und streiten, was zuerst, was danach geschehen soll. Ein Mädchen streut mit Reismehl geschnörkelte Muster (*alpōna*) auf die Veranda. Sie breitet saubere Matten davor aus, auf denen Narayan, sein älterer Bruder und ich Platz nehmen. In einer Reihe sitzen wir da, umgeben von Verzierungen, wie Prinzen, die ihre Krönungsfeier erwarten. Narayans Mutter bläst die Seemuschel, das Zeichen für den Beginn jeder religiösen Feier. Eine Schwester tritt vor uns hin, kniet vor Narayan nieder und streut Grashalme auf sein Haar. Danach entzündet sie eine Öllampe und führt sie in kleinen, ruhigen Kreisbewegungen vor Narayans Kopf. Mit einer Paste aus duftendem Sandelholz und einer zweiten, zubereitet aus den „fünf Produkten der Kuh", macht die Schwester zunächst einen Tupfen (*phōta*) auf Narayans Stirnmitte, dann eine ganze Reihe über die Augenbrauen bis zu den Schläfen und zuletzt mitten auf die Schläfe. Als nächstes hebt die Schwester eine Schale mit Früchten empor und vollführt dieselben langsamen, feierlichen Kreisbewegungen. Zum Zeichen, daß Narayan den Segen und die Verehrung gutheißt, nimmt er die Schale aus ihren Händen und setzt sie zu Boden. Die Zeremonie geht zuende mit einem Pronam der Schwestern, während er zum Dank seine Hand leicht auf ihr Haar legt. Vor jedem Bruder verrichtet die Schwester den Ritus. Dann tut es die zweite ebenso.

Der näselnd-dumpfe Ton der Seemuschel und ein hohes, lustiges Trällern, das die Frauen gemeinsam anstimmen hat den Ritus begleitet, der uns einen tiefen Einblick in das Symbolempfinden Indiens gibt. Die Muster auf der Veranda wurden aus dem Mehl der Reiskörner angefertigt, aus dem teuersten, das der Mensch besitzt: der Nahrung. Die Grashalme bedeuten langes Leben – wachsen sie nicht immer wieder rasch in die Höhe, auch wenn sie niedergetreten, von der Sonne versengt, von Dürre ausgetrocknet oder der Sichel geschnitten wurden? Indem die Schwester die Halme auf den Kopf des Bruders häuft, wünscht sie auch ihm das unverwüstlich lange Leben der Gräser. Feuer ist immer Symbol Gottes – die Sonne, das Feuer, welches Holz verzehrt, die Flamme am ölgetränkten Docht sind Symbol für seine Herrlichkeit, die in uns hineinscheinen, unseren Verstand und unser Gefühl licht machen soll. Während die Schwester vor ihrem Bruder die Flamme kreisen läßt, wünscht sie ihm, daß er das feinere, hellere Licht Gottes aufnehme. Der Tupfen auf der Stirn wird bei zeremoniellen Begrüßungen ausgetauscht, er ist ein Zeichen der Ehrerbietung. Die Kuh ist ein heiliges Tier, das Symbol des Mütterlichen; also haben ihre „Produkte" Milch, Dickmilch, Butteröl,

Urin und Dung Symbolwert. Die Elemente dieser Feier finden sich auch alle in einer Pūjā wieder, dem üblichen Ritus zur Ehre Gottes. So gehen Gottesverehrung und Menschenverehrung ineinander über.

Zum Schluß der Feier huschen die Schwestern in die Kochecke. Sie stellen gute Dinge vor uns hin uns wachen darüber, daß wir alles aufessen und auch ein gutes Wort über ihre Kochkünste fallen lassen.

Mittags besuche ich Lokhī, den Schuljungen, dessen Mutter mich auch für Bhaiphota eingeladen hat. Lokhis Schwester ist, trotz ihrer Armut, aus dem Dorf des Ehemannes ins Elternhaus zurückgekehrt, um an ihrem jungen Bruder den Ritus zu vollziehen. Sie sprengt zuerst Wasser im Kreis um ihn, damit die Sphäre der Feier rein werde. Zum Abschluß steckt sie ihm die Süßigkeiten, eine Banane und ein Betelblatt mit Betelnuß-Brocken nacheinander in den Mund, wie einem Kind, das man füttert.

Totenverehrung

Eine Entdeckung im Teeladen von Goalpara, einem Nachbardorf: An der Wand hängen, unter Glas und eingerahmt, zwei rote Fußabdrücke. Der Ladenbesitzer erklärt, er habe sie seinem Vater sogleich nach dessen Tod abgenommen. Seitdem hängen sie an der Wand, und jeden Morgen und Abend schmückt der Sohn sie mit Blumen und brennt Räucherstäbchen.

Die Sehnsucht des Menschen nach dem Sichtbar-Bleibenden. Hindus äschern ihre Toten ein, es gibt kein Grab. So nehmen sie Fußabdrücke ab und verehren sie. Die Füße gelten in Indien stets als verehrungswürdig; deshalb auch die Sitte, älteren Menschen einen Pronam zu geben.

Ehrfurcht vor den Büchern

Als es zu regnen anfing, bat ich Bablu, den Wäscher, der im Zimmer saß, auf meine Bücherkiste zu steigen, um von einem Brett unter der Decke den Regenschirm herunterzuholen. Bablu folgte meiner Bitte mit anfänglichem Widerstreben. Er wußte, daß die

Kiste, auf die er seine Füße stellen sollte, mit Büchern vollgepackt ist. Er streifte seine Sandalen ab, berührte dann die Kiste mit den Fingerspitzen, wie man in südlichen Ländern Heiligenstatuen ehrfurchtsvoll berührt, führte die Hand dann an Stirn und Brust. Er „nahm den Segen" - durch Berührung mit dem verehrten Gegenstand nahm er teil an seiner heiligen Kraft und Fülle des Guten. In diesem Fall leistete er auch Abbitte, denn Bablu sagte leise „Saraswatī! Saraswatī!", als er mit nackten Füßen auf die Kiste stieg, den Schirm ergriff und schließlich wieder, sich verneigend, die Kiste berührte. Er lächelte verschämt und sagte: „Muß ich mich bei Saraswatī nicht entschuldigen, daß ich ihr auf den Kopf gestiegen bin?"

Saraswatī ist die Göttin der Gelehrsamkeit. Bücher sind ihr Schutzbereich; ja, sie nimmt in ihnen Gestalt an. Wer Bücher verunehrt, schmäht die Göttin. Darf Bablu also die Bücherkiste zum Trittbrett herabwürdigen, ohne ihren Zorn zu fürchten?

In Bablus Haus gibt es keine Bücher, er hat keine Zeit zum Lesen. Mit verwundertem Erschrecken wird mir bewußt, daß Bablu die Weisheit der Bücher tiefer ehrt, als mir je in den Sinn gekommen ist.

Bablus Jugend

Bablu ist dreißig Jahre alt - „ungefähr dreißig" schätzt er, denn genau weiß er es selbst nicht - und heißt mit Nachnamen „Rojok", Wäscher. Er gehört der Kaste der Wäscher an, einer niedrigen Kaste, Wäscher fassen die schmutzigen Kleider anderer Leute an, das gilt in einem Land, das so großen Wert auf rituelle Reinheit legt, als erniedrigend.

Bablus Vater und Mutter arbeiten auch als Wäscher; von seinen drei Brüdern beteiligen sich zwei am Familienbetrieb, der jüngste ist ein Krüppel und wird niemals körperliche Arbeit verrichten können.

Bablus Kindheit war hart, wie die vieler armer Kinder. Schon als Schuljunge hat er dem Vater helfen müssen, ist morgens um fünf Uhr aufgestanden und hat sich bis neun Uhr an den Bügeltisch gestellt. Dann hat er Reis gegessen und ist zur Schule gegangen.

Bablu mit seinen drei Kindern im Haus. An der Wand die Bilder von Vorfahren und Göttern.

Oft, erzählt er, hat er geschwänzt und sich irgendwo versteckt, weil er keine Zeit gehabt hatte, die Schulaufgaben fertig zu machen und die Rohrhiebe des Lehrers fürchtete. Wenn er nachmittags um drei Uhr heimkehrte, ist er nicht zum Spielplatz gelaufen, wie die Kinder der wohlhabenden Familien, sondern er bügelte wieder, bis es dunkel wurde. Schließlich machte er, vor Müdigkeit einnickend, unter einer Kerosinflamme Schulaufgaben, aß und schlief sofort ein.

Als Bijoy, der jüngste Bruder, ein Kind war, begann auf einmal das Fleisch an seinem rechten Bein und linken Arm zu schwinden. Der Vater fuhr mit dem Kind nach Burdwan, der nächsten großen Stadt, zwei Zugstunden entfernt, und ließ es in einem Krankenhaus behandeln. Monatelang mußte das Kind bleiben, und der Vater mit ihm. Während dieser Zeit übernahm Bablu als ältester Sohn die Familienführung. Er mußte die Schule aufgeben, den ganzen Tag und häufig bis in die Nacht hinein arbeiten, um die Familie durchzubringen und dem Vater auch noch Geld zu schicken. Als sein Vater mit Bijoy, für den es keine Heilung gab, zurückkehrte, hatte Bablu den Anschluß in der Schule verloren – er blieb weg. So versäumte er die einzige Möglichkeit, eines Tages über seinen wenig geachteten Beruf hinauszukommen.

Die Wäscherfamilie

Bablu heiratete, dann Tulu, sein jüngerer Bruder, beide nahmen Frauen aus Wäscherfamilien. Solange die Frauen keine Kinder hatten, arbeiteten sie mit: bügelten und falteten Wäsche, doch bald begann die dritte Generation aufzuwachsen. Inzwischen haben Bablu vier und Tulu drei Kinder. Die drei Zimmer, in denen die Familie lebt, worin sie schläft, arbeitet, kocht und ißt, worin die Kinder spielen, sind gedrängt voll, zumal nun auch die Schwester mit ihren drei kleinen Kindern zu den Eltern zurückgekehrt ist. Als kleines Mädchen ist sie in die Heirat gegeben worden. Der Mann stellte sich als Trunkenbold heraus, er schlug seine Frau, schlug die Kinder, bis sie mit ihnen zu ihren Eltern flüchtete. Reumütig fuhr der Mann ihr nach, befahl, bat, flehte sie an, mit den drei Kindern zu ihm zurückzukehren, bis sie sich bewegen ließ. Am nächsten Trinkabend verlor der Mann wieder die Beherrschung. Mehrmals floh die Frau und ließ sich zurücklokken. Jetzt ist sie wieder bei den Eltern, mit einer gebrochenen Rippe, und sagt: Ich bleibe hier!

In allen Zimmern Bügeltische, darauf Stapel gebügelter Saris, Dhōtis und Hemden. Vor der Haustür ein aus Lehm geformter Ofen, auf dessen Kohlenfeuer die Bügeleisen heiß werden. Häufig läuft einer hinaus, stellt sein kaltes Bügeleisen auf die glühenden Kohlen und holt ein heißes ins Zimmer. Zwischendurch kommen Kunden ins Haus, um schmutzige Wäsche abzugeben – sie werfen sie einfach auf den Fußboden – oder um gebügelte abzuholen. Die Kinder tollen zwischen den Bündeln schmutziger Wäsche herum. Die kleinsten krabbeln, schreien zwischen den größeren Kindern und machen kleine Pfützen, welche die Mütter nachlässig aufwischen, um sich danach wieder ihren Kochtöpfen zu widmen. Spielsachen haben die Kinder nicht; sie beschäftigen sich mit Stöckchen und Dosen und alten Taschenlampen-Batterien. In diesem Wirrwarr und Lärm liegen ein oder zwei Kinder auf einem alten Laken auf dem Boden und schlafen fest. Niemand nimmt Rücksicht auf sie; und was könnte sie schon stören? So mischen sich in einer indischen Großfamilie die verschiedenen Sphären: die Arbeit, das Spiel und der Schlaf. Es gibt Reibungen – Schimpfen, Weinen, Zornesausbrüche . . . das ist Teil der bunten Szene, das sind Tropfen des breiten Lebensstroms.

Die Frauen fegen die Zimmer, kochen, schrubben das Geschirr mit Sand oder Erde und bedienen ihre Männer beim Essen, bevor sie sich selbst in einen Winkel zurückziehen, um zu essen. Die Männer stehen still und demütig vor den „Babus", den großen Herren von Bōlpur, für die sie waschen, doch im Hause regieren sie, und die Frauen dienen; im Hause rühren sie keinen Finger außer für ihre Berufsarbeit. Den Frauen gegenüber ist ein barscher Kommandoton an der Tagesordnung, und jene, die Köpfe fest in ihre Saris gewickelt, gehorchen. Sie sprechen ihre Männer mit *apni*, „Sie", an, während die Ehemänner für ihre Frauen *tui* gebrauchen. Das Wort Emanzipation, das unter gebildeten städtischen Schichten zaghafte Vorstöße macht, ist hier unter den körperlich arbeitenden Männern, den Armen und wenig Gebildeten noch nicht vernommen worden.

Ihren Frauen dürfen Bablu und Tulu befehlen, doch ihren Eltern gehorchen sie: Auch der dreißigjährige Bablu hat seine Mutter oder seinen Vater zuerst zu fragen, wenn er einen Tag frei haben oder eine Kleinigkeit kaufen möchte. Die Eltern bestimmen, wie ihre Enkel erzogen werden, was sie essen und anziehen, ob sie auf der Straße spielen dürfen. Die Söhne geben das Geld, welches sie von ihren Kunden bekommen, der Mutter ab; sie behalten höchstens ein schmales Taschengeld zurück, um ihren Kindern einen Keks oder für sich selbst Biris zu kaufen. In der finanziellen Abhängigkeit wird die Macht der Eltern am deutlichsten greifbar.

Es gibt nur eine Instanz, welche die Autorität der Eltern brechen kann: der Vorstand der Kastengemeinschaft. Alle Wäscher der kleinen Stadt, etwa dreißig Familien, sind zu einem Verband zusammengeschlossen; er vertritt Berufs- und Kasteninteressen.

Er wählt einen Vorsteher, seinen Vertreter und einen Schatzmeister, der die Beiträge eintreibt. Zweimal im Monat kommt der Verband zusammen; von jeder Familie soll ein arbeitendes Mitglied anwesend sein, im allgemeinen nur Männer. Einmal gab es Streit zwischen Bablu und seinem Vater, der wochenlang schwelte. Der Vater drohte, seinen Sohn vor die Tür zu setzen. Bablu schickte seine Frau mit den Kindern zu ihren Eltern, damit sie nicht zu leiden hätten. Dann aber trat der Wäscher-Verband zusammen und rief den Vater in die Sitzung. Vor allen Anwesenden rügte der Vorsteher den Vater und verbot ihm, Bablu und seine Familie aus dem Haus zu treiben. „Dieses Haus gehört auch deinem Sohn, er hat ein Recht darauf, mit seiner Familie darin zu wohnen und zu arbeiten. Sag, was hat er dir getan?“ Der Vater mußte öffentlich seinen Sohn um Entschuldigung bitten und versprechen, nie mehr Ähnliches zu versuchen. Der Verband schickte eine Abordnung zu Bablus Frau, um sie mit ihren Kindern zurückzuholen.

Der Kastenverband darf tief in die familiären Angelegenheiten eingreifen: Streit schlichten, tadeln, anordnen. Sogar Geldstrafen und demütigende Symbolstrafen verhängt er. Und folgt einer den Weisungen nicht, stellt er sich gegen seine Kaste und seine Berufskollegen, muß er mit einer Art Ächtung und schweren beruflichen Nachteilen rechnen. Der Vorsteher würde sagen: Gut, du darfst nicht mehr an dem Teich waschen, wo wir arbeiten!

Und der Geächtete müßte kilometerweit ins nächste Dorf laufen, um seine Arbeit zu tun. Und in Notfällen könnte er nicht mit der Hilfe der Kastengemeinde rechnen. Ein Inder, von seiner Kultur gemeinschaftsbewußt erzogen, könnte eine solche Isolation nur schwer ertragen.

Lebensrhythmus

Gemeinsam gehen Vater, Mutter und die drei Söhne zweimal in der Woche vor die Stadt zum Teich, um zu waschen. Früh morgens ziehen sie los, waschen im Dunkeln, waschen und breiten die sauberen Tücher auf der Böschung und den umliegenden Wiesen aus bis in den Nachmittag hinein; falten die trockenen Tücher, bepacken die geduldigen Eselsrücken und wandern - nach dreizehn oder vierzehn Stunden Arbeit - erschöpft in die Stadt zurück.

Im Hause muß noch die Wäsche mit Wasser besprengt und gerollt werden. Der nächste Tag ist jeweils Bügeltag. Alle fünf, einschließlich der Mutter, stehen von morgens sieben Uhr an den Bügeltischen, bis sich am späten Nachmittag die Stapel frisch gebügelter Hemden und Hosen überall in den Zimmern türmen. Die letzte Handlung des Bügeltages ist, die Wäschestücke nach Kunden zu ordnen und für den nächsten Tag zusammenzubinden. Während der restlichen drei Tage der Woche bringen die Brüder die Wäsche zu den Kunden und nehmen schmutzige ins Haus zurück. Diese stecken sie in große Wasserbottiche, streuen Chemikalien dazu und wringen jedes Wäschestück aus. Die weiße Wäsche schichtet die Familie zu hohen, schweren Bergen aufeinander, die sie mit Anstrengung und Geschick auf einen Kanister Wasser hebt, unter dem ein Kohlenfeuer brennt. Langsam zieht heißer Wasserdampf durch die Wäsche. Hosen und Hemden mit hartnäckigen Flecken bearbeiten die jungen Männer schließlich noch mit Bürsten und chemischen Mitteln.

So füllt sich Woche auf Woche. Einen Acht-Stunden-Tag kennt die Familie nicht. Kein freies Wochenende, keinen freien Tag in der Woche. Nur Regen kann den Wochenplan durcheinanderwerfen. Da steht die Familie früh auf, um an den Teich zu gehen - und es regnet. Sie hocken verdrossen im Zimmer und warten.

Am nächsten Tag überstürzt sich dann die Arbeit; es gibt Ausfälle, weniger Verdienst, unzufriedene Kunden.

Bablu sagt: Wir stehen unter dem Sternzeichen des Wassermanns. Wasser ist unser Element. Es ist das heiligste und lebensnotwendigste Element. Alle religiösen Riten benutzen Wasser, wir Menschen nehmen täglich ein Bad, um uns für den Gottesdienst zu reinigen. Ein paar Tage können wir Menschen ohne Nahrung leben, aber ohne Wasser? Kaum einen Tag. Die Reispflanzen, die uns die Nahrung geben, was brauchen sie am meisten? Wasser. Und die Bäume, das Gemüse, die Blumen, alles, was unseren Magen füllt und den Augen wohltut – Wasser! Das ist das Element von uns Wäschern.

Krankheit

Als ich abends Bablu besuche, ist das Zimmer dunkel. Stromausfall, kein Kerosin im Haus, um eine Lampe anzuzünden, kein Geld, um eine Kerze zu kaufen. Ich trete vorsichtig ein, weil Kinder auf dem Boden hocken könnten und Ballen schmutziger Wäsche verstreut liegen. Bablu sitzt in einer Ecke und sagt: „So sieht's bei uns aus, Martin-da!" Erst nach einer Weile entdecke ich Ashok, den dritten der Brüder, der in eine Decke gehüllt auf dem Bügeltisch liegt. Fieber. Seit vier Tagen steigt und fällt das Fieber. Malaria? Der Arzt hat auf Verdacht Malaria-Tabletten verschrieben und Blut abgenommen. Aber das Ergebnis der Blutprobe läßt auf sich warten.

Ashok liegt inmitten eines Trubels von Kinderweinen, Rufen, umherlaufenden Menschen. In Deutschland würde sich eine schonende Atmosphäre um den Kranken bilden. Hier geht das Leben laut weiter; Kranksein ist keine Ausnahme-Erscheinung.

Wie häufig liegt ein Kind krank auf dem Boden. Fieber, Hautausschlag mit septischen Wunden, in dieser Winterzeit regelmäßig Husten und Schnupfen und tränende Augen. Robi, Bablus ältere Tochter, hatte kürzlich Typhus, Bijoy Diabetes. Die kranken Kinder dürfen weiter hüpfen und springen, erst wenn sie schlapp werden, schreiend, weinend, röchelnd im Schoß der Mutter liegen, fahren Schrecken und Aufruhr in die Erwachsenen, und sie laufen – wenn nötig mitternachts – zur Apotheke. Sie haben eine ausgeprägt bildliche Vorstellung vom Kranksein: Der Mensch muß Arme und Beine von sich strecken, dann ist er krank. Vorher geht Bablu nicht zum Arzt, denn er kostet Geld. Die Überlegung, daß ein frühzeitiges Eingreifen Leidvolleres und Kostspieligeres verhütet, gilt nicht.

Alte Weisheit, die den Körper als Teil der Natur erfuhr und nach den Gesetzen der Natur zu heilen und zu erhalten sucht, scheint hier beinahe verschüttet. Krankheit und Heilung erfahren die armen Menschen auf oberflächliche Weise. Sie gehen zum Arzt, sagen: „Mir brummt der Kopf!" oder: „Ich habe Bauchweh!" – der Arzt schreibt Tabletten und Mixturen auf. Die Kranken erwarten von der Medizin „schnelle Arbeit", schließlich hat sie Geld gekostet. Ebenso wie Reis, der Rupien kostet, den Bauch füllt, so soll Medizin rasch und selbstverständlich ihre Wirkung haben. Wie ungehalten werden die Armen, wenn die Medizin ihre „Arbeit" nicht tut.

Die Kranken fragen den Arzt nicht, was ihnen fehle. Meist kennen sie weder den Namen der Krankheit noch den des befallenen Organs. Sie fragen auch nie: Wie bin ich krank geworden? Wie kann ich verhüten, noch einmal krank zu werden? Daß falsche Ernährung, mangelnde Hygiene, bestimmte alltägliche Gewohnheiten krank und schwach machen, ist nicht im Bewußtsein verankert. Sie schlucken und reiben ein und stöhnen so lange wie der Schmerz sie plagt, doch ist er verflogen, ist alles gut und vergessen.

Zur Schande der Ärzte muß gesagt werden: Es gibt wenige, die mehr als nur mechanisch die übliche Medizin verschreiben, die sich die Mühe geben, Fieber zu messen, den Puls zu fühlen, den kranken Körper anzufassen. Rasch sind sie mit Penicillin und Antibiotika zur Hand. Die Kranken stehen Schlange vor dem Tisch des Arztes, der jeden vor aller Augen befragt und, wenn überhaupt, untersucht. Die tieferen Gründe der Krankheiten erklärt er nicht, er hält sie nicht zu gesundheitsfördernden Sitten an. Die armen Menschen haben einen mächtigen Respekt vor dem *daktar-babu,* der im gebügelten weißen Hemd und mit beringten Händen vor ihnen sitzt. Sie erwarten gar nicht, daß ein so hoher Herr sie anfaßt und mehr als zwei Worte mit ihnen spricht.

Ausbeutung oder verzweifelte Armut?

Ronjit besitzt zwei Rikshas; eine fährt er, die andere vermietet er zum üblichen Preis von drei Rupien pro Tag. Manik, der die Mietriksha fährt, hat zwei Monate lang nicht bezahlt. Zuerst sagte Manik, er sei krank gewesen und habe nicht arbeiten können. Dann war sein Kind krank, und er brauchte Geld für Arzt und Medizin. Vielleicht waren es keine Ausreden, vielleicht sagte er die Wahrheit. Dann wich er Ronjit ständig aus, wartete an einem weit entfernten Rikshastand auf Fahrgäste, war abends nicht zu Hause anzutreffen. Als Ronjit ihn dann erwischte, ein Geschrei anfing, versprach Manik, er werde seine zweite Hütte, die er drüben am Bahndamm gebaut hat, verkaufen. Ronjit wartet weiter. Nimmt er Manik die Riksha ab, geht der Mietpreis von zwei Monaten verloren; wartet er länger, läuft er Gefahr, noch mehr zu verlieren. Manik weiß aber auch, daß ihm keiner eine Riksha vermieten würde, wenn ihm diese genommen wird; flink würde Ronjit die Nachricht in Umlauf setzen, daß Manik, der niederträchtige Kerl, seine Miete nicht bezahlt. Ronjit sprach aber auch von Mitleid: Manik sei so dürr und kränklich. Würde ihm seine Verdienstmöglichkeit genommen, was geschähe mit seiner Frau, seinen zwei kleinen Kindern und seiner Mutter, für die er sorgen muß? Ausbeutung oder verzweifelte Armut? Wer Manik am Straßenrand hocken sieht, wie er mit seinen Kindern spielt und Biris raucht, denkt eher an Trägheit und Stumpfsinn. Doch trügt der Anschein in Indien häufiger und krasser als in Europa.

Leben ohne Überfluß

Das Jahr neigt sich; Weihnachtszeit. In Indien keine Anzeichen einer feierlichen Zeit, höchstens in den Großstädten Dekorationen und Fest-Angebote. Aus Deutschland kommen die ersten Weihnachtskarten und -gedanken. Welchen Sinn, frage ich mich, haben diese Gedanken und Gefühle der liebenden Zuwendung auf dem Hintergrund der Armut, die mich umgibt?

Wie sehr wünsche ich mir, daß meine Aufsätze und Bücher in einigen Menschen Sehnsucht wecken, ein Leben ohne Überfluß zu wählen; sich auf die Erfüllung ihrer Bedürfnisse zu beschränken, unbequem und im Opfer zu leben, weil sie von der Not der

Armen angerührt wurden. Häufig höre ich das Argument: Aber die Tafel Schokolade, die ich mir hier vom Mund abspare, kommt doch in Indien niemandem zugute! – Gewiß nicht. Aber Liebe fordert spontan das Mit-Leid, die gemeinsame Erfahrung, die Angleichung. Ich möchte zur Liebe auffordern; ich beschreibe das Leben der Armen, damit wir sie kennenlernen, denn nur jene, die wir ein wenig kennen, sind wir zu lieben fähig.

Spüren wir erst einmal diese Liebe in uns, nähern wir uns „wie von selbst" dem Leben ohne Überfluß. Und wie von selbst wird dieses ohne Berechnung begonnene Leben seine Auswirkungen haben auf andere Menschen nah und fern.

Sagt Christus nicht, es gebe keine größere Liebe als sein Leben hinzugeben für den Nächsten? Leben ohne Überfluß ist ein entschiedener Schritt zu diesem Ideal: Wir geben von unserem Leben ab, schränken es ein aus Liebe zum Nächsten.

Daß doch alle, die mir in Liebe schreiben, auch von dieser Liebe angerührt werden!

Heiliger Abend

Meine Eltern hatten mir Weihnachtsgebäck geschickt; sogar von einer Missionsschwester aus Bihar kamen gute Sachen. Als ich diese mit Bablu und seiner Familie teilte, erzählte ich, daß wir Christen bald unseren *boro din,* unseren großen Tag, feierten. In der Nacht vom 24. zum 25. Dezember sei *Jisukhrīshto* geboren worden, deshalb kämen alle Mitglieder der Familie zusammen und feierten gemeinsam. Keiner bleibe allein, keiner dürfe ausgeschlossen werden. Wir besuchten den „Tempel", wir beteten und hätten Freude.

Am Heiligen Abend stand ich im Garten und sah die Natur in Dunkelheit fallen. Kälte, Mosquitos surrten. Ich kehrte ins Zimmer zurück und schloß Fensterläden und Tür. Es wurde ganz dunkel. Aus der Ferne hörte ich die Musik der Poush Mela, des Jahrmarktes, der um diese Zeit stattfindet.

Als von draußen Stimmen kamen, öffnete ich die Tür: Da steht Bablu mit Robi und Munna an der Hand und ruft: „Martin-da? Kommst du nicht? Heute ist doch dein Boro Din!"

Wir wandern über den Jahrmarktsplatz, jeder ein Kind an der Hand, und blicken in die hellen Buden hinein, die von glitzerndem Krimskrams überquellen. Beiden Kindern kaufen wir einen Luftballon, Robi, dem Mädchen, außerdem eine Plastikpuppe und Munna, ihrem kleinen Bruder, ein Holzauto.

Ich hatte den Jahrmarkt an den Weihnachtstagen meiden wollen. Weihnachten schien mir mit diesem Trubel nicht übereinzustimmen. Als ich die Freude der Kinder sah, ihr Zeigen, Rufen, Wünschen, da stimmte doch alles, und es war ein heiliger Abend.

Weihnachten

Einige Tage vor Weihnachten hatte ich Ordensschwestern aus Kerala getroffen, die in der Nähe von Sāntiniketan einen kunsthandwerklichen Kurs machen. Sie erzählten, daß Weihnachten ein Priester aus Calcutta zu ihnen komme, und wir verabredeten, daß die heilige Messe in meinem kleinen Zimmer gehalten werden sollte.

Mein niedriger zusammenklappbarer Schreibtisch war der Altar; darauf Blumen aus mehreren Gärten und ein Strauß brennender Räucherstäbchen. Auf die Bücherkiste legte ich eine Decke, so wurde sie zum Sitzplatz. Das Zimmer war gefegt – keine Spinnweben, kein Staub. Bonomalī, der Gärtner, war den Kashurina-Baum hinaufgeklettert und hatte Zweige abgeschnitten; sie erinnern entfernt an Tannenzweige. Der Strohstern, den meine Eltern geschickt hatten, hing an der Rückwand.

Der Priester hat die heilige Messe in diesem kleinen Zimmer gefeiert – wo ich seit zwei Jahren arbeite, bete, mich mit Menschen unterhalte, esse und schlafe. Wo ich Versuchungen erfahre und Freude. Dorthinein ist Christus eingekehrt, leiblich in dieses Zimmer und in mich.

Abends bin ich bei Bablu zum Essen eingeladen. Seine Mutter habe etwas Besonderes gekocht. Es gibt dicke, kräftige Weizenfladen, in die kleingehackte Zwiebeln und Linsen geknetet sind. Dazu Kartoffeln in Currysoße und ein Ei. Für jeden ein Ei. Bablu und ich sitzen uns auf dem Bügeltisch mit übereinandergefalteten Beinen gegenüber, zwischen uns ein Teller mit einem hohen Stapel Fladen. Wir essen vom selben Teller. Bablu reißt ein Stück vom Fladen ab, dann ich; er tunkt es in die Soße, und ich folge. In diesem Rhythmus essen wir, jeder auf den anderen wartend, bis er genommen und gegessen hat. Auch das kleine Fladenstück, das übrigbleibt, wird noch einmal geteilt. „Iß", sagt Bablu. „Und du auch", antworte ich.

Agape. Teilen der Mahlzeit vom selben Teller. Menschen, die wenig besitzen und benutzen, scheinen ein tieferes Verständnis für Symbolhandlungen zu haben als Menschen, die alles kaufen können, was sie sich wünschen. Das Kleine und Wenige ist symbolträchtig - der eine Teller, der von zweien zerrissene Fladen.

„Ich komme"

Wenn ein Bengale von seinen Eltern oder einem Freund Abschied nimmt, sagt er nicht: Ich gehe jetzt, sondern *ami ashi,* „Ich komme!" Er möchte dem geliebten Menschen nicht weh tun und das harte Wort „Ich gehe" aussprechen. So sanft und tröstend wie möglich, entfernt er sich, indem er verspricht: Ich komme, ich komme wieder.

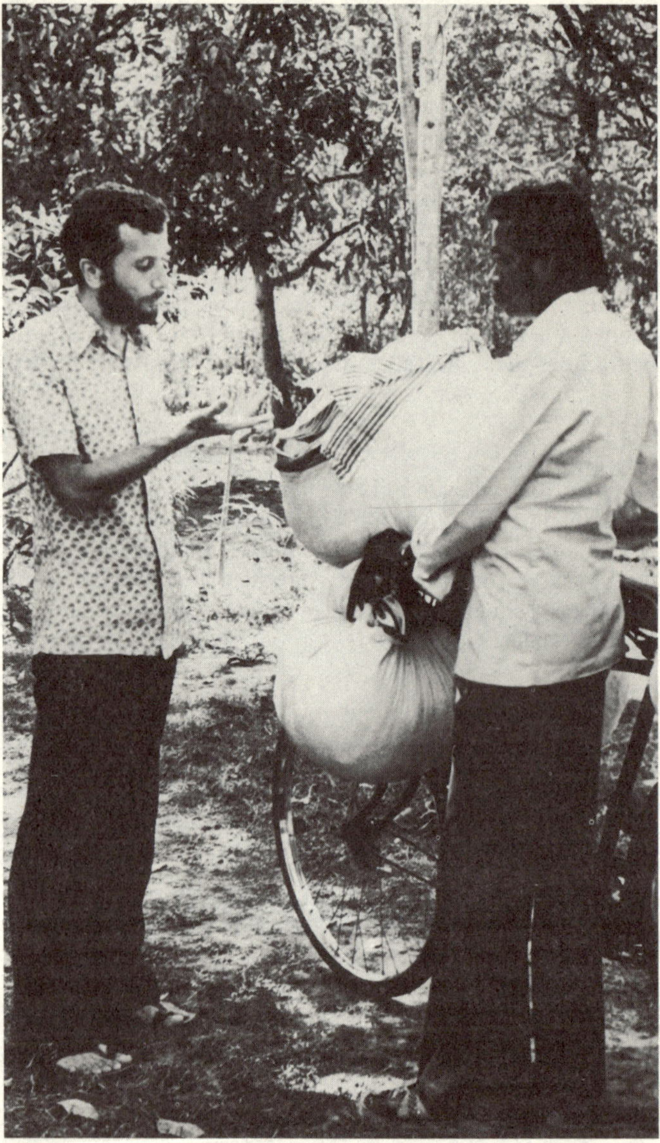

Bablu und der Autor.

Zur Schreibweise und Aussprache der indischen Worte

Im Text finden sich Worte aus dem *Sanskrit,* der klassischen Sprache Indiens, und aus dem *Bengali,* der Volkssprache in West Bengalen und Bangladesh. Bei den Sanskrit-Worten handelt es sich meist um Ausdrücke aus dem religiösen und philosphischen Bereich, die vom Bengali als „Fremdwörter“ übernommen wurden. Diese Ausdrücke gebe ich in der für das Sanskrit üblichen Umschreibung wieder, weil sie so vielen Lesern bekannt erscheinen werden, allerdings die diakritischen Zeichen auf Längenzeichen (z. B. a, u) beschränkt.

Die Bengali-Worte sind in leicht veränderter, ihrer Aussprache angepaßten, Weise umschrieben: Alle kurzen a-Laute werden im Bengali zum offenen o hin verfärbt (wie im deutschen „offen“) und deshalb als „o“ umschrieben. Alle langen a-Laute habe ich als „a“ wiedergegeben. Die o-Laute im Bengali klingen wie das geschlossene, lange o im Deutschen (siehe „oben“) und wurden als „o“ umschrieben.

Für Sanskrit und Bengali gilt weiterhin: Die (drei verschiedenen) s-Laute (die im Bengali kaum differenziert werden) habe ich als „s“ und „sh“ umschrieben; im Bengali klingen sie alle wie sch im Deutschen. Ein „c“ in der Lautschrift klingt wie ein tch im Deutschen, während ein „ch“ ein aspiriertes (angehauchtes) tch ist. Das „j“ der Lautschrift kommt einem weichen dsch im Deutschen gleich.

Glossar

(Nur indische Ausdrücke, die im Text nicht ausreichend erklärt wurden, finden Aufnahme. In Klammern sind die Ausdrücke in der wissenschaftlichen Transliteration angegeben, soweit diese von der ursprünglichen Schreibweise verschieden ist.)

ārati	Schwenken von Feuer und Weihrauch vor dem Gottesbild.
Āshram *(āśrama)*	Ort, an dem Lehrer (Guru) und Schüler gemeinsam leben; ursprünglich war der Lehrer verheiratet, und die Schüler wohnten bei ihm wie Söhne. Diese Tradition wurde in Sāntiniketan von Rabindranāth Tagore aufgegriffen. Es gibt auch monastische Āshrams, in denen Guru und Schüler Mönche sind; sie sind heute in der Überzahl.
baba *(bābā)*	Vater, Papa.
babu *(bābu)*	Herr; gutgestellter, vermögender Mann; auch als Anrede.
brahmacārī	Jemand, der die heiligen Schriften liest und keusch lebt; ein junger Mönch.
Brahmane	Mitglied der höchsten Kaste, nämlich der Priester-Kaste.
biri	Kleine, aus einem Tabakblatt gedrehte Zigarillos, sehr beliebt in den Dörfern.
-da	Am Ende eines Namens heißt „älterer Bruder“.
dharma	Religion, Pflicht, Rechtschaffenheit, das ethisch-religiöse Gesetz.
dhōti	Die übliche Beinbekleidung in Indien; ein langes weißes Tuch wird um die Hüften gewunden (in Bengalen auch zwischen den Beinen durchgezogen).

dorson *(darśana)*	Anblick; Schau Gottes; Besuch einer verehrten Persönlichkeit, z. B. dem Guru.
Gonga	Ganges; die indische Schreibweise für den heiligen Fluß.
guru	Seelenführer, religiöser Lehrer.
Lungi	Buntes Tuch, das um die Hüften gewickelt wird; ursprünglich muslimische Bekleidung.
Mahārāj	Anrede für Mönche: Großer König.
mantra	Heiliger Spruch; Zauberspruch; Gebetsformeln in den rituellen Gottesdiensten.
Poisa	100 Poisa sind eine Rupie; vier Rupien sind ungefähr eine D-Mark.
pronam *(pranāma)*	Verehrungsgeste: Man berührt die Füße der verehrten Person mit der Hand und hebt sie dann an Stirn und Brust; häufig kniet man nieder oder wirft sich lang auf den Boden und berührt mit der Stirn die Füße der verehrten Person.
prosad *(prasāda)*	Gnade; Speiseopfer für eine Gottheit; die sakramentale Speise, die nach dem rituellen Opfer von den Gläubigen gegessen wird.
pūjā	Ritueller Gottesdienst, der von einem Priester *(pūjārī)* gefeiert wird.
Riksha	Fahrradtaxi, meist für zwei Fahrgäste.
Rupie	Siehe Stichwort „Poisa“.
sannyāsī	Jemand, der der Welt entsagt hat; ein Wandermönch.
Santhal	Ein besonders in West Bengalen und Bihar verbreiteter Volksstamm mit eigener Sprache und Kultur.
Sarī *(śarī)*	Die typische Bekleidung der indischen Frauen.

sosan *(śmasān)* Verbrennungsplatz für die Toten.

Swāmī Herr, Ehemann; ehrenvolle Anrede für einen Mönch.

Yogī Asket; jemand, der einen der Yoga-Wege des spirituellen Lebens geht.

Gottheiten, von denen das Sāntiniketaner Tagebuch erzählt: